U1002616

城市研究系列

Urban Studies

城市研究系列

主　　编　周　宪　[加]罗伯·希尔兹
项目总监　王瑞书
项目执行　任　晖

城市研究系列
Urban Studies

空间、城市与社会理论

社会关系和城市形态

Space, the City and Social Theory

[英] 弗兰·杜金斯 著

陈维桑 译

江蘇鳳凰教育出版社
Phoenix Education Publishing, Ltd

图书在版编目(CIP)数据

空间、城市与社会理论：社会关系和城市形态 / (英) 弗兰·杜金斯著；陈维桑译. —南京：江苏凤凰教育出版社，2023.4

ISBN 978-7-5743-0521-2

Ⅰ.①空… Ⅱ.①弗… ②陈… Ⅲ.①城市社会学 Ⅳ.①C912.81

中国国家版本馆 CIP 数据核字(2023)第 012192 号

翻译自 Space, the City and Social Theory by Fran Tonkiss

First published in 2005 by Polity Press

This edition is published by arrangement with Polity Press Ltd., Cambridge

江苏省版权局著作权合同登记 图字 10-2019-417 号

书　　名　空间、城市与社会理论：社会关系和城市形态
著　　者　[英] 弗兰·杜金斯
译　　者　陈维桑
责任编辑　尹亚伟
出版发行　凤凰出版传媒股份有限公司
　　　　　江苏凤凰教育出版社(南京市湖南路 1 号 A 楼　邮编 210009)
苏教网址　http://www.1088.com.cn
照　　排　南京紫藤制版印务中心
印　　刷　江苏凤凰通达印刷有限公司(电话 025-57572508)
厂　　址　南京市六合区冶山镇(邮编 211523)
开　　本　787 毫米×1092 毫米　1/16
印　　张　14.75
版　　次　2023 年 4 月第 1 版
　　　　　2023 年 4 月第 1 次印刷
书　　号　ISBN 978-7-5743-0521-2
定　　价　40.00 元
网店地址　http://jsfhjycbs.tmall.com
公 众 号　苏教服务(微信号:jsfhjyfw)
邮购电话　025-85406265,025-85400774
盗版举报　025-83658579

苏教版图书若有印装错误可向承印厂调换
提供盗版线索者给予重奖

出版说明

城市研究领域很深广，涉及多学科内容。经济、政治、文化、环境、资源、规划、可持续发展等主题，都与城市有关。这些主题大致涵盖了实体的物质空间和抽象的文化空间，也许在一定程度上与当代生活有关的问题大多是城市问题。

“城市研究系列”即是对中国城市化进程中可能遭遇的各种问题在理论上的一种回应。“系列”以经典性与前沿性为导向，理论研究与实证研究并重。在内容方面重点关注与城市主题有关的经典性著作、各学术流派的代表作、当代前沿问题研究、城市研究新理论、城市文化现象与发展方向的探讨等。这些内容不仅追溯了城市发展的历史进程中诸多富有影响力的节点，也契合了当前社会的热点和趋势。

“城市研究系列”既重视国外先进的城市研究著作的引入，也重视国内城市研究领域中优秀的原创著作的出版。我国的城市研究起步较晚，引入国外先进的学术理论，其目的是丰富我们认识城市的路径，建立更加科学的观照体系，从而形成并完善我们本土的城市理论系统建构。

作为中国城市化进程的目击者、参与者、解释者、引领者，我们有责任告诉世界这个历史悠久的农业大国在这一巨大的城市化转型中所发生的一切。而城市本身所具有的多样性与复杂性，也值得我们去探究，去呈现，去引领。

我们期待“城市研究系列”这一高水准的中外城市理论研究出版平台所带来的新角度和新方法，所开启的新视野，所探讨的新问题，能为我国新型的城市化进程提供充分的学术支持。

江苏凤凰教育出版社

目 录

致谢 …… 1
导论 …… 1
第一章 社群与孤独:城市中的社会关系 …… 11
第二章 空间差异与分隔 …… 42
第三章 空间政治:社会运动与公共空间 …… 80
第四章 资本与文化:城市的中产阶级化 …… 110
第五章 具身空间:性别、性取向和城市 …… 129
第六章 空间故事:城市中的主体性 …… 156
第七章 创造空间:城市文化与空间战术 …… 182
结语 …… 207
参考文献 …… 211

致 谢

我希望向以下同仁表示感谢：卡罗林·巴特勒-伯顿、安妮-玛丽·福捷、莫妮卡·格列柯、大卫·汉森-密勒、克莱尔·亨明斯、迈克尔·基斯、贝琳达·麦克洛里、凯特·纳什以及史蒂夫·派尔。感谢政治出版社的编辑艾玛·朗斯塔夫提供的支持与帮助。我还要特别感谢金匠学院曾经的学生们，他们无与伦比的热情与想象力帮助了我思考城市。我最大的谢意与致敬将送给我的朋友与同事莱斯·巴克，感谢他的宽容、鼓励与支持。

本书献给我的堂兄菲利普·肯特（1958—2003），纪念我们在许多城市一同度过的时光。

第一章的部分内容首次出现于“冷漠伦理学：城市中的社群和独居”，《文化研究国际期刊》（‘The ethics of indifference: community and solitude in the city’, *International Journal of Cultural Studies* 6/3 (2003): 297 - 311）。

第二章的图1与图3来自E.W.伯格斯，“城市生长：研究项目导论”，见R.E.帕克等编《城市》（‘The growth of the city：an introduction to a research project’，in R. E. Park et al.，[eds]，*The City*）（Chicago：University of Chicago Press，1967）。

第二章的图2来自M.戴维斯，《恐惧生态学：洛杉矶和灾难想象》（*Ecology of Fear：Los Angeles and the Imagination of Disaster*）（New York：Metropolitan Books，1998.Copyright © 1998 by Mike Davis.Reprinted by permission of Henry Holt and Company，LLC）。

第四章的部分内容首次出现于“内城生活”，J.巴雷特和C.巴特勒-伯顿编《城市辩论》（‘Inner City Living’，in J. Barrett and C. Butler Bowdon[eds]，*Debating the City*）（Sydney：Historic Houses Trust，2001，pp. 3－10）。

第七章曾有过一个更早的版本，见于C.詹克斯编《城市文化：文学与文化研究中的批判概念》（C. Jenks [ed.]，*Urban Cultures：Critical Concepts in Literary and Cultural Studies*）（London and New York：Routledge，2004）。

所有上述重制均获授权。

已尽力与所有版权所有者取得联系；如有疏忽，出版方将在第一时间做出必要的调整。

导 论

本书主要考察现代城市中社会进程与空间形态间的关系。城市语境中至关重要的社会范畴——如社群、阶级、种族、性别或性向等——是如何被构建并再生产的？城市中宏大的社会进程——如政治动员或经济变革——又是如何形成发展的？相较于将城市视为一个诸社会进程在其中不断发生的固定空间而言，本书则是运用社会理论中的各种观点来展现出城市的不同形态：城市，是社会遭遇与社会分隔的场所，是政治与权力的所在之地，是符号与物质构成的场景，是具身的空间，也是日常经验的领域。本书希望通过这些方式将城市研究中的诸问题和社会理论及分析中更广泛的讨论进行联系。

本书并非要回顾城市社会学或者城市研究学科的发展过程（关于这方面的重要研究，见 Savageet al. 2003；另见 Saunders 1995；Smith 1980；Soja 2000）。本书所要考察的，是城市在社会学想象中得以立足的诸方式。为此，本书从城市社会学和社会理论中的两组关键性文献入手。第一组包括城市社会学的基础性理论，主要由 20 世纪 20 年代及后来的芝加哥学派研究者所开创；第二组以欧洲社会理论为基础，特别是格奥尔格·齐美尔（Georg Simmel）和瓦尔特·本雅明（Walter Benjamin）的研究，两者都对城市空间与城市经验的概念方法影响深远。我希望通过回到这些美国与欧洲的理论基础——前者分析了城市的空间组织与社会组织，后者强调了城市社会理论中的运动——来考察当代城市社会生活问题是怎样与那些塑造了我们对现代城市之理解的各类思想传统相联系的。

这样一个框架就会以一种特定的方式组织起后续的分析讨论。首先，它将关注点指向城市中的社会互动、社群形成与主体性问题。因此，我们的主要关注点在于城市"社会性"（语出齐美尔）的模式，而非城市中规模宏大的经济与政治进程（关于后者，见 Judge et al. 1995；Logan and Molotch 1987；Smith and Feagin 1987）。其次，这就意味着，我们的文本将主要关注自由资本主义城市，特别是北美和西欧城市中的社会关系和城市形态（参见 Gufler 1997；Knox and Taylor 1995；Pile et al. 1999；Potter and Lloyd-Evans 1998；Robinson 2005；Sassen 2002）。这些城市社会学和社会理论中的奠基性观点主要关注的还是特定语境下的特定城市，即使他们的目标是要建立起一个有关城市形态和城市经验的一般性理论。正如路易斯·沃斯（Louis Wirth）（1995：58）所言，芝加哥学派想为城市研究创造一个独属社会学的方法，这一方法关注"城市作为人类交往的一种特殊形式的独有特征"。这种分析致力于为地理学家、经济学家、历史学家与政治科学家们提供另外一种不同的思考角度。对早期城市社会学家而言，城市是观察社会关系绝佳的实验室（Park 1967a），其本身亦构成了社会性的某些确定形态(Wirth 1995)。尽管在20世纪后半叶，芝加哥学派的方法已不受青睐，但仍长久地强调着思考城市社会性的重要性，并不失为严肃对待空间社会分析的先驱。如苏贾(Soja)(2000:93)所言："我们必须承认，正是芝加哥学派及其后继者们首次成功地发展并维系了对城市明确的空间理论化。"

当然，对城市的研究并不是城市社会学一家说了算，一种更为广泛的城市研究方法会横跨不同领域的工作：社会学家、地理学家、建筑与文化理论家、政治理论家，还有城市批评家们需勠力协作，没有哪一个单独的学科能够独占城市。因此，接下来的讨论将从城市社会学和地理学、社会和文化理论等多个领域作家的关键论断入手。每一章节我们都将援引社会理论和分析中与城市相关的研究方法，并在当代城市语境下探索这些思想。本书以主题化的方式展开探讨城市生活中的各个主题：社群；差异与分隔；政治与公共空间；中产阶级化；消费与城市文化；城市中的具身经验；城市主体性。在每个主题中，城市空间都可以被视为一种结构化的社会关系与社会进程，而它又反过来被社会行动与社会意义所塑造。"空间关系"，如齐美尔(2004:73)所言："一方面只不过是人类关系所处的境遇，另一方面是人类关系的象征。"空间组织既为社会关系提供了基础，又提供了它们的映照。

在这种意义上，城市成了一个完美的例证，它表明有些东西可以既是真实的，又是想象的。社会结构、社会关系与社会实践有时以一种错综复杂的方式关联着象征性的城市形态。城市，既是一个密集的物质现实体，又受制于记忆与感知的影响。尽管城市经验很大程度上取决于结构关系、物质不平等以及社会环境，但这并不意味着批评者们必须在城市的社会事实与主体分析或符号分析的奇想间做出抉择，即是将城市作为"特定的空间形态还是想象"

来进行研究（Amin and Thrift 2002：2）。物质与理想、客体与主体、物理与观念，当你关注它们是怎样在城市空间中运作时，它们之间的界线就模糊了。对于如何整合这些不同的空间构想模式，亨利·列斐伏尔（Henri Lefebvre）（1991）的做法，即将空间作为一种社会产物来处理是非常重要的。列斐伏尔认为，空间的社会生产在三个层面上运作——虽然他是分开论述的——它们在现实中并不是那么分得开。首要的，也是最明显的，空间的生产是空间实践的一种结果。社会实践的地理基于生产与再生产的关系与位置；它同时也包括由社会行动者完成的空间"能力"与空间"表现"的日常形态（1991：38）。思考空间生产的第二个层面涉及"空间表征"，这是一种空间的秩序概念，是有关正式"知识、符号、规则"的抽象设计，典型地存在于科学、建筑或政府对空间的规定中（1991：33）。这些空间表征有关地图、计划、系统与规划。其作为一种权力的模板，使城市空间以及其中身体和事物的常规行为得以理性化。列斐伏尔的第三个层面称作"表征空间"——一个最具启发性且最少被定义的范畴。表征空间是想象、具身与欲望的空间。它们是与符号和艺术的实践行为，以及颠覆性或隐蔽性的设计相关联的；但同时亦是普通"使用者"的居住空间。表征空间指一种必须有相关的意向及符号居住其中……这是一个被统治的——因而也是被体验的——空间，是想象试图改变并侵占的空间（1991：39）。这种类型学将空间处理为实践、感知与想象的一种产物，因此，同一个空间可以以不同的方式被再生产、被表征、被体验。通过建构起这三种空间生产的模式，列斐伏尔考察了客体空间与主体空间的对立、结构与符号主义的对立，以及真实空间与话语空间的对立（另见 Soja 1995）。

社会生活的空间是社会的产物。这似是一种老生常谈的无趣言论，但它提醒着我们社会行动的影响——城市、街道、建筑——是多么确凿、真实，且客观。列斐伏尔的论述指出，实践空间是如何覆盖于思想之下的；城市形态不仅是由物质和事物所构造的，也是由各类意义、语言和符号所构造的。要想拆除一座建筑也许是容易的，但要摧毁一片围绕着记忆、经验与想象建立起来的空间则要困难得多。因此，在社会意义上，没有所谓的空空间。空间总是且仅是一个联结与分离、在场与缺场的综合体。“被萦绕着的空间”，如德赛都(de Certeau)(1984)所说，“是人们唯一能够栖居的地方”。

不同的城市也被下面这些不同的论述所萦绕。芝加哥如同城市社会学家们的故乡，我们将围绕它展开，它架构起了第一章关于社群与独居以及第二章关于差异与分隔的讨论。柏林是齐美尔和本雅明反思城市意识的大背景，会在第六章讨论。巴黎引发了第七章的讨论，它躲在福柯、巴特，还有德赛都对“他者”空间、对城市情色、对颠覆城市理性的种种空间战术分析的背后。尽管上述各学者的研究都仅着眼于某个特定的城市，但其论述也同样适用于其他城市空间中的生存体验。芝加哥学派的早期研究——当然，并不是简单地解释当代的洛杉矶，或香港，或约翰内斯堡——他们没有真正地解释芝加哥。而是说，其学说为我们提供了一个思考宏大城市进程、城市形态以及城市关系的框架，以此我们能够对某个特定的空间加以理解；而且，当他们在这种更广泛的意义上用处不大时，差异性反而显得更具启发性。城市的身份认同总是部分通过不同城市间的意义、理念、想象与人群的交换来建构的。正是这一点使得我们在百余年后阅读齐美尔笔下的 20 世纪前十年的柏林街景——流水般的行人席卷着城市，他们神经麻木，面色凝重——时，才能意识到它带来的巨大震撼。这十分近似于以利亚·安德森(Elijah Anderson)笔下20世纪80年代的费城街道,人们通过各种不同的漠然或逃避姿态互不搭理,以此为战术来应对城市空间和社会陌生人。

接下来的各章将讨论设置在城市空间中不同的社会问题。其中首先关注的就是城市空间塑造社会关系的方式。在第一章中,这个问题是在城市社群与独居的紧张关系中提出的。所谓的"社群"感能够在现代城市中存在吗?城市社会理论与城市社会学中的许多核心论述都基于现代城市中的匿名性与社会分离。然而,这些分析方法却持续受到各类学说的挑战,它们强调城市之中社群始终存在,强调城市网络在生产替代性的孤独或社群生活形式中扮演了重要角色。本章的讨论将概述各种辩论中的那些核心观点——从芝加哥学派的早期贡献到二战之后的社群研究,再到晚近对社群思考的批评——并提出一种处于社群与匿名性之间的折衷观点。这种观点认为,现在城市中的孤独,不应当被简单地理解为和他者的疏离,同时还应当被理解为一种漠不关心的伦理,它能够创造出自己的自由形态,也为容忍创造了宽阔的空间。我们并非要在疏远与亲密间抉择;恰恰相反,城市中存在着种种与他者共存的方法,既能维系差异,保持距离,又能认可对社会空间的集体性诉求。

第二章将思考城市的空间组织对社会差异与分隔的强化作用。本章考察了空间边界再生产经济、社会和文化分裂的方式。在芝加哥学派的城市区域生态学理论中,将城市划分为空间区域与社会区域这一做法十分关键,其目的是描绘城市增长与衰退的模式,以及社会隔离的模式。这种将空间与时间相结合的方法在之后对城市问题与政策的研究方法中得到了反映。自20世纪60年代以来,在不同国家背景下关于城市问题的建构中,大量的社会问题——贫困、犯罪、失序——都有着明显的空间特征。此外还有种族特征。“城市问题”的语言出现于社会和政府研究、公众辩论和道德恐慌同时来临的时间点上。对于贫困和种族平等的关注，两者的同时出现刺激了 20 世纪 60 年代关于内城区的争论，以及随后的各种城市政策项目开发。第一个问题，贫困，明确地刺激了政府的行动；第二个问题，种族，作为人们理解城市问题的一大元素，虽然充斥着矛盾，却很少被公开讨论。在这种意义上，“内城区”概念既属空间范畴，亦属社会范畴。在当代城市社区的研究中，我们也能见到一种类似的意义混合体，将城市贫困和不平等问题与某些特定本土空间的社会病理学关联了起来。

这些城市空间的分界使得城市中的权力运作显现出来。在第三章中，城市将被看作政治能动性与权力抗争的场所。这里所关注的，不是城市中那些主导性的权力景观——权威和特权的建筑——而是城市是如何形塑不那么正式的政治运动的。城市空间在为政治动员提供空间和社会资源的同时，其本身亦是政治斗争的目标。因此，城市空间的政治不仅在于城市之内的争夺，亦在于对城市权利的争夺。其中，最主要的城市权利之一即是对公共空间的诉求。社会理论家们常用“公”“私”之分来分析社会关系，然而，我们并不总能清楚地知道，这则重要的二分法如何联系着城市中真实的公共空间。本章将从三个层面来探讨公共空间——作为集体性的场所、社会交换的场所，以及非正式相遇的场所——并以此考察社会关系与社会行为是怎样在这些不同的公共空间秩序中组织起来的。尽管公共空间的概念基于平等及自由出入的原则，真实的公共空间中所发生的排斥却指向着城市中归属感的界线。存在于公共领域中的管控机制，以及将特定的个体和群体（不管是无家可归者、乞丐还是青少年）视为一种问题，两者都揭示出对公共空间的访问,不是一个简单的对城市行使自身"权利"的问题,而且还通过规范或排斥的方式进行组织。

城市空间的政治还通过对城市的经济诉求和符号诉求起作用。第四章将考察城市空间中的经济进程如何在意义与表征层面上得到反映。我们将思考怎样可以通过对城市空间组织的变化来解读社会经济的变化。内城区的中产阶级化是本章的重点,其所代表的既是物质形态的转变,也是文化意义的转变。一直以来,内城区都既是一个社会标签,也是一个空间事实。它曾经指涉的是一个极度贫困的地方,但是最近内城开始代表发展的空间。内城区,一个既真实亦虚构的空间,正讲述着城市空间重塑中经济与文化的变革。最近在阶级和资本层面的转变——晚期资本主义城市的某些区域在加速中产阶级化——就在这个意义上产生了新的空间分层模式,并扭转了城市的意义和身份认同。

物质空间和符号象征空间的关系是第五章讨论的核心,主要关注城市空间的性别化与性化。许多批评已经指出,对身体的构想模式总是与对空间的描绘模式并行(Brown 2000;Duncan 1996;Grosz 1992;McDowell 1999a;Nast and Pile 1998;Pile 1996;Sennett 1994;Stallybrass and White 1986)。这里的讨论从三个不同的层面考虑了性别化或性化身体在城市中的位置:城市空间的意义、使用和塑造。它表明,身体在空间的符号、实践和形式管控方面起着重要的作用。首先,在对意义问题的探察中,我们借鉴了文化和社会历史中关于现代城市中女性表征的观点。其次考察了城市空间的性别使用,探讨了地理学和犯罪学中的近期研究,分析女性的空间实践是怎样被其对暴力和恐惧的空间感知所制约。最后一部分讨论探索了性取向对塑造城市空间的影响——考察当代城市中男女同性恋居住地与社群形成的模式。综上所述,这些论点论述了文化意义、空间实践和物理形态在城市中放置身体的作用。

第五章对城市中性别与性取向问题的论述构成了一座桥梁，上承着前文对城市社会和空间秩序的讨论，并下启了更紧密地关注着主体、性与意义问题的最后两章。城市不仅可以被视作一个建成形态，或一个复杂的社会系统；它也是一种经验与意识的模式。第六章将关注主体与城市的交汇。城市既是一个物理空间，又是一个感知空间：个体如何体验城市不仅由（或不总由）宏大的社会与经济结构所决定，也是由其自身的心灵地图与独特的空间实践所组织的（见 de Ceartau 1984；Lynch 1960）。此处的讨论所援引的著述来自有关城市主体的三位重要理论家：格奥尔格·齐美尔、瓦尔特·本雅明、米歇尔·德赛都。对于主体与城市的互动，此三位思想家分别提出了不同的洞见——城市生活的奇异心理学；城市与记忆、梦和感知的关系；人们的日常实践讲述各种不同“空间故事”的方式。

第七章将这一关注延伸到人们如何通过日常实践和富有想象力的空间战术为自己创造空间。它着眼于城市中那些抵制常规空间和行为秩序的场所和实践。讨论始于米歇尔·福柯所提出的“异托邦”——或“他者空间”——一种依照自己的设计与使用逻辑运转的空间。随后，将关注罗兰·巴特与米歇尔·德赛都的研究，以此思考城市空间能怎样被意识和实践改变其常规意义或忽视其官方使用。在思考城市中的表达场所时，我的侧重点不是被组织的景观、价格化的消费场所或具有特权的文化领域，而是日常消遣与亚文化实践。在城市中寻找不同的存在方式，可以是一个关乎战术性思考和快速行动的问题。城市中某些最好的消遣活动可能恰恰是最寻常普通的。城市使用者用以蔑视地图秩序、颠覆计划、穿梭于网络线条间的小小的“空间战术”表明，城市不仅是研究社会生活组织的实验室，也不只是一台构建社会秩序的机器，而是能动性的场所，一个“正在使用中”(Thrift 2000:234)的空间，它永远不会被那些试图塑造或管理它的事物完全掌控。

第一章　社群与孤独：城市中的社会关系

对社群的渴望常常是反城市的。

——I.M.杨《正义与差异政治》

(*Justice and the Politics of Difference*)

"对于任何企求这类离奇奖赏的人，纽约会送上两件礼物：孤寂和私密"(1999:19)，E.B.怀特曾如此写道。不止纽约，在许多城市中独居都是一种普遍现象。尤其在作家笔下，城市常常带给我们一种奇异的孤独感，一种只有在熙攘人群中才能体会的孤独感。与陌生身体的接触似乎会带来一种异己的排斥性，而与他人保持距离时反而没有这种感觉。当然，也有一种观点把城市视为群体活动的主要场所，这种看法和上述的孤独感之间有着十分有趣的关联。一方面，现代城市研究常常把城市生活描绘成孤独的和匿名的，认为其伴随着社会关系的降级和与群体生活的对立；另一方面，也有研究不断努力为群体生活寻找不同的新根基，以此驳斥前者的观点。譬如，有些学者认为，城市人口之多、之密以及差异性之大都会助长个体间的疏离；而在另一批学者笔下，这些完全相同的因素却能够促进亚文化的形成，帮助社群改造，进而建立起富有想象力的自发性的社会关系。

这种群体性和匿名性之间的矛盾便是本章的基础。对这种矛盾的讨论在早期的城市社会学研究中就已出现，尤其盛行于 20 世纪 20 年代和 30 年代的芝加哥学派。然而，他们关于城市进程现代化和理性化推进的理论似乎并不能很好地解释当代美国城市中持续出现的社群团体，尤其是移民群体和少数种族群体。对此，有一种解释认为，这些社群的出现是城市中一种“非城市性”残留，一种新环境下的社会适应性产物。因此，他们沿用之前熟悉的文化和空间安排，保留了老旧的社会和经济关系。在这种社群形成浪潮之下潜藏着的是一种同化的力量，能够消除不同群体间的文化差异和空间分隔。而在现代城市中，所谓“被同化”事实上意味着个体化和孤立化，意味着每个个体都将变得与所有他人一样毫无特色。

这些城市社会学的基本论点中包含着许多重要主题，它们在对现代城市社群的广泛研究中起着经久不衰的作用。其中的一条假设认为，社群的形成在某种程度上是“前现代的”或“非城市性的”；而它们在现代城市中的留存仍有待解释（就好似在恶劣环境中仍未灭绝的濒危物种一般）。如果说城市社会关系的特征是理性与匿名性，那么城市中的社群就像是一种老式的群居方式，一种向城市之外的倒退。它们以城中村落的形式出现，常常由乡村外来者或国外移民组成——成员之间熟悉信任，并遵守共同的文化规范。在学术和政治探讨以及某些群众的想象中，对社群的“哀悼”已成常规（见 Nisbet 1953；另见 Cohen 1985；Suttles 1972）。

在该语境下，社群便如同一块被城市进程碾碎的迷失之地：社群的存在到衰落是城市生活逐渐消失的一种对应，凡是对社群的渴望都暗含着对城市的不满。于是，在这种社会现实下，社群作为一种逐渐淡出主流视野、常常悬于生死存亡之际的社会形态，几乎成了某种政治上的幻想或是社会学的浪漫。

早期城市社会学的另一个重要进步是将社群的形成与社会差异的分布模式进行了连接。种族和阶级为新兴的社群社会学提供了一种孪生的分析框架，用以刻画城市中不同的社会群体和空间隔离。在此框架下，社群常常被打上社会弱势群体或种族差异的烙印。尽管在近年来的讨论中，有关阶级的话题不断升温（事实上，阶级从未缺席），但在讨论种族问题时，"社群"仍不失为一个称手的常用语，集文化联结、社会网络以及本土空间等诸多概念于一体。社群语境下仍包含着许多有关群体身份认同的概念，尤其是关于城市少数群体是如何被建构起来的讨论。不过，有关群体身份认同的政治学总是取决于谁来命名。尽管有时使用社群这一概念会凸显出一种集体认同感，但它同时也标志着一种城市中的反抗性，一种无法被同化的"他者"。霍米·巴巴（Homi Bhabha）（1994：231）认为一个群体与生俱来的种族性正对抗着现代城市中的理性化秩序，他写道："在大城市中，正是这些少数群体的领地威胁着对文明的主张。"该文中，社群即是"种族"的代号，一种以肤色和文化区分人群的"文雅"手段，同时也是识别问题的一种方法。

因此，社群便成了研究现代城市中社会和空间差异问题的关键。如果说社群这一用语常常用来指代城市中的问题群体，那么它同样也代表着关于差异的种种积极的政治态度。对于那些认为城市氛围不尽"文明"之人，或是那些无法苟同城市匿名性所带来的自由之人，诉诸群体不失为一个有力的策略。对此，我的主要论点如下:城市中冷漠性的形态亦是城市中差异性之日常政治的一部分。私密与匿名并不仅仅是城市生活疏离程度的指标,亦非单纯的某种文化特权所带来的利好(即允许某些特定人群能够在城市中不被注意、不遭干预、不受阻拦地自行其是)。这种他者的冷漠性能潜在地为城市带来更广泛的权利与自由。当然,冷漠的关系可能是脆弱的、勉强的抑或是不平等的,但它同时亦可被视为一种自我与他人之间最小限度的伦理态度。与那种直面差异性的积极的政治态度并行着的,正是这种无视差异的日常的城市伦理态度。

下面,我们将在城市理论与社会学框架内,就若干重要研究方法来讨论独居、群体与冷漠等问题。通过这些范畴,我们得以一探城市思想者们对现代城市中社会关系本质的理解;对于近代有关身份认同与差异性问题的诸多璀璨思想,我们亦将广加涉猎。首先,我们将关注路易斯·沃思的著作,考察早期芝加哥学派城市社会学中所遇到的困境——现代城市性的原子化效应与城市社群留存间的矛盾。于此,我们将主要考虑两派重要研究——二者俱以战后城市更新计划为背景,针对本土性的社会团结所做的研究——其一是赫伯特·甘斯(Herbert Gans)对波士顿西区"城中村"所做的民族志研究;其二是米歇尔·扬(Michael Young)和彼得·威尔莫特(Peter Willmott)对伦敦东区所做的社群研究。这些研究追溯了城市地域中存留的社群形态,并描绘了它们在城市环境的物理与社会变革中所面临的威胁。我们还将介绍简·雅各布斯(Jane Jacobs)对当代纽约的研究。她对于城市社会性的研究并未侧重于社群飞地,而是微小的日常接触,这种接触能使混杂城市场景中的街道和公共空间富有活力。以这些社会学与城市研究中的讨论为背景,本章的后半部分将转向与社群、身份认同和冷漠性等城市问题相关的概念性议题。现代城市，在我看来，并不能简单地总结为对社群团结怀有敌意；城市中的匿名性也不能被单纯地理解为对差异性的消除，抑或是对陌生者的疏离。所以，重点在于对独居或冷漠性的构想不应把社群或身份认同作为它的对立面。当城市中的人们不断建构、再造出各种形式的社群时，差异性亦为城市主体间的一种重要关系——当必须与城市中的他者共存时，人们不再强求面对面的社群理想类型，转而接受“边对边”的匿名关系（Young 1990a）。

城市独居

独居和分居是城市社会理论中的常见课题，最早见于德国社会学者格奥尔格·齐美尔。在1903年的文章《大都市与精神生活》（The metropolis and mental life）中，他注意到城市中的个体在人群中有一种压抑和克制自我的倾向。这种压抑“不仅会化为冷漠，同时也会在不经意间催生出一种轻微的厌恶感，一种个体间的相互陌生感和排斥感”（1997b：179）。这种冷漠性中体现着一种矛盾。对齐美尔而言，冷漠甚至厌恶本质上是一种社会关系：要在拥挤的城市空间中与无数陌生人共处，这是唯一可行的方法。通过采取这种方法，人们得以在构建一个繁闹的社会空间时，依然保有某种程度的“心理上的隐秘性”（Simmel 1997a：163）。也就是说，这种看似反社交的方式恰恰是城市社交的基本形态，它使我们得以和无数的陌生他者共存。因此，对社会互动的排斥并不全然是一种社会性的后撤；正相反，它作为城市社会生活的重要先决条件，保障了个体的安闲宁静以及社会的相对平稳。

对齐美尔来说，这种社会效应源自一个宏大的空间事实。现代城市，尽管将人们紧密地挤在一起，却仍然受制于一种“空间的无情分隔”：“就空间角度而言，不同的事物无法真正地结为一体。”(1997c:170,171)一方面，这不过是陈述了一个物理层面的简单事实——不同的两物无法同时出现于同地；但另一方面，它又从心理学角度强调了社会生活中他者性的存在。因此，差异作为一种意义深远的空间实体，萦绕于人们街角相遇时的一瞥。在拥挤的城市中，群体主张和个人诉求间的冲突得到昭显，社会生活的集体性和个体内心的孤独感之间的矛盾也不断放大。在这种矛盾中，齐美尔(2004:73)看到了一种“存在于每一个人际关系中的‘临近与遥远’的结合体，不论这种关系本身的亲疏远近”。在这种意义上，日常生活中许多不起眼的举动——比如在路上不与人眼神交流，无视拥挤地铁上怪异的亲密接触——都在微观层面上体现着个体性与集体生活间的矛盾与妥协。在现代城市中，个体的自由往往伴随着冷漠与匿名性。对此，齐美尔精彩地写道：“不论何地，一个人舒适的情感生活都无法证明他的自由。”(1997b:181)

在瓦尔特·本雅明的城市回忆录中，我们也能发现类似的思想。他回忆童年时期与母亲在城中散步：“一种孤寂感向我涌来。仿佛那才是最适合人类的状态。”(1986f:13)同样，这些思想也出现在以路易斯·沃思为首的其他芝加哥学派学者中。对这些城市社会学家而言，城市绝不仅仅是观察社会关系的理想场所，而更重要的是城市本身便能够造就出独特的社交形式。沃思在1983年的论文《作为一种生活方式的城市主义》(Urbanism as a way of life)中对此有着明晰的阐述，并且这种将城市理解为社会形态的构想也在近现代的理论中时有出现(可参见Park 1967a)。这些思想的核心是将城市和现代性画上等号。城市生活中的许多具有代表性的社会关系——如那些理性的、事务性的、冷漠的以及自发性的互动形态——也具有典型的现代性。在这种意义上，沃思将城市性作为社会生活模式的创见十分有利于人们解析现代城市，城市也便成为研究现代性社会经验的主要场所。

“城市的生长明确标志着我们文明进程中现代性的开端。”沃思的论述由此开始(1995:58)。在此，我们必须理解城市研究中关于现代社会形态的基本情况，特别是现代化所造成的社会交往的形式化转变。沃思的思想明显受到齐美尔的影响，并与20世纪早期的许多思想家——如涂尔干(Durkheim)或库利(Cooley)——都有呼应。这些思想家在对现代社会的研究中刻画出了一种社会秩序基础的现代化转变：社会交往的基础由约定俗成的行为规范逐渐转变成形式化的规章制度。当时的社会学家斐迪南·滕尼斯(Ferdinand Tönnies)对于*Gemeinschaft*(礼俗社会)和*Gesellschaft*(法理社会)的区分使用很好地体现了这种转变。这种区分使用恰好对应着沃思对城市社交性奇特本质的思考，同时也昭告着一场关于城市和社群生活间矛盾的大辩论(见Tönnies 1955;另见Park 1967a:23,28)。*Gemeinschaft*(常译为“社群”)指的是这样一种交往模式，即它的社会关系往往基于相互间的依赖和信任；而个体间的关系则往往诞生于一个更大的群体之中(只有在更大的群体中这些关系才能获得意义)。家庭关系和亲属关系是这种模式的典型，而社群关系也常常被归为此类。与之相对的，*Gesellschaft*(常译为“社会”或“交际”)则描绘着一种形式化的交往模式：其社交行为往往是冷漠客观的、不近人情的、事务性的、自发性的。这些社交行为主要基于理性的利益考量，而不是相互间的身份认同；主要受到外部规则的约束，而鲜受群体归属感的影响。在传统的社会学理论中，滕尼斯的这种区分意味着社会团结基础的改变：从原初的亲属关系、公社生活到现代的去个人化的、个体间无直接联系的社交模式。对于这两种理想类型(ideal-types)的差异,人们一般会简单地将其理解为“传统社会”和“现代社会”间的不同;但帕克和沃思等早期的城市社会学家则进一步指出了这种差异的空间性(而不仅仅是时间上的)。如果说理性和冷漠是现代社交的核心要素,那么它们也完全是城市性的。这些新类型的社交和新形态的主体性正是在城市中才能够如此明确且大量地涌现。

受到当时蔚然成风的实证主义社会学的影响,沃思首先着眼于有关城市的三个原始特性:人口数量、密度和社会异质性。这三个方面不仅在经验上定义了城市,同时也展现了社交的特定模式和主体经验的特征。其中,最核心的问题便是空间相邻和社交疏远之间的矛盾。沃思认为,现代城市将人们紧密地挤压在一起,但同时又设立了不同程度的主体性或社会性距离。这种双重逻辑源自城市活动的基本情况:社会接触不断增加,社会团结不断弱化。现代城市中的人们大量、频繁地与他人接触,但这些接触往往是短暂的、事务性的或偶然的。日常的城市生活总能以多少有些冷漠的方式让你遇到大量的他者:售予你火车票的男子(显然,一台机器也能做到),大街上推搡着你的女人,你的同事、员工,以及和你同坐一班地铁的无数无名他者。所有的这些都像是“随意地”闯入了你的生活。毕竟,辞掉工作比换个家庭来得容易。这些关系要么建立在某些显见的契约之上(比如法律规定的公共场合行为守则,或是购物时发生的市场交易,又或是劳动合同等),要么是基于共享的社会空间中最小限度的接触(如共乘地铁)。总而言之,这些关系总是多多少少基于 *Gesellschaft* 的。而当这些形式化的或者说匿名性的互动愈来愈多时,现代性,作为一种生活方式,正不断削弱着另一些关系的力量:那些基于责任和习俗的关系、基于带有强烈价值观的社会规范的关系，以及基于家庭或族群中氏族文化、排外文化的关系。

在这种意义上，城市可以被看作一种社会互动的重建，一种充斥着社会学上现代性基调的重建——事务性的动机、个体化，以及失范。沃思(1995:76)这样描述城市社会生活的逻辑："(它)将人们的主要联系替换为次级联系，即消灭近邻关系，弱化亲属纽带，降低家庭在社会中的重要性，并削弱社会团结的传统根基。"这些连珠炮似的论述不断地被后来的社会评论家们援引，其中的关键元素也常被奉为圭臬。譬如，城市中的社区似乎已被认为是一种常常处于危机之中的存在。沃思本人的理论则涉及一种理想类型的城市。这种城市，尽管是由一些基本的经验性的特征来定义的，但沃思对其分析却有人口统计学的事实做支撑。这些事实和数据同样也出现在其他芝加哥学派的理论中，并自此在城市社会研究中被发扬光大。这些事实和数据有关结婚率和生育率的下降、城市人口的流动性、犯罪和违法的猖獗，以及独居人口的数量等(见 Park et al. 1967)。不过，城市社会性独特的性质并不应被简单地解读为一大堆客观数据，同时我们也应关注它对于城市心理的塑造。在现代城市中，社会生活的模式与人的主体性生活形态息息相关；人的某些态度和性格可以看成一种被城市性造就的社会形态。在这一点上，齐美尔和沃思及其同事们不谋而合：城市生活催生出了冷漠、匿名性、不近人情等种种社会心理。城市社会生活的本质常常具有短暂性、隔离性、分化性等特质，这些特质使人们难以获得强烈的身份认同感和族群归属感。

传统的社会团结方式逐渐崩塌，种种冷漠的、事务性的接触不断增加——这些研究结果不禁让人感到些许忧伤。于彼此间共享的强有力的文化性社会规范的缺失之中，涂尔干曾预言城市中"社会虚无感”的出现。罗伯特·帕克(1967d:130)则认为:“(在现代城市中)生活中的大部分利益和价值已经被理性化,被还原成可计量的单位,甚至变成了可交换和售卖的对象。”在主体性层面上,这些社会协议中流露出的是一种奇特的孤独——“邻里生活多年,到头来不过点头之交。”(Park 1967a:24)然而,城市生活的这种分离和冷漠的倾向并不能使得社会关系变得融洽和睦。不同利益团体和个体间的持续摩擦不可避免地会造成矛盾,因此城市生活才需要形式化的管控模式。不论是以理性契约还是以强迫镇压的形式,城市生活总是被(或说应该被)法律系统所控制。在主体性的层面上,为了在城市中进行社交,人们的个体心理必须做出改变以适应与许多无名他者的近距离接触;而在集体层面上,城市则必须以法治手段来管控行为、规范活动、维护秩序。

总而言之,城市之广大、稠密和多样——不论是就其物理形态还是社会形态而言——使得城市生活具有匿名性、事务性和原子化的特征。即便在密集的人群中,人们也必须学会保持社交距离。沃思开创性的理论,尽管简略,却刻画出了城市社会生活的一个重要倾向。他对于现代城市的分析基于社会和空间秩序两个理想类型之间的比较:“城市工业型社会”和“乡村族群型社会”。当然,在现实情况中,这种理想类型并不能很好地对应每一个社会,毕竟社会空间的具体情况千差万别。沃思的这篇论文主要强调了城市的复杂性、动态性和不稳定性,而对于现代城市中的局部社会空间、非正式的秩序模式,以及各种亚文化的形成等问题则并未过多着墨。芝加哥社会学派的另一支探讨了这些问题(经典著作见Whyte 1943),影响同样深远。诚然,城市人口之多、之密以及多样性之大打碎了社会秩序的传统根基;可是,同样的这些因素也可以被解读为对社群的呼吁以及对社群价值的重视。或者说,这些因素为新的社会团结方式提供了土壤。在小范围中,不同种类的城市秩序并非无法共同运行。

城市中的社群

对此,沃思的同事罗伯特·帕克的观点十分精彩。他写道:

> 分隔的过程建立起了一种道德距离,把城市变成了由许多小世界组成的马赛克,这些小世界相互接触但并不交融,因此个体可以轻易地穿梭于不同的道德环境中。这便鼓励了一种迷人却危险的生活体验,即,同时生活在许多毗邻但高度分离的世界中。(1967a:40-1)

因此,我们并不能简单地认为城市生活就是集体认同和社会团结的敌人;我们也并不是要简单地在充满孤独感的城市和世外桃源般的洋溢着乡土气息的 *Gemeinschaft* 间做选择。帕克所说的"道德环境"提出了这样一个问题:在现代城市匿名性的大背景下,可能出现什么形式的社群或身份认同?帕克对城市多样性和人们身份、体验不断变化的强调看起来已然超越了他的时代。尽管用马赛克比喻显得有些乏味——第一眼固然新奇,但实际却过度简单化了——帕克确实提出了一项重要的概念,即将差异作为一种空间体验来看待。穿过小道,前往市区,从一个"小世界"穿行至另一个——归属感的变化常常伴随着人们在空间中的移动。

需要注意的是,要讨论帕克所说的城市差异的迷人和危险,我们必须预设一个被分割的城市。芝加哥学派眼中的城市总是被分割着的:社会意义上和空间意义上的各种界线将城市切割开来,有如一张布满差异的地图。在这些早期理论中，身份和社群的概念无一例外总是和空间分隔与文化差异挂钩。因此，社群被认为是这些差异模式的一种社会形态。而近代理论中的一个重要难题是，如何在不刻意强调分界线（不论真实的或想象的）的前提下构想出身份、差异和社群的形态。对帕克而言，社群的概念不仅仅是指“占据着某个确切地域的某群人的集合”。他认为，决定社群的是主导该群体的社会、文化、政治和经济制度：“制度，而不是人，才是将一个社群区分于其他社会群体的最终决定性因素。”（1967c：115）在这一点上，帕克对社群的社会学理解可谓十分超前。他意识到，社群的问题不仅在于共享空间或人际关系，更在于社会管理这些关系的方式。加入社群既不是指踏过某条空间上的界线，也不是得到“会员身份”这么一个简单的事实。“社群”真正所指的，是一系列正式的或非正式的方法（聚居地、制度、习俗、行为准则和价值观等）。通过这些方法，社会群体得以在特定的空间内管理并再生产出它们自身。

帕克提出了如电影中交叉剪接线般的三种不同的社群定义。其一称为地点型，用以对应社群及其空间位置。例如，如果某“社群”被看作是与居民楼、市郊或街区等共存时，我们便可以采用这种定义。其二称为社会型，由社会网络和制度定义社群。这种定义主要作用于种族社群，判断的依据往往基于他们的文化纽带和制度形式（如俱乐部、文娱团体、宗教组织、报纸及其他媒体、会面场所、用餐场所等）。其三与帕克“道德环境”概念有关，称为情感型。情感型社群主要通过共享的身份认同和利益来提供一种归属感。帕克所描述的道德构成往往是空间化的，城市中不同的区域形成不同的道德（那些马赛克般的小世界）；不过，情感型社区却可以囊括跨越地域的各个群体，所谓“非毗邻社群”。这种社群体现在两个层面。第一个层面显而易见，一个简单的例子即是在现代的朋友关系中，人们可以通过网络和通信技术克服空间上的距离。第二个层面则较为宏大，某些社群中的“成员们”可能从未谋面，甚至互不相识，例如男、女同性恋群体，或难民、流民群体。这三种社群的定义虽然在概念上被分开提出了，但实际上并非泾渭分明。这三个定义——基于空间的、基于关系的，以及基于情感联结的——总是相互叠加、相互交融着。例如难民群体，尽管在空间上遍布各处，但依然会围绕着某些社区紧密联系在一起，并且存在着他们独特的社会制度、风俗习惯以及人际网络。

对芝加哥学派社会学家及其同期人物而言，现代城市中的这种非城市的，甚至前现代的社会形态的持续留存引起了他们研究社群的兴趣。如果说现代性的逻辑是去弱化乃至击碎传统的社会团结，那么这些社会关系的留存便如同返祖现象一般格格不入：城市中的某些社会空间看起来全然像是另一个时代的产物。因此，社群这一概念被提出，用以研究空间中时间变化（或不变）的问题。早期城市社会学将移民区作为社群的典型模型：一个充满着对故土往事追思的特殊社会环境。在对犹太聚居区的研究中，沃思（1928：290）提出，犹太人社群“提供了一种和城市相似的集体生活方式”，同时也是一个研究城市中少数群体的模型。他认为，在美国的犹太人移民群体是一种“文化社群”，其形成主要基于他们共有的价值观、传统、语言以及历史——那段长期被驱逐压迫的历史（1928：289）。尽管犹太人口（在空间上）遍布各处，他们仍能“被‘焊接’成同一个社群。因为，在外部他们遭受着相同的压迫，经历着相同的斗争，在内部他们又采取着共同的行动”（1928：290）。在这种意义上，社群所表现出的既是一种守御的姿态——对偏见、歧视和威胁的回应；又是一种自强的姿态——对团结、身份认同以及对民族自决的诉求。在沃思的理论中，聚居区——一个封闭的社群空间——既是一个集亲密性和避难性于一体的真实空间，同时又是一个象征归属感的符号空间。

对沃思而言，对在美犹太人集体生活的构想很大程度上是空间层面上的——围绕真实的以及象征意义上的聚居区。这些聚居区本身作为社交场所的同时，也将自己与其他空间隔离开了。可以说，犹太人的生活体验标志着城市中一种典型的文化差异。而美国的现代都市便像是“小聚居区组成的拼布”：各色群体安居于城市各处，并且“在新秩序允许的范围内，每个群体总倾向于复制他们在旧居所内所习惯的文化”(1928:283)。因此，社群的形成总是伴随着对空间的塑造和占有。这些种族飞地在加强其成员身份认同的同时也在不断强调着与其他群体的差异性。沃思认为，城市中各社会群体间的物理分隔(特别是“原住民”与“移民者”之间的分隔)表达了群体间的社交距离，同时其本身也正是维持这种距离的手段。不过，他也提道：“这并不意味着城市各群体都处于敌对状态；正相反，这些分隔使得各群体能够相互容忍并共存。”(1928:284)同样，在这里我们也能看到齐美尔的影子，即社交距离和城市中的冷漠性成为集体生活的条件。只不过，这里的社交距离和冷漠性并不是关于个体间的，而是关于群体间的。沃思认为，空间分隔和社群形成是陌生的城市中的一种适应机制。因此，城市并不总是具有同化性——只要差异性能够稳定地得到地域化的体现，文化社群便将生生不息。

城市空间和城市社群

在这些城市社会学的叙述中，社群的形成被理解为一种在新环境中对旧秩序的重建——它们构造出一个个充满归属感和身份认同感的本土性空间，以此对抗城市生活的分离性和孤立感。值得注意的是，沃思等人所说的“不利于社群的现代化进程”不仅是社会性的，同时也是空间性的。自 20 世纪中叶以来，城市环境的物理形态一直处于剧烈的变化之中。在城市规划和城市更新的理性化推动之下，地方性飞地——特别是那些地价低廉的内城区——尤易受到伤害。从 20 世纪 50 年代开始陆续出现了一批城市评论家，他们致力于研究城市物理重建浪潮下集体生活的变化。其中尤为重要的是赫伯特·甘斯所做的有关 20 世纪 50 年代波士顿西区的人种志研究。甘斯进行研究的时期正是波士顿城市形制大变革的时期；乃至于到了 1962 年他出版《都市村民》(*Urban Villagers*)时，波士顿大量老旧的内城区已经湮灭于城市更新计划和贫民窟清除计划之中了。如此剧烈的物理进程明确地体现了沃思所描述的现代城市主义的理性原则。

于甘斯而言，城市景观的消亡及其社会形态的丧失是相辅相成的。他认为，第一代和第二代的意大利移民们试图“使他们原有的非城市的制度与文化适应城市环境”(Gans 1982:4)。在这里，社群被看作一种“城市”和“非城市”间的转换和过渡，一种有些自相矛盾的“城市村庄”。如罗伯特·帕克所说，在 20 世纪 20 年代：“(所谓的)移民殖民地往往不过是一种移植性的村庄——不是民族，也不是国籍，而是村庄殖民着美国。”(1967d:119) 如果对于帕克和甘斯而言，城市村庄如同某种前现代的遗物；那么“村庄组成城市”的思想则像一则经久不衰的灵活隐喻，有助于我们理解社会空间的分割——从种族飞地到同性恋村——以及城市中产阶级化的进程。村庄并不仅仅作为城市的对立面存在，其本身就是组织城市社会空间的一种理想类型。另外，不同种类的村庄对应着“真实存在的”或“假想的”社群:真实存在的即是那些基于文化纽带的社群,比如种族社区;假想的即是那些政治的、意志的或是想象的产物,比如同性恋社区。在这些城市村庄的概念中,我们确实能看见后现代复兴的影子。以此看来,即使大型的城市也可以被看作是由城市村庄之网组成的,部分通过竞争性城市系统中的“地缘市场”策略,以及围绕社会和空间区分所策划出的新“分区”和新“村庄”(见 Neal 2003;Kearns and Philo 1993)。

尽管甘斯的研究看起来向我们展开了一幅城市 *Gemeinschaft* 的浪漫画卷,其真正的理论却复杂得多。在甘斯眼中,波士顿西区是那些指向其他地点与时间的场所之一:初见之时,那蜿蜒的街道、犹太人和意大利人的商铺等沿途的种种社会景象使得甘斯恍如置身欧洲(1982:11)。可在如画风景之下的却是这座城中“村庄”的破败失修和经济困顿。那时西区移民人群的生活条件相当困苦,大多住在老旧拥挤的租住房内。甘斯发现,为了对抗这种物质上的萧条,它们建立起了一个完整的基于“群体和阶级”的社会系统——一个文化纽带和经济职能的融合体。这种地方性文化有自己的社会秩序以及互连的家庭网络。这些网络中包含着各式的经济关系和文化联结,并受制于各类社区角色的调整——看门人或地主、政治维护者或企业家。通过对有界空间、社会网络和制度,以及情感联结的研究,甘斯的理论显明了这些错综复杂的脉络。在社群即将消失之时,甘斯及时地把握住了它们,向我们表明了城市更新的过程是如何对物理和社会环境进行再造的。

与此同时,英国也出现了类似的社群研究,包括关于阶级、亲属关系和城市空间关系的讨论。威尔莫特和扬有关于 20 世纪 50 年代和 60 年代伦敦东区社群形态与家庭的经典理论,其中对比研究了城市空间的变化和社会纽带的留存(Young and Willmott

1957;Willmott and Young 1960;另见 Willmott 1966)。他们认为,现代城市并不会摧毁那些传统纽带和社会规范。为进行说明,他们描绘了贝尔诺格林一个白人工人阶级社群,这个社群融入了很多其他的家庭网络,并和他们共享文化符号。同时,这些融入的家庭在构建城市社群中起着重要作用:研究者们注意到家庭成员之间的联系十分频繁;如甘斯在波士顿所见,亲属关系在协调地方性的社会和经济生活中作用很大。在这些社会网络中,女性同样扮演着关键角色:母女关系尤其能够起到安定和稳固亲属关系的作用。毫无疑问,这种观察结果加强了社群联结中"传统"类型社会组织的作用,并且强调了在构建和维护社群时传统性别角色的重要性。女性在家庭内务及情感上的工作能够有力地将集体牢牢系在一起,尤其是基于她们所做的家庭工作,以及她们在本土性社会地理中所处的位置。在这种意义上,威尔莫特和扬二人的发现看似加强了对于社群的这种刻板印象,即作为现代城市中的集体性残留;不过,他们的研究其实正是在挑战这种观点,即将家庭纽带简单地看作一种封闭的、有局限性的且排外的社会关系。事实上,家庭和亲属关系网络是可以向外界打开的,尤其可以提供经济和就业机会的渠道。如此来看,在家庭和社群这种情感的或"非理性"的纽带与经济互动这种事务型的、理性的纽带之间的不仅是一种冲突,而且是某种程度的连续性。沃思的理想类型将具有乡土气的亲密性和城市的冷漠性截然分开了,使人忽视了这两者能够交织的可能性(参见 Granovetter 1973)。

威尔莫特和扬对于社群形态如何在现代城市中得以留存的研究与城市发展和郊区化中的分离性站在了对立面。他们在研究贝尔诺格林的同时还关注着那些迁居至伦敦东区城市外部居民楼的住户。这些"迁居者"虽然对于自己能够摆脱贫民窟的恶劣条件而感到高兴，但也对其原先社群的失去表示遗憾：它代表着新发展时代下的一个私密世界，承载着无数老邻里间的亲密感情。这样的故事昭示着有关城市更新的一个普遍问题，即城市发展和本土性之间的权衡与取舍。在关于这种城市变化的记叙中，英国的社群研究和美国的城市社会学研究可谓如出一辙地强调了其社会性和空间性。首先，威尔莫特和扬提出了一种类似甘斯"群体和阶层"理论的社群类型：一种由共同的历史及社会规范整合而成的文化社群，这种社群同时又有很明确的阶层定位。其次，他们还认为，关于社会定位的问题往往与空间定位有着紧密的联系。物理上的流动性，作为社会和经济流动性的一种表现，同时也会造成各种各样的"迷失感"。比如，离开伦敦内城飞地的人常能体会到一种"断开连接"的感觉。这种迷失感在沃思对城中犹太社群的研究中十分明显。对他而言，走出贫民窟的路径（既可以是物理层面上的，又可以是思想层面上的）使得身份认同问题和差异问题变得困惑难解。他用夸张的语气和有待商榷的生物学比喻写道："当贫民窟的围墙破碎之时，那些品尝着外界自由、沦陷于五彩斑斓之中的人，往往会被一种矛盾感所撕裂。这种矛盾感就像是混血儿常常体会到的那种，既是空间的，又是社会的。"（Wirth 1928：289－90）

这种本土性和流动性之间的冲突牵涉一个更深层的空间问题，即对社群的描绘和定义。尽管人们并非静止不动，物理空间和社会空间也总在变化之中，但对社群轮廓的勾勒亦不失为一种将社会形态在空间中定型的方法。有一派观点认为，社群像是一种卡在空间之中的社会形态，抵御着城市发展来来往往的冲刷；这就如同现代城市包围着某些"非城市的"集体生活空间。不过，我们并不需要把这种情况理解成一种过时的社会形态在现代城市充满敌意的大环境下苟延残喘；我们也不应该简单地认为那些使人异化的、理性的城市发展模式体现了城市性的某些内在逻辑。相反，我们应该重点关注城市本身是如何为各式不同的社会性和本土性创造空间的。因此，这并不是城市与社群的对抗，匿名性与亲密性的对抗，疏离感与归属感的对抗——更不是城市发展与贫民窟的对抗。

与此同时，简·雅各布斯在其20世纪中叶对美国城市（特别是纽约）(1964)的研究中对城市性提出了另一种见解。虽然雅各布斯的主要观点关乎城市所推动的社会利好，但她依然对邻里社区生活的感性解读持怀疑态度。尽管密切关注着本土社会空间问题，她却倾向于不使用"社群"一词。雅各布斯的主要优势在于她得以透过自己的窗户亲自观察格林威治村的街道（那时的格林威治村仍处于前中产阶级化的阶段）。她特别注意到城市物理框架和流动于其中的社会活动间的关系。比如，第八街和哈德逊街周围的区域便是一种物理和社会的综合体，其中包含着各类建筑形态，既有住宅性的又有商业性的。这种社会综合体的一个特点是，不同的人总会在不同的时间登上街区的舞台：早出晚归的工人和学童，白日看守店铺的店主，以及夜色下的宝马雕车。这种变幻的社会景象——如同一场未经雕琢的"街道芭蕾"(1964:60)——既赋予了街道社会意义，又将其接入了更为广阔的城市生活场景。对于这些城市街区，雅各布斯并未将它们视为某种空间飞地，而是视作城市生活流的一部分。她认为，标志着这些城市空间的是其"功能的流动性和易变性"。因此，她反对那种轮廓勾勒式的社群定义；她认为，"对于城市街区来说，经济及社会自足性的缺乏是自然并且必要的"，这种缺乏能够维持社会的多样性以及功能的丰富性(1964:126)。

同时，这种"不同的人出现于不同时间"的现象还有另一个重要作用，即安插无数的“街上之眼”(1964:45)。简单来说，不论何时，周围总有他人。雅各布斯认为，这相当于为城市空间提供了一种共享的“非正式化的安保”：每个个体在完成他们的日常工作的同时便不断提供着这种安保功能，使得大城市中的街道难以置信地让人感到安全。并且，这种安全感并非来源于飞地或者社群那种庇护所性质，而是来源于对城市街道的善用所带来的空间自由。同样，这种空间中的归属感也并非来源于某种城市版的*Gemeinschaft*，基于成员间的相互依赖或者本土的“部落性”；而是来源于每日与“熟悉的陌生人”的社会空间共享。可以说，雅各布斯的观点厘清了现代城市的匿名性与社群的热情接纳之间的区别。在沃思的理论中，城市中的社会关系高度取决于该城市空间的组织：城市的要素是人口密集多样，并且正是这些要素的空间化表达为城市社会生活赋予了形态。然而，在雅各布斯的理论中，城市人口的稠密性和多样性并不会(至少并不只会)产生社会距离；正相反，这些要素确保了城市生活的自由、社会性及安全性。此处，我们所说的“多样性”总是兼具社会性和空间性。对雅各布斯而言，社会性的综合体一直意味着空间功能的综合体，即她在哈德逊街上所发现的那种丰富多彩的城市街景。在该观点下，雅各布斯为城市性创设了一种称为“净化分类”的现代城市规划。这种规划谋求区分出不同的功能，并以此分隔不同的功能使用者(1964:35)。这种现象在城市更新所带来的理性化建筑中尤为明显。特别是在公营住宅计划的推动下，城市中的人群以其收入的高低被分类，城市中的建筑以其功能的不同被明确地区分开(如提供工作功能的写字楼和提供休闲功能的商场等)，并且，意外邂逅的空间也被关闭了。因此，街道也就被归为了一种特殊的受限的辖区，其社会生活也就此被剥夺了。这种种的城市设计并不利于城市空间中“功能的可移动性和流动性”：它把每日的城市运行分割为一个个部分，并创造出了许多晦暗且危险的区域——它们并不在“街上之眼”的视野之中。因此，雅各布斯对世纪中期城市设计中大规模的公营住宅计划十分不满，她还注意到她所在街道的那些中产阶级的居民楼犯了同样致命的错误，即阻止更富有的居民进入。这两种都通过有效的社会和空间隔离致使城市“去多样化”(Jacobs 1964:256)。

这些“同类相聚”的封闭式的空间组织形式(特别是那些基于阶级或种族的同类相聚)无疑强化了人们的疏离感和不信任感，也阻碍了城市中社群的产生。相比于关于社群的种种主张，雅各布斯更关心那些被她视为“全然城市性的”最小程度的社会性：由于不得不与他人共享一座城市，人们总是处处容忍，态度冷漠，因此彼此间自然保持着一种低等级的信任。而正是街道中的那种“即兴芭蕾”使得陌生人们以及“近乎陌生人”能够不失优雅地在公共场合进行协商与交涉。当然，这取决于不同时间的不同使用者，以及他们的不同目的(往往是私人的目的)。这种城市中的舞蹈何尝不是一种美妙的风景，它使得人们不必在公共场合如临大敌。想象高峰期时人山人海的地铁站或火车站大厅，无数的个体都抱着同样的目的——工作、回家，总之，登上那列车——一种压抑、僵硬且具有敌意的氛围流动于所有个体之间。同时，基于性别或种族的特权也表现在各种日常事务中，支配着人们的空间行动。社会行动者必须“精心排练”他们的行为以服从于他人的空间特权，或为了使自己免于骚扰和侵害。因此，在街道中舞蹈时，你总需要针对某些特定人群更加悉心地编排你的舞姿。雅各布斯的比喻让我们看到，在表面上混乱不堪的城市街道中，暗藏着一种恰到好处的社会秩序。这种秩序由日常生活的各种交换以及城市生活中庸常信任的“微小改变”组成；若是离开了这种秩序，一切都难以运转。

雅各布斯笔下的信任关系极具城市性:“在公共人行道中许多许多的微小接触慢慢形成了城市街道的信任。”这是一种微不足道的、理性无情的信任,它丝毫“无关个体私下的承诺”(1964:66-7)。

冷漠性中的伦理态度

这使得我们需要以另一种眼光来看待城市社会性:问题不在于集体联结如何对抗城市生活中广泛存在的冷漠性;而在于发现冷漠作为一种社会姿态其本身的价值。这就是说,冷漠性可以被认为是有利于城市的,在城市这样一个“陌生人的世界”(Lofland 1973),其不失为一种恰到好处的社会形态。它赋予了城市生活某种程度的自由,一种孤独的明智:你知道没有人在看,也没有人在听。这种孤独并不意味着社会性的缺失;正相反,它应被理解为一种社会关系,一种与他人的相处之道(Levinas 1987;另见 Riley 2002:9)。孤独中包含着一种冷漠的伦理态度,一种城市主体间缄默的关系,一种陌生人之间含蓄的交流——怀特称之为“孤寂和私秘的礼物”。

回顾沃思,城市中人与人相处的特征是空间性的紧邻(有时到了令人不安的程度)与社会性的疏远(1938:70)。在极度拥挤的情况下尽力与人保持距离可谓城市中独有的奇景。在公共空间中,人们(特别是女性)无时无刻不面对着突发的、令人厌烦的身体接触。这种与陌生人接触的怪异的亲密性可以说是城市生活中“空间性紧邻而社会性疏远”最直接的表现。穿梭于城市之中,各种场景来回变换于人们周围,而他者不过是这纷杂背景中的一个个物品。人人都已学会如何不带感情地扫视他人。这种态度是人们忍耐并接受冷漠的结果,它倾向于“产生出一种相对主义的视角,以及一种对差异性的包容。它们都可以被视作理性化的前提条件；而理性化又会带来世俗化(Wirth 1938：71)”。这种冷漠是一种忍耐的政治态度，即便并非人们的特意选择。沃思认为，一方面，城市中的个体不对彼此负有任何特别的责任或特殊的关照义务；另一方面，个体之间也并不会将彼此视为仇恨的对象——毋宁说，彼此对对方其实全然没有兴趣。这就是说，尽管城市社交的这种缺乏情感和联系的本质并不利于强力忠诚的团结，但它同时也弱化了人与人之间的仇视、怨恨与敌意。列斐伏尔(1991：56)将这种心照不宣的社会协议描述为“一种非侵略性的协定，非暴力的契约”，这种契约“使得城市功能获得了集体性和互惠性”。这种城市和平“将无数陌生人聚在一起，尽管互不相识，却也并不危险”(Seligman 2000：17)。

有关危险的这最后一点十分重要。在此，冷漠或反社交的伦理学可以被看作是一种男性强权的投影，基于这些“强者”的自足性以及他们认为他们所具有的某些空间权利。而另一方面，“弱者”——女性，以及带有种族、性别或特殊文化标签的男性——则不得不在城市中尽量不去引起他人的注意。有一派观点认为，城市中女性的自由与其“不被看见”紧密联系着(Wilson 1991，1992；另见第五章)：一个个体要想在城市中自由穿行且隐私不被侵犯，就必须在公共空间中表现低调，匿迹销声。因此，关于差异性的思考使人陷入了某种困境——得以保证个体自由行动的恰恰是对其差异性和身份的抹除。要想获得行动的空间，个体必须具有抽象性和普遍性，其肤色、性化特征等必须被无视。这种自由是十分危险的，它仅仅基于他者冷漠态度中体现出的某种脆弱的信任感。于此，冷漠像是一种最低限度的伦理关系，它将所有人视为“无身份的”，拒绝识别任何差异性。因此，冷漠性的局限即是匿名性的局限:在街道上、公园里或地铁上,许多人总是(以一种多少有些暴力的方式)被迫地关注他们的身体以及他们自身的各种属性(见Bowling 1999,Gardner 1995;Herek and Berrill 1992;Moran 2000)。因此,就遭遇冷漠的概率以及冷漠带来的安全性而言,个体间的关系并不平等,因为这其中体现着的是一种"强者"的权利:一种授予他人"被冷漠的权利"的权力。如迈克尔·瓦尔泽(Michael Walzer)所说:"容忍他人是一种行使权力的行为,而被容忍则是对自身弱小的接受。"(1997:52)换言之,成为施加容忍的主体和成为被容忍的对象是完全不同的。所以,强调识别的政治主张可能会导致一种意义重大的(尽管有些矛盾的)结果,即对匿名性范围的扩大以及对差异的常规性的坚持。在对可见性和发声之需求的另一边则是日常政治,其仅仅关乎存在于此,留存于此。

主张这种有缺陷的、不完善的且依赖于偶然性的权利是很困难的(Riley 2002)。匿名、独处以及不被凝视似乎是一种最低程度的权利,而不被攻击、恐吓或骚扰的权利则是另一回事(尽管与前者相关)——显然后者是一种可以诉诸法律、对品行更严格的要求;而前者则不然:没有任何一条法律规定人不能被恶意地凝视、被冒犯、被语言侮辱等(尽管这无疑是一种社会暴力)。这里,我们的自由依赖于街道上最低程度的社会契约以及他者的冷漠性,而这种自由的不稳定性模糊了传统的对于积极自由和消极自由的区分。只有当人们不把"独处的权利"视为理所当然的应得之物时,才能获得积极的有进步性的自由。

社群政治

当公共空间令人生畏、陌生他者怀有敌意或潜藏威胁时,对社群的诉求便有了意义——既是一种空间上的防御，亦为一种群体身份认同的形态（见 Bauman 2000；Sennett 1974）。沃思（1995：79）注意到，当“真正的”家庭纽带逐渐弱化时，城市便会创造出一种“虚构的亲属关系”，以提供自发性的情感上的联结。尽管在这种意义上社群看起来是某种具有目的性的人造物，但这并不意味着它们是不真实的（见 Cohen 1985；Suttles 1972）。它们的形成可能是由于共同的政治立场、性别认同、经验，或是缘于环境的推动，乃至同处一地或同宗同源等巧合性的原因。这种“虚构”的关系之所以得以维系，既仰仗于想象力上的、情感上的以及政治上的努力，还有赖于人们对“此身份”的认同：人们十分珍视这种事实上由他们自己创造出来的关系。尽管这些关系可能并没有什么实质的根基，但人们仍愿意为此付出大量努力。

在现代的社会理论和政治理论中，社群的概念暧昧而多变（见 Ahmed and Fortier 2003）：不易定义、难以观察，更加无法否认——这一概念同时供保守派和激进派使用，甚至还能模糊此二者的区别。社群可以只是“同类相聚”的另一种说法，可以是集体性格的幻想，也可以是差异性的标记。这全凭你如何定义。在某个特定的城市语境下研究社群——比如把重点从社会转移到空间——并不能让这一切变得清晰明了。社群的构建往往在空间性和社会性上高度重合，某个特定的空间可能只会产出特定的社会关系；反之亦然，某些特定的关系也只会在特定的空间里出现。在这种意义上，社群这一概念既可以包含城市中的多样性，也可以勾勒出阶级、种族或文化习俗的同质性。

在近代对社群的讨论中，我们发现许多研究的目的是为了美化主张“超越左与右”的新政治正统。当一门“社会”的语言听起来太过“老左派”时，关于社群的话语可以作为谈论社会问题的替代品。在某些场合，社群的概念受到各种主流群体的青睐。对于这些主流群体而言，那些与其身处同一社会空间的非主流群体的主张(乃至仅仅是其存在本身)使得他们焦虑不安。因此，社群的概念实际上预设了某个主流群体与多个他者群体的对立关系：该主流群体在“奇怪危险的”他者群体的围攻下惶惑失措。在有关人种与移民的政治讨论中，我们常能见到这种日常性的道德恐慌。此外，在另一些场合中，社群这一概念还被用于指称某些特定群体——常常是通过种族或空间定义的——这些群体可能是政府希望拉拢的选民，或是需要解决的问题目标。此时，社群的概念便为这些群体框定了范围，而这些群体的利益或问题则会被视为是在该范围中产生的。但同时，社群政治亦有其多变性，并不总是任人左右。在政府对各群体实行的联合或分裂的矛盾中，社群提供了一种政治动员的手段，它要求发声，拒绝“被定位”。因此，社群话语所展现的是一种积极主动的，而非被动防守的有关差异性的政治态度；作为少数群体的集体代表，社群不断要求着他们的利益，以及他们在社会和文化上的被认可(见 Benhabib 1996；Gutman 1994；Taylor 1992)。社群要求建立一种政治上的差异性，以此识别并确立他们本身的差异性。

以此说来，真正意义上的社群思想是对现代城市匿名性逻辑的破坏，是对社会生活中他者性的消弭(Abrahamson 1996)。不过，换个角度来看，也正是城市的冷漠性使人得以从社群的钩爪中逃离，从一种强制的亲密性中脱身。理查德・森尼特(Richard Sennett)所持的便是这种观点。他认为，城市性是一种特有的思维模式，一种建立在对差异性的默许之上的对待他人的道德态度。森尼特写道，“城市性的核心”在于不同的人“共聚一堂却各行其是”(1974：255)。城市生活的这种伦理取向在公共地理中寻获了空间表达，为冷漠的遭遇和整体的匿名性留出了空间。这种伦理态度强调着公共生活与私人生活的差异；一人在公域与私域中总扮演着不同的角色。然而，在20世纪后半叶，森尼特认为，城市变成了后现代心灵专场演出的舞台——人们渴望亲密，追求隐私。私人焦虑日益取代公共或集体问题，成为社会和政治关注的对象，私人生活的空间比公共归属的空间更为珍贵（另见 Bauman 1999）。

森尼特指出，政治生活和伦理生活的这种私有化转向对社会空间的认知与组织都有影响。公共生活的式微将城市降贬为一个陌生人共享的社会和想象空间。当私有性或私人性得到确立时，"外部世界——那个不近人情的、凋败虚无的世界——似乎将我们辜负了"(1974:5)。当人们彼此之间愈发陌生时，很显然，交往就变得太过危险了。而要想与这种可疑的陌生性打交道，方法之一就是设法去"缩窄人类活动的范围，使其变得亲密"，甚至是去"建立一片神圣道德之地"。由此，社群便成了性格的延展，一种由临近者、亲密者和思想同一者组成的集体身份认同。森尼特认为，在这种类似 *Gemeinschaft* 的学说下，社群最终将成为"聚居区的狂欢"(1974:295)。在这种解读下，社群的文化政治立场，于最好处可说是保守的或怀旧的；于最坏处则是反动的或孤闭的。其中的危险在于，"这种[有关社群的]想象越是本土化，其社会问题也越多。其中的心理逻辑是，我们不参与你们，但也不会让你们伤害到我们。这不是冷漠，而是一种抗拒，一种刻意的对人类活动范围的缩窄"(Sennett 1974:310)。在该理论下，社群并不只是城市匿名性的解药；而是对城市——作为一个陌生人的空间——的抗拒，是向亲密性与熟悉性——作为一个最安全的空间——的回撤。当面对匿名性的主张、陌生人间的问题以及那种可以容忍差异性的伦理态度时，这种社群理念总是难以应付。

同样，在艾里斯·玛丽恩·杨(Iris Marion Young)(1990a, 1990b)的研究中，转向社群意味着对城市作为一个差异之地的否认。对同质性的肯定，对直接性的欲求，对亲密性的热望——所有的这一切都显得如此反城市。可以肯定的是，这只是对社区吸引力的一种解读，但是一种有力的解读。这种社群的理念总是被差异性所困扰，而极其青睐相似性，即便是对遥远时空中的事物亦保有身份认同感和移情(Young 1990a:227-31)。而城市正相反，它聚集差异，分散人群。杨认为，社群有这样一种特质，即在忧惧临近空间中差异性的同时拥抱遥远的亲密性(尽管他们素未谋面，甚至并不相识)。当然，我们并不清楚社群的概念是否应与差异性的现实对立起来；但可以肯定的是，社群话语及其政治立场都处于对他者性的深重忧虑之中——无论是在促进作为归属条件的一致性，还是在对外出者或新来者之间的界线设立方面。

在被城市性主宰的现实中，杨寻求着另一种与他者共存的伦理可能性。这种城市梦想有时能通过街道的脆弱秩序得以实现，其中"社会分化却不排斥"(1990a:238-9)。这里体现的是一种强烈的公共诉求——人们共享同一城市空间，却并非因此而变得同一——"每个个体或群体在与城市空间和制度的互动中都获得了一种归属感，然而，这种互动却不会使人趋同"(1990a:237)。这些共有却各不相同的归属感体现的不是某种身份认同，而是一种差异的共生。在这里，杨精彩地写道，共处同一空间就是一种"并行的特异性"(1990a:238)。在此观点下，城市空间既非空洞或异化的公共空间，亦非对领土的诉求。在这种并行的特异性的日常政治下，城市虽然常常出错，但一般来说并无大谬。

冷漠不仅仅是一种空洞的道德纽带。若欲在城市中与陌生人共同生活，就必须要承认这些陌生人的不同，承认他们的自我和权利——无论这种承认是多么细末微小。因此，对于邂逅空间的拒绝——向社群或极度私密性的回撤——同时也是对想象力的一种拒绝：人们通过这种想象力来识别陌生人，将他者置入一种“相互陌生”的关系中(Simmel 1997b：179)。这种社会想象力不仅可以在他者间建立连接，亦提供了一种断开连接的维度：正是因为这种社会纽带之弱，反社交才可能被接受为一种社会关系。这种关于身份认同的消极政治态度来源于这样一个前提假设，即接纳差异的唯一方式首先是要与其共存。要想一直居住于社群之内确实太过勉强，而正是这种冷漠的社会性确保了向社群外探险的安全性。

城市中的差异问题所带来的既非有关社群的诉求，亦非希望获得认同的政治态度；而是一种对匿名性的诉求，一种冷漠的伦理态度。如丹尼斯·赖利(Denise Riley)(2002：9)所说，对认同的渴望是一种“好交际”的表现：人们预设了某种特定的社会性，一种社会空间中可见的存在。与之相反，冷漠的伦理态度则关乎社会领域中一种隐形、平凡、不近人情的能力；“差异不会被同化”(Young 1990a：241)，陌生性总是客观事实。在这种意义上，差异的政治态度往往涉及一种冷漠的伦理态度，这是一种主体间的关系，人们在沉默中互换着孤寂与私密的礼物。在城市中，非同一性的关系变得可能，它们能够被容忍，甚至变为常态。这种关系以冷漠对待差异，以此获得某种保护和自由。这种冷漠并非要与各类社群和身份认同相对抗，街道上的孤寂也并非处于街头派对交际政治的反面。相反，冷漠是差异政治的一部分，其重要正因其庸常：可见性被匿名性取代，差异不被注意，因为它们无法被注意，而他者性亦不过平常之物。冷漠是日常社会空间中差异“活起来”的一种方式。这种冷漠的伦理态度也许常常是无心而至、未经思考的;而这种对匿名性的许可,这种由他者的不加留意带来的“孤独的权利”(Riley 2002)也大抵是一种短暂、不公且不可靠的自由。但对于这种消极的自由,提出积极的主张似乎很重要。

小结

社群与身份、匿名性与冷漠性——我们并非要在此二者间选择,将此二者视作具有排他性的范畴。理解自己是孤独的,标记和保护一些与他人相关的“心理私有财产”(Simmel 1997a:163),这既是想象的工作,也是社区的接纳。如赖利(2002)所言,一个人并非简单客观地处在某物之“内”或之“外”。相反,独居和社群在思考城市、身处城市时总是交织在一起。如前所述,他者的概念以及城市理想类型的概念总是不尽完美的。有些时候,对社群的呼唤不过是伪善不实的虚言,过分讲究的婉辞;另有些时候,社群则是政府计划的目标,其被标记为一个个界线分明的领地,抑或是用以管治同一性的工具。同时,城市独有的私密特质使得不被注意得以成为可能。用史蒂夫·派尔(Steve Pile)之言则是:“城市空间在一部分人毫不知情的情况下将另一部分人群变为了陌生人。”(1999:18)这种差异与冷漠间的平衡总是十分微妙的。一面是重视差异的政治态度,另一面是平凡却重要的城市自由;前者倚赖认同,后者主张忽视。不过,这种匿名性并非公平关系,而是一种特权。对某些群体而言,冷漠的关系并不安全;此时,这种冷漠的伦理态度就变得十分矛盾了——城市中的种族仇恨、性骚扰以及恐同暴力等对于他者的存在永远不会真正“冷漠”。或许确如赖利所言:“矛盾心理的概念不能轻易地转化为善意。”(2002:5)匿名和冷漠不安地位于齐美尔所描绘的拘谨与厌恶的边缘之处,但有时正是在这些地方人们才能找到行动的空间。

如果像简·雅各布斯(1964:403)所说的那样,“城市的复杂秩序”仍然存在“无数人的自由的表现”,那么这包括一种关键的消极自由,一种部分源于他人冷漠的自由——一种独处的权利。对于不同的人,在不同的时间,在不同的空间,这里有程度非常不同的安全和不安全感。城市可能是“他者存在的地方,我们自己也是他者的地方……我们扮演他者的地方”(Barthes 1997:171),但这种他者的逻辑往往以暴力的排斥模式,或以孤立的分离和陌生形式表现出来。然而,我的论点是,这座城市的日常差异政治有时是通过冷漠的道德观来实现的,对于可能表现为负面关系的事物,人们有积极的主张。城市生活的孤寂有一种相反的性质。它标志着自由和联系之间的权衡。这与未被同化的差异会产生作为一种宽容的冷漠有关。这就是杨所说的“并行的特殊性”,即使它并不总是特别友好,也不一定是敌对的。纵然匿名与冷漠常被认为是一种缺憾,但也使人们能够“再次接受隐秘的馈赠,孤独的奇珍”(White 1999:37)。毕竟,人们对城市的愿望之一就是远离人群。

第二章　空间差异与分隔

“不分别无以连结，常设界方可无界。”空间社会学的鼻祖格奥尔格·齐美尔如是说（1997c：171）。连结同类，分离异类，描绘差异，寻求联系，人们正是通过这样的方式认知着世界，而这种种过程又不断在空间中留下它们的印记。本章我们将讨论这些赋予城市姿态与意义的社会分化和社会差异。边界的形成——无论是具体的还是抽象的——是如何划分物理空间和社会群体的？

本章将从齐美尔对于社会和空间边界的诠释入手。其理论认为，边界的设立使社会活动以空间事实的形式展现。人们在事物、场所间画出的边界固化为种种客观实体，而这些实体又反过来组织着诸多社会意义和社会行动。这种分界行为正帮助我们构建出一种城市社会学想象力。在芝加哥社会学派的理论中，城市区域既可以通过其物理轮廓和经济功能来描绘，又可以由其中囊括的文化群体所定义。在这种意义上，城市中的空间分界便反映并再生出了社会差异。我们的讨论将从欧内斯特·伯吉斯（Ernest

Burgess)对城市区域的绘制开始，随后再以聚居区为焦点来研究城市空间飞地和文化社群的形成。尽管这些理论作为城市文化研究的基础采用了一些颇具疑义的假设，其提出的关于空间隔离与社会排斥之关联的问题对于现今的城市差异和分界的研究仍然至关重要。

这些早期的城市社会学理论将城市空间和社会群体关联起来，而这种将空间位置和社会认同相关联的做法在城市政策的制定中早已有之。比如，对城市中的社会问题的判别总是与对“问题空间”与“问题人群”的描绘联袂而至。本章的后半段我们将考察有关贫困和混乱的社会地理学中城市问题的构建。在许多不同时期，内城区、城中“聚居区”或是贫民区这样的空间往往都被视作城市问题的多发地。因此，贫困、失业、犯罪、城市衰退等问题一直以来都明确地被空间化了，并常常在暗中被性别化了。在近代对城市社区的研究方法中，这种对于社会和空间的固化仍十分普遍，尤常见于将社会资本的亏损与本土性城市区域的病理学相关联的学说中。在此，城市中的贫困和不公问题与那些资源缺失的地区密切相关。这些地区在不被信任中支离破碎，被隔绝于主流社区之外，并且其物理边界也不断助长着这种社会性的排斥行为。

界线的形成

空间中的界线是如何被造就的？空间的分割并不只是简单的物理事实，而是一种社会产物。齐美尔在《空间社会学》(The sociology of space)(1997a:143)中如此论述：“界线不是一种具有诸多社会学意义的空间事实，而是一种能在空间中形成自身的社会学事实。”社会行动在空间中不断创造出各种界线，而这些界线本身又能够影响人们的思维方式。不论是空间的分离还是连结(比如各种道路、桥梁或分界线、边界线)都为人们对空间的主体性理解提供了某种客观形式,而这些客观形式又能够指导主体在空间中的行为。齐美尔在1909年的论文《桥与门》(Bridge and door)中写道:

> 在两地间建立路径是人类最伟大的成就之一。当这条路径真实地显现于地表之上时,这两地就已经被客观地连结起来了——不论人们是否常常往来于两地,也不论人们是否在主观上将两地联系在一起。由此,人们对于连结的意愿化作了物体的某种形态,并且之后的每个连接的意愿都会再次使用这种形态。可以说,建立路径完全是专属于人类的创举。(Simmel 1997c:172)

齐美尔要求我们反思"路径的奇迹"——一个诞生自人类活动的社会及物理事实却进而统领了该种活动。此例很好地展示了社会行动(其范围即是社会本身)是如何作为客观条件与行动者相对抗的:你修成了路,但现在是路在指引你。

对齐美尔而言,分离和连结不过是同一过程的两个部分。若无连结的思想,所谓分离也就没有意义。他曾说(1997c:171):"我们将这两件事一并强调,不论有什么横亘其间。"譬如说河床与河流,"如果我们不首先在我们的实际思想、我们的需求以及我们的幻想中将这两者联系起来,那么所谓分离的概念将毫无意义。"(同上)一个概念上的连结何以成为实体,一个思想上的边界何以变得真实,齐美尔对此十分警觉。从他开始,早期的空间社会学研究为界线问题提供了一种二象性:物体、地域或人的分离总是被掩盖于其连结之下——一种“幻想的”、危险的连结。

分界线贯穿于整个现代城市之中：它们不仅仅是地图上的一个个标记，而且——在齐美尔之后——我们也不能将它们(如路或桥)简单地视为具有实际效用的客观物体。那些看似中性、中立的空间分界(比如日常随处可见的围墙、边界线、郊区等)往往能产生出它们基础功能以外的作用。简·雅各布斯(1964:271)强调了城市中边界的主动性。物理上的边界并不仅仅表明着空间上的分离，同时也正助力组成它们。此外，她还指出，边界有一种能够创造真空地带的特质——比如铁路轨道、高速公路、公园的外围或是公共区域和私人区域之间的边缘地带。这些界线在划分空间的同时还创造出了一个新的、用途和意义尚不明确的中间地带。大卫·哥德堡(David Goldberg)(1993)把这种地带描绘成一种分隔并预防城市空间中危险的“缓冲带”，例如用中央公园和晨边公园将哈莱姆区与曼哈顿西南部分开，又用双车道、双向街道标志出该地区的南北边界。

总而言之，城市空间的种种区分不仅有着实际的目的和用途，同时又对于城市意义的创造至关重要。地理上毗邻的两地(想想某些美国城市之间如刀割般笔直的分界线)“从它们被授予两种不同的意涵时起，它们的城市形象就被彻底地区分开了”(Barthes 1997:168)。空间功能上的组织形式和语义上的组织形式以一种非常复杂的方式互动着。罗兰·巴特(Roland Barthes)认为，不同种类意涵间的张力为城市塑造出了一种“节奏感”。物理空间如何与空间意义相关联是城市分析中的一个常见问题。对于不同城市区域、本土性区域及社区的刻画绝不仅仅是在地图上画上几根线——它创造出了许多社会范畴，并将不同的社会群体和社会问题分门别类地置入其中。

芝加哥学派:空间分界和社会生态学

分界和差异的这种逻辑对城市社会学的形成至关重要。在芝加哥学派的著述中,社会差异的形成可以围绕空间的功能划分加以刻画。区分城市的不仅仅是它们的人口多少或人口密度,还包括它们的分化模式:城市不断产生、再造出各种差异,并将它们刻画于空间之上。确实,这才是城市中最引人注目的部分:不是城市包含着许多居民(仅这一点并不算是什么十分有趣的社会学观察),而是城市是如何加剧并形成各类人群间的差异的。

路易斯·沃思认为,社会多样化既是现代城市的一个决定性特征,同时也是城市繁衍的关键要素。他说:

> 一直以来,城市都是民族和文化的大熔炉,不断孕育着新的混血儿——既是生物上的,又是文化上的。对于个体差异,与其说城市容忍着它们,不如说是鼓励着它们——天南地北的人们被带到同一座城市正是因为他们各不相同并因此得以互惠互利,而不是因为他们思想同一,行为同质。(1995:66)

在沃思的"生物杂交"概念背后,他关于种族的思考可能会让人忽视他对各种文化混杂的态度,而这些文化混杂是当代城市研究方法的核心。即使沃思的主张预示着城市生活的最新概念,但它也回顾了社会学思想的奠基性理论。这种重视差异的研究方法承袭自传统社会学对现代社会中劳动分工问题的关注。在强调差异问题时,这种城市研究方法遵循了古典社会学对现代社会劳动分工的关注。现代经济中功能的分化创造了个体之间社会相互依存的复杂系统,这种影响在现代城市中最为明显(见 Burgess 1967)。然而,将差异化问题放在城市的背景下——尤其是在现代美国城市的背景中——不可避免地将批判性的注意力引向社会和文化差异问题。在这些城市环境中,经济分工以复杂的方式与社会阶层划分、文化和种族差异以及空间隔离模式重叠。正是由于芝加哥学派早期传统中对于这些联系的重视,我们得以一窥现代城市研究的门径:从社会学对于现代社会分化和整合过程的最基本的关注,直至近期城市研究中对城市差异的产生和组织问题的思考。

然而,这种对城市多样性的核心关注——即便它与更新近的关注相吻合——是以一种展现着 20 世纪早期美国社会学的科学主义的方式发展起来的。其中著名的是,芝加哥学派的许多成员用有机体或生物的隐喻来描述现代城市的扩张和分化。比如,欧内斯特·伯吉斯认为城市的生长和组织相类于人体中新陈代谢的作用原理(见 Burgess 1967:53);又如罗德里克·麦肯齐(Roderick McKenzie)(1967)也把植物生态学的研究作为"人类生态学"的范本,用以研究个体与个体、个体与环境间的关系,以及空间与社会生活中的选择、适应和竞争机制等。早期社会学的这种科学主义的主张十分普遍,可能不过是一种语言风格问题,但有机体隐喻的影响在这里值得注意,因为它以两种实质性的方式影响了芝加哥学派对城市生活的研究方法。首先,它认为城市是一个综合系统,其运行机制的复杂程度远超社会行动者所能设计的。也就是说,诸如扩张、分化、组织、解体等城市机制有某种程度的自主性,不会总是服从于理性的计算和控制。罗伯特·帕克认为(1928:viii)"城市不仅是人造物,更是有机体。城市的生长根本上,并且总体上是自然的,亦即无法管控、不可设计的。它倾向于采取的形态是那些代表和回应它被要求履行的职能的”。

第二个影响是它使得芝加哥学派常被笼罩于自然主义的阴霾之下,这一点在帕克的论述中同样显而易见。其中最明显也最值得注意的是社会差异和空间差异问题被“自然化”的过程。麦肯齐(1967:77)把各种街区和社群称作“自然区域”,并认为它们的形成过程基于一种“文化特征和特异的选择”,如种族或语言、经济情况或犯罪行为。同时,沃思(1928)正着手编写一篇关于聚居区的“自然历史”,而帕克(1928)也将此聚居区描写为城市中的一块“自然区域”。然而,这种自然主义的浪潮无助于提供关于城市形成和城市机制的社会学解释,其将文化问题与自然问题相混淆的倾向令人感到不安。例如,沃思(1928:10)坚持认为他关于聚居区的写作对“人性和文化”都有所阐发,并提议将文化性和社会性的构筑解读为一种人性的外在表现(1928:8)。芝加哥学派中这种普遍的对于文化和自然含混不清的态度产生了许多令人啼笑皆非的理论。比如伯吉斯认为,不同种族间的职业区隔“主要源自人种习性和条件的不同,而不是旧式的经济背景,比如爱尔兰警察、希腊冰激凌店、中国洗衣房、黑人搬运工、比利时看门人等”(Burgess 1967:57)。这里的麻烦之处在于,他把完全不同类型的东西放在一起加以讨论了。现在的社会学家也许有理由相信,社会因素(也就是所谓的“条件”)能够影响就业机会和职场选择,比如移民不得不从事相较于其原工作而言地位和薪资都较低的工作;又比如劳动力市场会将不同种族的人聚集于不同的区块中。然而,当代社会学家却不太可能会把这些问题归咎于所谓的“人种习性”。

这种社会因素和自然因素(包括人种因素)的混淆在早期的城市社会学对城市社会地理的研究中尤为明显。欧内斯特·伯吉斯的(1925)论文《城市的生长》(The growth of the city)中提供的模型可谓是芝加哥学派分析现代城市空间发展和社会组织的一个典型。在这篇论文中，伯吉斯根据经济活动和社会分布，用若干同心圆把城市划分为许多“区域”，以此绘制出了理想情形下城市的扩张方式（Burgess 1967：60－1；见图 1）。

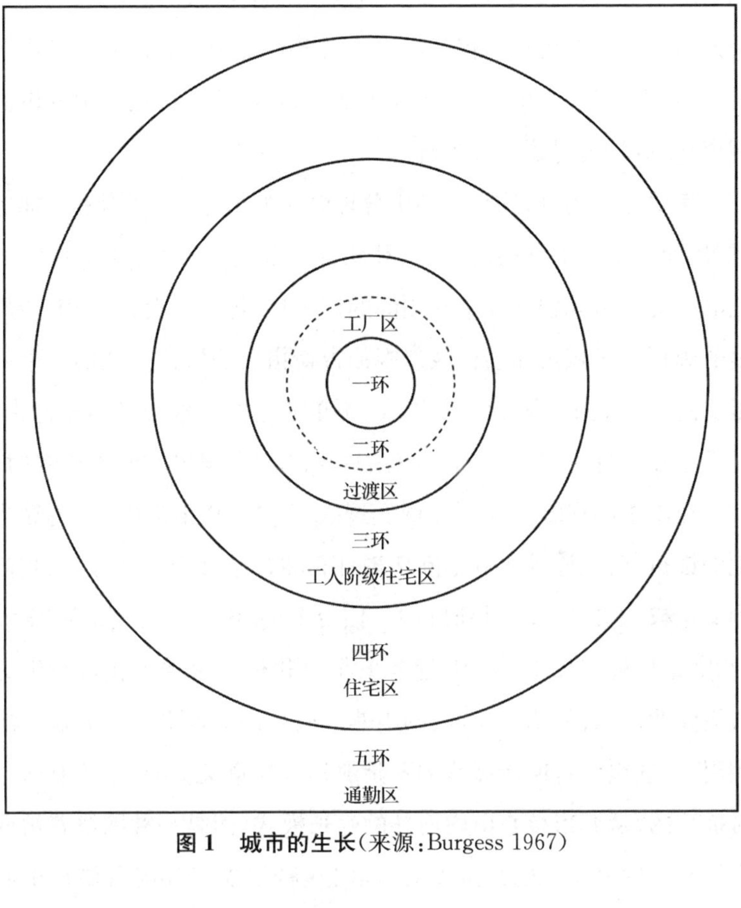

图 1　城市的生长（来源：Burgess 1967）

他提出，现代城市有一种从中心商业区（或中心市区）向外扩张的趋势。这种扩张包括“入侵”和“演替”两种动态过程。如图所示，紧邻中心市区的是一块“过渡区”，在这里，工厂生产正慢慢被商业活动或轻工业取代（在最差的情况下也有可能消失）。这衍生出了外围的工人阶级住宅区，由内环工作者所占据；然后则是高级公寓房和独栋别墅所在的住宅区。最外围的则是"通勤区"，由郊区和睡城组成，主要提供居住和服务功能。伯吉斯认为，城市的生长是由每个区域从内而外的扩张完成的：当居住功能和经济功能的需求增加时，每个区域便会"入侵"其外围区域。他注意到芝加哥的市中心(或"内环")曾一度面临需要安置所有居住和经济需求的局面，而直到20世纪20年代中期，随着这些需求逐渐被外围区域消化，这种境况才得以缓解。

需要注意的是，这是一种十分理想化的模型，许多因素未加考虑：比如芝加哥绵延的湖岸线、环状的芝加哥河、当地工业在空间上的历史遗留问题或是某些顽固的钉子户，等等。此外，模型中规整的圆环形区域可能会让人忽视伯吉斯指出的城市发展的一个关键机制。他提出，现代城市的生长不单通过城市核心的向外扩张，而且存在一种去中心化和中心化并存的双重逻辑。城市扩张时，新的经济中心在城市外围区域发展成形，新的"小市中心"倚靠当地的银行支行、连锁店等不断出现；而同时，原市中心的经济、政治和文化权力又进一步得到巩固。伯吉斯(1967:52)写道，在20世纪20年代的芝加哥，"一大批乡下小镇和移民聚居地正被重组为次级商业区(有的明显，有的则不然)，而它们又都受中央商业区的控制"。这里伯吉斯所展示的不是那种常规意义上的(尽管有时是对抗性的)从城市核心由内而外的生长模式，而是一种围绕着某些生长节点的分布式的经济发展，同时这种发展又伴随着城市中心活动的集中。

伯吉斯的模型很快便遭到了城市社会学和地理学家们的强烈批评，其对生态学的迷恋为他染上了伪科学的污点。显然，城市本就不是有机物，它们之间甚至没有什么相似之处。20世纪70年代后的新马克思主义批评家们对于这种将城市空间中市场活动的作用自然化的做法尤为不满(见 Castells 1977,Logan and Molotch 1987,另见 Saunders 2001)。尽管如此,这些早期模型仍然保有相当程度的解释力。苏贾(Soja)(2000:88)认为:“(这些模型)有一定的准确性,成功地描绘了城市中宏观空间组织的某些特征。从某种程度上说,所有的城市空间都是围绕着一个占主导地位的中心组织起来的,并在中心周围呈现出同心圆般的放射状区域,以及一些特别群体的飞地。直至今日,情况可能依然如此。”苏贾认为,尽管空间的使用和分布方式千变万化,但这种模式确实出现在了无数的古今城市中。也有学者认为,这种模型能够帮助分析城市空间的组织方式(见 Pile 1999;Bridge 2005)。麦克·戴维斯(Mike Davis)(1998)也使用了同心圆模型来描绘现代洛杉矶的一种他所谓的“恐惧生态学”—— 一种由“闲人免入”区域、被高度管控的区域、边缘城市与严受管理的门禁社区以及城市远郊的“古拉格”组成的空间经济(见图 2)。

戴维斯的模型以芝加哥学派的生态学为模版,在一座恐怖的后现代城市中绘制出了种种隔离、分界和管控行为。他用早期的城市秩序图表现出了“森森然如监狱般的洛杉矶”(Soja 2000:304)中城市危机的空间分布。这种城市区域模型在分析其他现代城市机制问题时仍十分奏效。例如,在城市蔓延的进程中——条形商场和购物中心的延伸、沿主干道的带状发展以及城市和卫星郊区的生长——我们就可以看到上述的中心化和去中心化并存的双重逻辑。此外,伯吉斯提出的“中心化的去中心化”概念或许可以作为全球化城市系统的一个优秀模型。在该系统中,散布各处的经济场所在全球核心城市的“命令和控制”下协同合作(见 Sassen 2001)。更重要的是,作为一种理想类型,这种城市区域模型提供

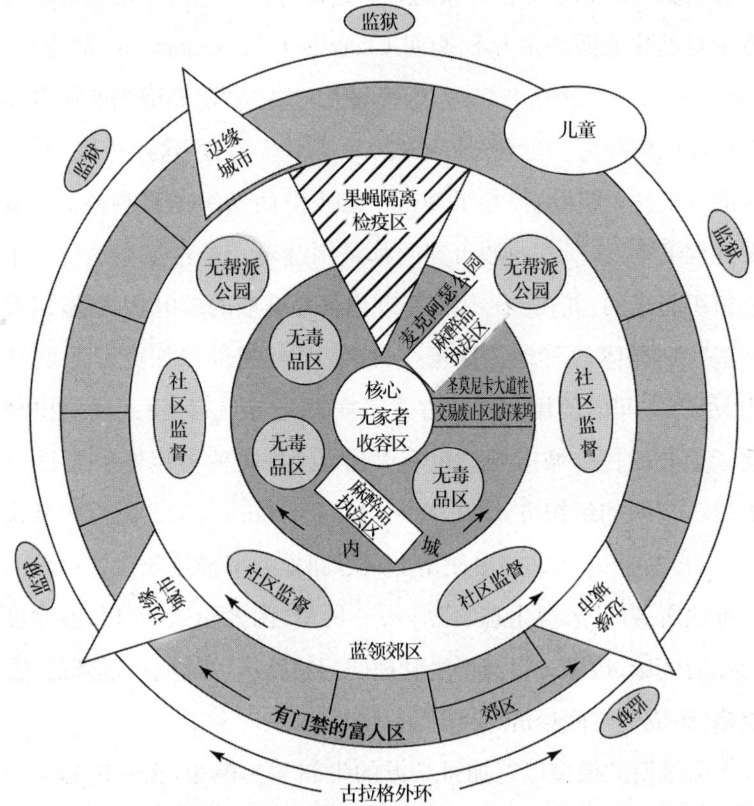

图 2　恐惧生态学(来源:Davis 1998)

了一种关键的基础,用以比较分析某些对立矛盾的机制:比如某些商业区的消亡,或是中产阶级化带来的居民重回内城区的运动(见第四章)。

不过,尽管这张城市区域地图清晰地展现了阶级的社会地理样貌,却没有充分地展现出人口的分布。相较之下,伯吉斯绘制的城市区域图则更加清晰地展示了现代城市中人口和地区的混合分布情况。如前文所述,诸如"入侵"和"演替"这样的用语是伯吉斯(1967:50)从植物生态学中借来的,并且在他关于各种城市区域的种族和文化特征描述中充斥着对植物学的痴迷(见图 3)。

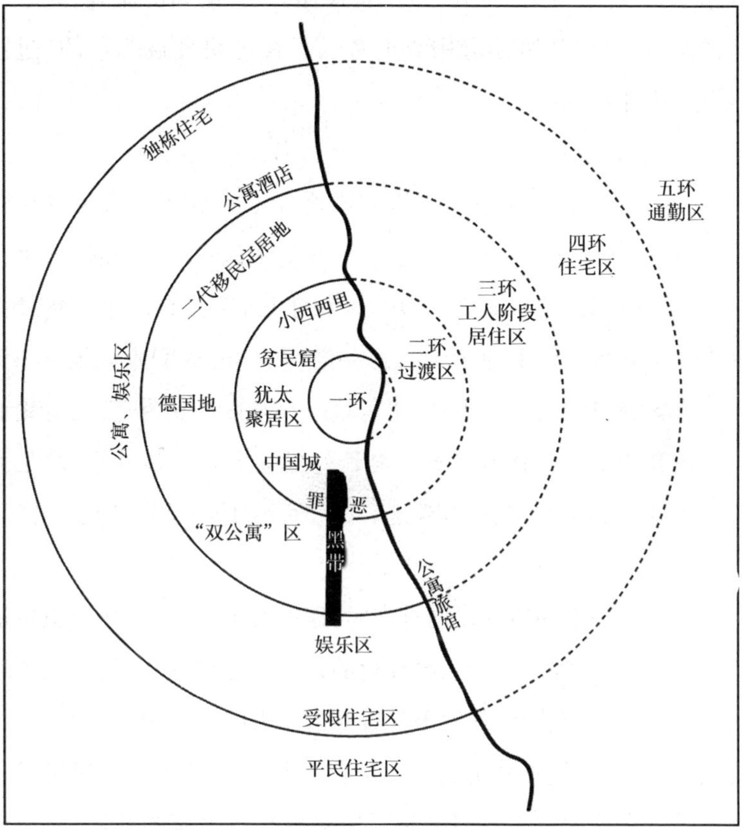

图 3　城市区域(来源:Burgess 1967)

这张模型图描绘了一个由种族差异和阶级差异(在经济和空间上均有体现)构成的大都市。我们看到,在城市的最内环,各种族的人群和各类移民挤作一团;而较外围的区域,分割城市地理的则不再是种族,而是阶级(至少在这张图上如此)。那些处于社会和经济最边缘的人群——无家可归者、罪犯、新移民等——都处于最中心的位置。换言之,排外之地正坐落在社会权力和经济权力的中心。并且,我们注意到,在对这些社会场景的描写中,伯吉斯摒弃了一贯的科学主义的腔调，转而采用了一种近乎庸俗的口吻。在市中心，他说，你将找到一片“贫民窟”——流离的旅人、无家可归的游子，他们就紧挨着中央商务区。在这块日益恶化的“过渡区”中，你能见到：

> 人们口中的“贫民窟”和“恶地”，贫穷、疾病和屈辱将它们淹没，罪恶在地下横行。在崩坏之地中的一片出租房，全然是“迷失魂灵”的炼狱。一旁则是拉丁区，新异和反叛的精神在这里歇宿。贫民窟已满得向外溢，更遑论移民的居地——犹太区、小西西里、希腊城、中国城——与旧世界的遗产、美式的改良相结合的奇妙光景。向远处望去则是一片黑带，那里的生活何其自由，又何其混乱。(Burgess 1967:54－6)

当你从中心地带慢慢向外走时，居民便更加富裕，分布也更加稳定，并逐渐显现出一种去种族化的趋势。比如，图中的第三个环区就主要由技能熟练、住房条件较好的工人阶级组成。如图所示，这里被称作“二代移民定居地”，居住者是已经发迹的新居民或二代移民。在这种意义上，“这是一块逃离了贫民窟的地区，一块属于励志犹太家庭的德国地”(1967:56——这里伯吉斯所说的是一批已经被同化的德国犹太人。他们的住所“德国地”相比于内环的犹太聚居区而言有更高的社会地位)。再向外围则是住宅区，又分为较靠内的公寓楼、公寓式酒店，以及较靠外的独栋住宅。当然，最外围还有一圈通勤区。在这些外围住宅区中，我们已经很难看到任何明显的种族特征——言下之意就是，这里主要是白人的地区(尽管“黑带”的一段伸入了住宅区内)。对于那些雄心勃勃的移民群体而言，这里就是一块“应许之地”；当然，其中蕴含着的是同化的社会逻辑。

在伯吉斯看来，几乎所有的美国城市都符合这种关于种族、人种和阶级的地理模型；不同的城市“只在微小之处有些有趣的差异”（同上：54）。总体而言，城市的生长总是会对不同的经济和种族群体在空间上进行“分类”。值得注意的是，芝加哥学派的发展以及对种族问题的特殊关心对伯吉斯理论的形成影响很大。伯吉斯及其芝加哥学派同事写作的时期正是非裔美国人大举迁入北美城市的时期：伯吉斯地图上所描绘的“黑带”虽然细小，但有关种族的种种问题却已经逐渐浮出水面；这些问题也将大量出现于随后的城市讨论中。伯吉斯对黑带“自由且混乱”的描述为许多后续研究定下了基调。比如帕克（1967b）有关青少年违法的论文就是在此基础上进行的。帕克认为，20世纪前十年美国黑人城市社群的情况反映了人口流动带来的无序效应。他声称，尽管移民行为为移民本身提供了许多经济和文化上的机会，但也造成了社群的动荡——这种动荡既出现于他们自己新组成的社群，也出现于原有的（他们所迁入的）社群中。当然，“无序”这个用语本身并无恶意——原则上，这个词只是指本土社会和经济秩序中发生的变化——但帕克认为，这些变化同时也带来了道德上的败坏，腐蚀了那些原本支撑着稳定城市秩序的社会价值和文化价值（另见Burgess 1967：59）。帕克写道：“如今广泛存在于北方城市黑人社群中的青少年违法和成年人犯罪很大程度上（尽管不是完全）是因为这些移民无法立即适应一个全新的、陌生的环境。”（1967b：108）他又补充说明，这种情况也同样适用于最近的欧洲移民，以及当时渴望经济自由和社会自由的“年轻一代”女性。总之，种种对已有社会和经济秩序的扰乱也同时会被视为对传统文化价值的颠覆。在本章之后的部分，我将再次回顾社会问题与动荡的社群间的联系(尤其是与种族问题的联系)。在这里,我们则主要关注空间中的社会安排是如何表现各群体的文化特征的。

文化差异与空间分隔:聚居区

在芝加哥学派对犹太人的城市地图绘制中,社会、经济组织与其文化因素被明确地联系了起来。现代城市中的犹太人移民地已经成了一种研究空间中文化差异组织形式的模型。伯吉斯对城市区域流动性的描述为我们提供了一个很好的范例:犹太移民从"聚居区"到"德国地"的移动,即是从文化与空间的隔绝向种族融合与同化的步入。路易斯·沃思(1928)在对聚居区的研究中详细地描述了这种变动,其将欧洲城市中对犹太隔离的测绘转变为现代芝加哥对移民居住地的刻画。沃思(1928:9)注意到,欧洲的聚居区是一种犹太人口与非犹太人口间"社会距离的物理表现"(尤其是在老城市)。这些聚居区常受法律的管控,并且饱受歧视——甚至于明目张胆的暴力。因此,聚居区提供了一种包含社会和经济秩序的模型;它就像一个实验室,以供城市社会学对社群组织进行研究(如我们在前一章所见)。在沃思眼中,近千年间"犹太人的故事就是聚居区的故事"(1928:1);美国聚居区的形式和传统都来自其欧洲的源头。沃思极具先见之明地写道,纽约或芝加哥的犹太区将是欧洲聚居区漫长历史的"绝笔终章"(1928:203)。此外,尽管沃思主要着眼于犹太群体的空间故事,他也同时关注着现代美国城市中其他移民群体(如非裔美国人或中国人)的社会和空间隔离问题(1928:10,20)——聚居区的故事不仅有关犹太人,它还深远地牵连着空间组织和社会差异的诸多问题。

简单来说,聚居区就是一片毗邻大商业中心,但拥有本土城市经济的地区。比如，芝加哥的聚居区靠近卢普区；纽约的（其人口远多于芝加哥的）则处于曼哈顿的下东区。隐藏在这种空间毗邻性之下的是商业中心和聚居区间巨大的贫富差距。这些廉租区往往人口十分密集——沃思认为，这不仅归咎于贫困，同时也是由于其承袭自欧洲的“拥挤、亲密的社群生活的传统”。在这种条件下，沃思注意到，城市中的犹太人却有着相对较低的死亡率。无论是由于“后天免疫”、卫生和饮食习俗，或是因为犹太家庭的组织方式，这似乎都表明“犹太人已经对城市环境（即贫民窟）有了某种适应”(1928:202)。尽管犹太人的概念已作为一种优秀的城市模型被广泛研究——此处的这些概念暗含着褒义，但犹太人的这些习性也正是现代反犹太主义的矛头所指——但我们注意到，沃思仍然无法完全确定这种“适应”的原因是生物学上的（对贫民窟环境的“后天免疫”）、宗教文化上的（“恪守的饮食和卫生要求”），还是社会组织上的（“犹太家庭生活的特性”）。

这种理论强调文化形式与空间形式的等同，而贯穿其中的正是城市生态学研究方法的“自然”倾向。当讨论塑造城市区域的复杂原因时，芝加哥学派理论家们总是倾向于将经济和社会问题建立在某些对种族或性格的预设之上。对于现代城市中的移民或其他少数群体的群居现象，理论家们首先用经济因素对其进行了解释——主要有关劳动力、住房市场、地产价值，等等。随后，这些新兴的城市区域又被置入了社会关系和社会制度的框架之中——亲缘关系网络、教堂、寺庙、犹太会堂、公共浴场、学校、俱乐部、政治联盟。这些因素像是吸铁石一般紧抓着新来者，使得社群不断巩固增强，而这些空间效应最后往往都被归为习惯、习俗、文化和“性情”问题。这些属性，即便不说是本质主义的，也至少在很大程度上是被人为规定的。麦肯齐（芝加哥学派中一位不得不提的狂热的科学主义者）就曾用生物学的方法如此描写人类社群：城市中不同人群间的“不断入侵和适应”造就了各种不同的区域，这些区域是“文化特征和特异选择”的结果。他声称，各个“社群中的生态组织都有一种磁力般的性质，吸引着它们去接近那些适宜、利好的群体，而拒斥那些不利的、不协调的元素，这便造就了城市人群在生物学和文化上的细分”（McKenzie 1967：77－8）。与其同期学者相比，麦肯齐的观点问题最为明显。其貌似客观的口吻以及对生物术语的偏好使其理论架构全然陷入了种族主义的泥潭。譬如，对于外来社群的发展，他这样描述：“我们观察到，外族人和那些不被欢迎的入侵者们几乎无一例外地将其居住地安置在商业中心旁（以及一些其他的流动性高而抵抗力弱的地区）。一旦落地生根，他们便经由各种商业要地或交通要道不断向社群外围推进扩张。”（McKenzie 1967：76）在第一段引文中，城市人口被塑造成了一种低级生物，他们在城市中的“趋利避害”只是出于某种生物的自然本质，而无关乎人的自由意志；第二段则将“外族人”视作某种顽固的害虫，他们侵入城市的中心，然后再从现有的人口群体中选择抵抗力最弱的进行突破，以此不断向外扩张。这种种生物学比喻——已不能用不合适来形容——实在可谓丑陋。

芝加哥学派对生物学的青睐并未给他们的论证增添多少科学性——至少不像许多评论者认为或希望的那样。相反，麦肯齐对生物知识和文化预设的混淆造成了广泛的负面影响。“种族”“文化”或“民族”这样的概念总会不时陷入后天特性、性情等生物概念的范畴中。比如沃思（1928：226）就注意到，“各种族、民族、文化群体在城市提供的繁多自然区域中选择居住地时［有一种］持续存在的筛选机制”。这种对人口的筛选和分类一方面取决于经济因素和社会机会，另一方面也关系到某种“情感态度”问题，即同一社群成员间亲密的文化联结，或不同群体间的文化疏离。沃思（1928：226—9）关注到，芝加哥犹太移民对西区中各种其他的社区持有不同的关系。比如，犹太人和其他非犹太的波西米亚人之间会表现出一种相互的容忍。沃思认为，这是这两个社区在旧世界中关系的再现。然而，犹太人和波兰天主教徒间就常常充斥着敌意。爱尔兰人、意大利人、立陶宛人、希腊人、土耳其人，对于纷至沓来的各路移民，犹太人的应对也各不相同。这是由于这些群体与犹太人在历史、文化、语言和阶级等关系方面的不同。沃思又注意到，对于靠近西区的黑人新移民，犹太店主或房东等都表现出了某种程度的宽容。这很大程度上缘于他们所共有的遭受隔离、种族歧视和经济排斥的经历（见 Writh 1928:230－1；比较 Osofsky 1971。后者提供了一些相反的例证：关于纽约哈莱姆区中某些犹太商业对黑人居民的歧视）。

在讨论城市文化时，人们常常会关注某个群体的"集体人格"。有趣的是，对于犹太"类型"的集体人格，沃思并未将其简单地归因于某种与生俱来的固有性格，而是综合考虑了历史影响和社会群体的地位。他对犹太"人格类型"的刻画事实上是对各种社会和空间场所的描绘（Writh 1928:249－51），其不仅受到经济活动、民族背景和阶级地位的影响，也关乎他们本土性的文化环境——沃思称之为"文化区域"（沃思借用的人类学术语）：一种由特定的互动、习俗和价值主导着的社会空间，该空间能够塑造其中个体的行为。沃思对各类犹太人群做出了精细的划分：Deitchuks（"模仿德国人生活方式"的被同化的犹太人）、Allrightnicks（丢弃了犹太人"文化糟粕"的商人）、realestatenick（有房地产的犹太人）、Sacherjude（小商贩、个体户，以及典型的聚居区犹太人），以及其他各种类型（包括一种有趣的女性类型"Radikalke"，指被解放的女性）。沃思的这种做法并非简单地对人们进行脸谱化的分类，而是要去描述一个社会和空间的流动过程。这些过程将会影响个体的行为和性情——也就是如今我们所说的“惯习”。沃思主张，我们不能认为有一种预先给定的文化人格在城市空间中“自然”生长(亦即“自然居住地”的信奉者所错误认为的情况)。他认为，空间环境和社会安排共同塑造着文化；而这些文化实践和偏好又能反过来塑造空间环境和社会安排。许多人认为，犹太人具有某种“族群排外”的本性。对此，沃思(1928:288)写道(以一种惊人的超越时代的语气)：“犹太人的排外，正是由于他们在某个历史阶段中被排外了。”

在该理论下，迁出聚居区的运动是一种“文化失据”：空间性的流动总是伴随着社会性的流动，以及文化纽带、传统习俗和实践的弱化(见 pp. 245 - 7)。尽管各种社会流动和空间流散会导致文化社群的瓦解，但这些社群在面对来自外部的敌视、抵抗和偏狭时，反而会呈现出顽强的生命力。这主要缘于社会制度以及人们对身份认同感的坚定表达，而非经济需求或情感、风俗和习惯等因素。沃思(1928:271 - 2)曾描述过在 20 世纪早期的芝加哥，日渐风行的反犹太主义(不仅出现在美国，更是全世界范围内)——包括美国移民格局的变化，以及日益严峻的对东欧犹太人口的迫害和致贫——是如何激励犹太社群的正式组织的。这种围绕着形式制度和明确的社会意识形成的组织方式，与那种“自然”过程——种族群体基于其历史、语言和文化纽带的在特定空间的定位和联结——大相径庭。从这个意义上说，一个自信的社区社会模式接近于当前辩论中所熟悉的社区综合和政治概念(另见第一章)。

芝加哥学派理论家认为，空间位置和社会类型二者是相互影响、相互决定的。沃思对聚居区的研究就是为了把握“在多大程度上本土文化取决于地理位置”(1928:286)。文化会给城市的形制留下一种“污点”。对此,罗伯特·帕克(1967a:6)描述道:

> 随着时间的流逝,城市中的各个部分会逐渐呈现出其居住者的性格,不可避免地沾染上其居住者特异的情绪。其影响是将最初仅仅是地理表达的东西转变成一个社区,即带有自己的情绪、传统和历史的本土性地区。

以此看来,导致种族飞地(聚居区以及其他种族化地区)形成的不仅有经济和社会“分类”,还有城市各群体间的情感距离:

> 物理距离和情感距离会彼此互相加强。在社会组织的进化过程中,人口的本土性分布和阶级、种族相互影响着。每个城市都有种族移民地,比如旧金山和纽约的中国城,芝加哥的小西西里,以及许多其他的未被言明的类型。(Park 1967a:10)

思想者们所描述的这类界线不单是物理层面的(显然,它们不可能是固定不变的),而是围绕着对文化差异的感知展开的,其中包含着对相同身份者的接纳以及对陌生他者的排斥。这使得我们想到齐美尔关于主体性分隔在客观形式中实现的方式的论点。“现代无形的贫民窟墙”,沃思(1928:280)认为,“真实性并不逊于旧墙”,因为这些想象中的边界塑造了主观反射,“支配着我们对熟悉事物的接近,以及我们对陌生事物的回避”(Wirth 1928:280)。

聚居区,无论是欧洲老城中的还是美国的,作为一种空间表达展现出了种种社会和心理关系。然而,就美国的例子而言,这种隔离状态“不太像一个物理事实,更是一种心理状态”(Writh 1928:

287)，因为美国的聚居区不仅仅是一个简单的“强制性的”物理空间。尽管这么说可能有些言过其实——我们现在还不清楚沃思所说的“自发的贫民区化”能否站得住——但这确实使我们看到了物理与精神在离合过程间的关系(正如齐美尔所理论化的那样)。空间隔离可能是一种防御性的对偏狭、陌生性与剥夺的回应，但它同时也可能基于一种由熟悉性、共享的文化规范与实践、社会与经济关系所带来的积极的吸引力。在这种意义上，沃思(1928:283)强调：“犹太人飘零于聚居区，和意大利人住在小西西里、黑人在黑带、中国人在中国城完全出于相同的理由。”他(1928:283)又写道：“大城市中大量的移民人口由一个个的小聚居区组成，仿佛一张斑斓的拼布。当在各个聚居区间穿梭时，我们能感受到其中环境与氛围的突然改变。”这自然是由于城市对不同人群的筛选和分类所导致的。不过，此处沃思的研究中也存在一些矛盾之处。一方面，沃思强调了城市中不同文化飞地的多样性；另一方面，他又认为所有的聚居区在“接纳同类、排除异己”这一点上都有着相似的结构。阿兰·斯皮尔(Allan Spear)(1967:26)在他后期对芝加哥的研究中认为，南区和西区中黑人聚居区的出现不单是经济贫困导致的，而更多缘于白人对他们的敌视。黑人聚居区与其他文化飞地的根本区别“不在于贫民窟的恶劣条件，而在于逃离贫民窟的难度。欧洲移民们一旦发迹，就能轻松地迁入更好的社区；而黑人则需要同时承受经济上的剥夺和系统性的种族歧视”。换言之，种族歧视使得贫困带来的后果再次加倍，致使某群体被牢牢地钉在某空间中。

针对社会和空间差异问题，城市社会学这些开创性的方法留下了复杂的遗产。一方面，芝加哥学派的理论强调空间分隔和社会差异间的关系，以及这种关系对城市空间经验和组织的重要性。

他们还强调以文化和情感的维度来分析城市中人口的社会和经济“分类”。那些看起来“不过是地理表达”的土地、资产、劳动力市场等，都会化身为一个个社会本土性地区，带着它们自己的历史、身份认同和文化意义。但是，问题出现在另一方面：某些“类型”的人总会被钉在空间中。种族认同既是一个文化标签，也是一个空间标签——当提到“意大利人如何如何、黑人如何如何、中国人如何如何……”时，人们总是会将其混在一起，并将他们安置于地图上的某个地点。在这种意义上，种族变成了一种——尽管只是短暂的——空间宿命。对少数群体身份的定义来自他们与“非种族”的主流群体的差异（之所以说“非种族”，因为他们似乎理所当然地无需被检验，他们居住在无色地区中，组成了具有同化性的社会和空间场域）。帕克、伯吉斯、沃思等思想家都想要强调现代城市中社会空间的多变性，以及文化和空间互相影响、互相决定的现象；但是，他们的理论又都无法避免地陷入空间和文化上的僵滞。这些思想遗留了这样一种问题，即人们总会以文化、种族或人种“类型”来认识城市中的各个部分。换言之，封闭的空间总是由其中不同的群体而被定义和理解的；某个空间的问题也因此等同于某个群体的问题。在之后的讨论中，我将关注这些概念的两个后续问题：有关城市问题在空间中的映射；以及有关社区的剖析。在这两个部分中，有关问题空间的构建总是伴随着对问题人群的认定。

“城市问题”的空间性

> 在美国大都市中，社会生活的微小变化总能以其最尖锐的形式出现。这些变化，粗略地说，就是那些不断警示和困扰着我们的“社会问题”——离婚、犯罪、社会动荡。在城市的扩

张和物理生长中，我们得以窥见这些忧虑的幕后黑手——那种深远的“颠覆性”的力量。

——E.W.伯吉斯《城市的生长》

城市（或城市的某部分）是如何被理解成一种问题的？在伯吉斯眼中，城市语境能够激化社会问题（离婚、犯罪和社会动荡总是我们的常客）。当然，这些问题本身不是专属于城市的；而是说，它们在城市中会变得更加显著。不住在城市中并非不能离婚，尽管城市也许能提供某些帮助。不过，确实有一些问题会被认为是城市进程的产物，即专属于城市的问题。其中最值得注意的是，某些空间中经济和社会变化的循环会使得某些人变得冗余。对此，罗伯特·帕克（1967c：109）直言道：城市，“垃圾遍布，大多由人类组成”。当某种城市生活在城市发展中被废弃时，这种生活的物质文化也就被一并废弃了——自然，那些反对城市进程或对城市进程无用的个体也就被废弃了（另见 Burgess 1967：57 – 8）。和其他形式的废弃物一样，“人类垃圾”也会在特定区域成堆出现。芝加哥内城的“流浪之地”（正处于市中心外围）就是“人类垃圾堆”的一个典型代表。帕克（1967c：109）写道：“贫民窟是一种社会垃圾。它们位于商业区的边缘，发展一成不变——残毁的屋舍，随处可见的贫穷、恶行与犯罪。”这确是一个强有力的比喻，它描述了当人们变得对经济系统无用后便被丢弃的情形；同时，它也在边缘社会生活和边缘空间之间建立了联系（另见 Sibley 1995）。在城市学的想象力中，边缘或边界区域总有一种把控力，不论是在流浪之地（其置身于城市中心），还是在巴黎或格拉斯哥的郊区（其标志着一种城市秩序的边缘）（见 Mooney 1999；Wacquant 1993，1996；另见 Back 2004）。尽管城市被视作社会问题的主要场所（以及新问题的“创造者”)，但城市并不负有全部责任。由于存在种种不平等的社会问题的地理分布，城市中的某些场所便会被视作“贫困、疾病与犯罪”等“社会疾病”(Park 1967d:118)的滋生之地。

这种对社会问题的空间化是典型的芝加哥学派的做法，并且对20世纪后半叶城市政策的形成具有重要的影响。苏贾(2000:95)写道：“20世纪60年代后全世界范围内城市危机的爆发标志着战后工业发达国家长时间的经济增长已经趋于尾声。”在关注经济危机带来的后果的同时，我们还应注意到城市也在不断孕育着自己的社会问题。在20世纪60年代，以英美为首的一大批经济自由主义国家对不断发展的“社会问题”启动了政策干涉计划(见Atkinson and Moon 1994;Blackman 1995;Fainstein and Fainstein 1982;Halpern 1995;Kleinberg 1995;Wolman and Aguis 1996)。尽管这些问题的核心会由于背景的不同而变化，但贫困和种族总是最常见的两个要素。之所以这些国家会关注到城市中的社会和经济问题，很大程度上是缘于20世纪60年代政治和公共话语对贫困问题的大量讨论，以及对发达资本主义和高福利社会中根深蒂固的贫困现象的政府研究和社会调查[见Abel-Smith and Townsend 1965(关于英国);Moynihan 1969(关于美国);另见O'Connor 2001;Patterson 2000]。这种对于贫困问题的“再发现”——尽管社会财富不断积累，基本的福利保障不断完善，但贫困仍像慢性病般难以根除——将目光聚焦在了那些贫困最为集中的场所，包括许多城市内城区。美国约翰逊总统1964年在“向贫困开战”的宣言下轰轰烈烈地推行了一系列的城市政策，于20世纪60年代末至70年代初实施了各种新的福利政策(见Moynihan 1970)。英国1968年“城市计划”的创立则标志着其城市政策战略的开始，其中包含了一系列有关城市中教育、犯罪、环境更新和劳动力市场问题的社会和经济提案。这些城市政策的空间分界由人口普查和其他研究数据界定，这些数据聚焦于城市中贫困、失业、低教育程度、住房质量不达标、高犯罪率和社会对立集中的地方。在这种意义上，对社会和经济问题的处理就变成了对城市空间的管制，变成了一种"贫困和不公平如何与空间秩序相联系"的问题。

若说解决贫困问题是城市政策发展的主旋律，那么人种和种族的问题亦不遑多让——尽管在明面上不常被提及。在城市中，那些被认定为严重贫困区域的分布往往也与少数种族人口的分布相吻合。因此，从一开始，英美对于"城市"问题或"内城区"问题的研究就带有种族化的色彩（见 Keith and Rogers 1991）。洛根（Logan）和莫里奇（Molotch）（1987：114）在对美国案例的研究中声称，"战后的城市更新计划（一直持续到 20 世纪 60 年代末）根本就是——用詹姆斯·鲍德温的话来说——'黑人移除计划'，一种对受难穷人和黑人社群居住地的清扫"。20 世纪 60 年代及以后的政府和社会调查显示，城市中有大量少数群体被贴上了贫困、低教育、低房产（以及其他种类的"城市剥夺"）的标签。因此，对于城市问题的构建也就往往沿着人种或种族的道路前进了。城市计划总倾向于关注某些特定区域（由当地的房产和劳动力市场决定）中的少数群体或移民群体，而以此造成的社群形成或种族排斥又进一步推进了这些计划的执行（见 Goldberg 1993；Robinson 1999；Smith 1987）。在英美的大城市中，上述区域往往是那些提供人力劳动和廉租房的内城区，也正是这些工人阶级的区域在自 20 世纪 50 年代开始的城市去工业化中遭受着最沉重的打击——在城市衰退的地理分布中，黑人和少数种族群体出现频率之高与其人口总数之少完全不成比例。城市政策已然变成了种族政治学的工具。以去除各种社会和经济剥夺为基本方针，城市政策计划允许本地或中央政府着手处理某些“特定”的城市人口，而不给予他们任何“特殊优待”。于是，城市干预便得以堂而皇之地自认为是纯粹的空间事务，而与种族无关。由于白人群体普遍怀疑“给少数群体特殊优待”的合理性——尤见于英国 20 世纪 60 年代末至 70 年代荒谬的种族政策——许多城市政策往往只关注群体(既有白人，也有非白人)的整体指标，而不酌情厚待任何特殊群体。

这里面涉及许多问题，一方面，城市政策的发展应该保持“种族中立”或一视同仁地对待不同肤色的人，对资源的调配应该完全遵循社会和经济的需求；但另一方面，这也意味着关于种族问题的争论不能明确地对城市问题的分析施加影响。如果城市政策战略只用看似中立的社会数据去分析多重剥夺的场所，那么我们很难知道社会不平等和种族不公正的地理分布是如何被生产与再生产的。再者，由于主流讨论并未对种族歧视(作为一种社会因素)做出严肃的认识，少数群体的经济劣势便愈加难以解释。因此，人们常将种种劣势和欠缺作为某群体的固有属性强加于其上(见 Katz 1989；Ryan 1971；另见 Jencks 1993；Murray 1995)。正如约翰·索罗摩斯(John Solomos)在对英国案例的研究中所写的，致力于解决特定区域中的经济和社会劣势的城市计划所“关注着的不过是内城区及其居民人为假定的特征，但是(这些计划)却不会去追溯这些区域的发展历史，不会去了解创造了这些‘聚居区’的政治力量和经济力量”(1988：187；另见 Sugrue 1966，关于美国的案例)。就业和住房供给中的歧视以及系统性种族歧视和过度执法等现象很难进入政治和公共讨论的视野。一旦社会问题被认定为特定区域的问题，这些问题也就不可避免地与特定人群绑定了。此时，特定的城市主体——年轻男人，特别是黑人和少数群体中的年轻男人——便被打上了“问题”（有关社会和公共秩序的）的标签（见 Antonopoulos 2003；Bowling 1999；Chambliss 1994；Keith 1993，2005；另见 Fiske 1998）。在这种语境下，法律和秩序便成了城市政策有力的臂膀，将“向贫困开战”转变为“向穷人开战”（Gans 1996）。对城市问题的处理便——同时且不矛盾地——既关乎城市福利再分配的政治，又关乎对城市人口的管制。

社区政治学

在社区政治学中，社会问题和问题空间的交织尤其牢固。社群病理学一直以来都是社会分析（特别是城市社会学和犯罪学）所关注的对象，其谱系能够追溯至 20 世纪 20 年代芝加哥学派对违法犯罪的生态学研究。在人类生态学的视角下，某些城市区域展现出了一系列特征，使得它们具有青少年犯罪多发以及社会分裂的倾向。这些研究的关键框架即是“社会解组论”——一种对各类社会因素的综合诊断。这些因素包括人口流动性、种族冲突、社区网络的分布、本土性组织的缺失、社会匿名性以及年轻人亚文化（尤其是那些不符合或不受控于“主流文化”和成年人文化的）的形态（见 Park 1967a，1967c；Shaw and McKay 1942）。伯吉斯（1967：59）强调，城市中的高人口流动性会招致混乱和道德败坏。他认为，在那些人口快速流动的区域，“基本控制完全崩溃，就像在现代城市的恶化地带一样，这里也不断堕落，滋生出乱交和恶德”。这种生态学方法认为，相较于“环境”因素，社会因素是高犯罪（包括青少年犯罪）率以及失序的罪魁祸首。这种研究方法与功能主义一致——也符合“用社会事实解释社会问题”的社会学使命——都将社区视为社会组织的综合系统，并将城市秩序（或失序）视为各种复杂社会因素共同导致的后果。这种基本的研究思路给后续的城市社会学及社会区域分析带来了启示(见 Berry and Kasarda 1977;Hawley 1950;Shevsky and Bell 1955)。

在后续对犯罪和偏常的研究中,这些基础思想仍保有很强的解释力,虽然其中的生物学术语(比如将社区称作本土性“生态”)已大多被弃用了。尽管解决贫困问题是 20 世纪 60 年代城市政策发展的原动力,但更新的研究指出,城市社群的“解组”会将其居民置入一个更危险的充满暴力和犯罪的境地,即使此地已经脱离了贫困(见 Burskik 1988;Burskik and Grasmick 1993;MaGarrel et al. 1997;Skogan 1990)。换言之,比起一个人们不愿久留的社区,一个稳定的社区会更加安全。然而,此类观点也会导致一些相当矛盾的后果。一方面,他们清楚地理解了城市中社会因素和空间因素的相互作用;对于城市中的某特定区域,他们希望将之作为一个社会系统来详尽地分析(而不是将其一般性地归为某问题空间)。并且,他们也潜移默化地将注意力从有关暴力犯罪者或行为偏差者的个体病理学转移到了有关可能诱发暴力、犯罪或解组的社会环境的理论上。但是,从另一方面说,这些理论中仍然存在着社会因素的空间化还原。换言之,他们仍然未能逃脱“生态学的谬误”——试图用各种城市空间中最恶劣的特征来代表它们——忽略了对地区中组织和互动的精细划分。毕竟,我们不能说每一个住在贫困地区中的人都贫困(此处贫困也可替换为失业、暴力、绝望等)。简而言之,这又回到了那种将个体、社群或空间标签化的谬误之中。我们看到,在有关犯罪、暴力和城市安全等的公共讨论中,恶毒的“受害者有罪论”似乎永远无法被消除。在该语境下,仅仅是居住在危险或“失序”的社区中这个事实便可能被视为个体病理学的病征之一。当结构和能动性——“社区效应”和个体行动——并进之时，很容易产生粗陋的社会学解释。

近年来，城市生态学以及其他种类的功能主义常常招致批评（或甚至完全得不到评价）。然而，我们仍不能忽视它的一个重要的优点，即对城市空间组织和城市进程中复杂元素综合体的关注。当然，这同时也是一种缺陷，它使得人们很难准确地把握犯罪和暴力的成因。甚至，其对于"解组"这一概念的狭隘认知——不顾各种复杂社会特征间的互动——可能本身便是成因。其关于"社区效应"的争论不过是无谓的重复：社会解组将造成更多的社会解组，危险和动荡的社区只会变得更加危险和动荡。

然而，城市社会学仍然对社会解组的概念保持着高度关注。在威廉·J.威尔逊（William Julius Wilson）——芝加哥学派社会学最著名的后继者之一——的《真正的弱势群体》（*The Truly Disadvantaged*）(1987)中，他考察了经济、制度和文化的"多米诺效应"——一种导致了20世纪后半叶美国内城区"危机"的连锁反应。基于他对芝加哥的研究，威尔逊考察了白人大迁移对20世纪50年代后的内城区城市社区所造成的深远影响。然而，在他对这些城市问题的研究中，威尔逊强调，去工业化的经济因素、经济转型以及失业问题比"种族"因素更重要。在该语境下，"工作大迁移"、投资资本以及从内城区来的中产阶级居民（无论黑白）显得极为关键：威尔逊认为，可以把内城区问题理解为种族问题和阶级问题（另见 Wilson 1978）。在仔细研究了种族主义和歧视的漫长历史之后，威尔逊发现，美国民权法案的制定反而进一步恶化了城市中穷困黑人群体的窘境，而再之后的各种反歧视政策（如"平权行动"）亦收效甚微。经济是造成这种局面的主要原因：经济转型、劳动力市场的两极分化、工业向城市外部的转移、人力劳动技术门槛的降低——面对种种现实，城市中的少数群体最易受到伤害。事实上，可以说，反歧视政策（教育和就业方面的平权行动措施、打击居住隔离，等等）无意中加剧了内城区面临的问题，因为社会流动性更强的黑人人口进入中产阶级阶层，并迁往郊区。

同时，这些经济进程也与文化进程有关。在威尔逊的研究中，争议最大的一点在于他对美国“黑人城市下层阶级”所处社会环境的研究。对于“下层阶级”这一术语的使用早已不是新鲜事（见 Devine and Wright 1993；Katz 1993；Mingeone 1996；Wacquant 1994，2002），但许多分析者为了避免沾染种族主义者的恶名，往往选择绕过种族问题不谈——尤其是当遇到那些可能会被认为是对某群体的污名化的行为时。对于这类学者，威尔逊总是持批判态度。他自己的理论考察了更广泛的经济和人口结构变化与地方社会组织问题之间的联系。20 世纪 60 年代和 70 年代的经济结构调整恰逢城市黑人群体平均年龄的降低，因为从农村地区（尤其是南方地区）向北方城市迁移的速度放缓意味着美国城市黑人人口的增加主要是由于出生率。其结果是，在就业机会愈发紧张的大背景下，内城区黑人群体中的年轻人却不断增多。威尔逊指出，一个社会群体年龄的中位数越低，其收入水平便越低，失业率和犯罪率也越高。同时，经济条件较为优渥的居民的外流削弱了那些保障社区生活的基础制度，包括商店、学校、教堂和社区设施。随之而来的是内城区“社会组织”的弱化，威尔逊用广泛的文化价值观来解释：“社区意识，积极的社区认同感，以及对异常行为明确的规范和制裁。”（1987：3）因此，经济疏散不单是使内城区退化，还削弱了社区维持地方机构和网络的社会能力，以及文化上“自卫”的能力。该例体现了这样一个城市悖论：“最需要社群组织的社区”最终却“最没有能力创造并维系它们”（Logan and Molotch 1987：136）。在这个背景下，更少的经济机会与更少的文化选择以及更少的社会制裁聚合在一起,助长威尔逊所说的美国内城区的“贫民窟文化”,特别是针对年轻黑人而言。

在许多方面,这种争论仍然与困扰芝加哥学派早期城市社会学研究的问题有关,即空间安排和文化进程之间的矛盾关系。在空间决定论与文化责任论之间,关于不平等和歧视是如何通过空间划分产生并再现的,存在着一个令人担忧的争论领域。而在美国的背景下,聚居区一直是这些争论的关键场所(见 Keith 2005)。马西(Massey)和丹顿(Denton)说(1993:18):“自 20 世纪前叶城市贫民区被建构以来一直在不断强化,这是确保美国黑人持续处于从属地位的重要制度安排。”在一定程度上,系统性的种族歧视(体现在就业、住房和空间政策等方面)制度性地建构出了聚居区。同时,它们自己的制度结构又能再生产出聚居区(另见 Clark 1989)。对社会学家来说,更重要的是,“制度”结构从来都不是简单的形式,它们也是通过非正式的互动和组织规范来构建和重塑的。这就是所谓“结构与文化密不可分”的原因:在吉尔伯特·奥索夫斯基(Gilbert Osofsky)(1971)关于哈莱姆的经典著作中,聚居区的概念不仅有关社会和经济,同时也涉及城市中黑人群体的心理状态。

这种将经济不平等和社会组织相关联的观点可以追溯到早期关于城市中是否存在“贫困文化”的讨论。城市分析中使用的“贫困文化”一词源自人类学,尤其是奥斯卡·刘易斯(Oscar Lewis)对墨西哥和波多黎各家庭的案例研究(Lewis 1959,1966,1996),其中涉及纽约的波多黎各移民。刘易斯研究了经济不平等和文化排外如何塑造了资本主义社会中极度贫困群体的亚文化价值观和行为模式。贫困文化的出现,如他所言(1996:220),“意味着穷人对他们在资本主义社会(高度阶级化和个体化的)中处于边缘地位这一境况的适应和回应”。其研究显示，这些亚文化包括高度性别化的社会角色和不稳定的家庭安排；对本土性的关注和对外部社会的忽视；宿命论思想（放弃改变人生的机会）；对权威性主流形态（如警察、政府和教堂）的敌视；以及对家庭之外的社会制度的排斥。刘易斯认为，贫困文化总体而言并不多见，并且会随不同的社会环境而改变。他也提到，在诸如墨西哥、波多黎各或美国等社会中，贫民窟居住者的行为与其说是不理性、反常或自我实现的，不如说是一种由歧视、隔离和单纯的贫困造成的结果。其共有的文化取向可以被看作一种“获取必需品的尝试。然而外部社会的制度却无法为他们提供这些所需之物，因为他们没有接受服务的资本，无法负担得起，或者总被无视和怀疑”。尽管刘易斯提出了这种种限制条件，并表现出了对穷人的同情，“贫困文化”这一用语却很容易让人认为富有社会对穷人的剥夺在某种程度上是由于穷人本身的缺陷。贫困文化这一主题也大大影响了后来出现的一个流行观点，即弱势群体正陷于一种被剥夺的“循环”之中；其弱势属性如同一种恶毒的诅咒，一代一代地被继承了下去。20 世纪 80 年代和 90 年代的许多评论家认为，当“下层阶级”不断远离主流制度和价值观时，福利转移不过是对他们冷漠性和依赖性的施魅（见 Jencks 1993；Murray 1994；比较 Katz 1993）。在这些讨论中，威尔逊的研究起到了关键作用：一方面，他关注着被孤立的“下层阶级”的文化自治；另一方面，又强调了社会和经济因素（包括歧视的历史形态）在制造“聚居”环境和文化中起到的主导作用（另见 Wilson 1996）。此外，他的观点所针对的并非那些指向某特定群体的政策（尽管他也坚持认为反种族歧视的斗争本身亦有重大意义），而是那些施加经济不平等与不公正，并以此影响着美国穷人群体的计划。

类似的，以利亚·安德森在对费城的研究中，也考虑了大规模社会和经济变化对本土地区的影响，包括白人大迁移给黑人城市人口的社会流动性带来的影响(Anderson 1990，1999)。他的学说建立在多年对特定社区的民族志研究之上，对人口、文化及经济等诸方面的变化都有所关注。关于低收入地区中的社会和经济组织，他总结出了这样一条关键性的改变。首先，贫穷社区中黑人中产阶级的迁出不仅切断了本土的资本来源——既包括集体物资(学校和社群设施等)，也包括私有物资(住房、购物、娱乐等)——同时还移除了社会领导力的重要来源。其次，仍然留存于社区中的“社会领导者”(安德森称其为“老首脑”)不仅在数量上减少了，其道德权威和社会地位也大大降低了。随着本土就业机会的减少、非法经济活动的增多，以及教堂、学校、俱乐部等社会机构影响力的下降，老一辈男性对年轻男性的模范作用便大幅降低了。同样，老一辈女性，作为家庭和社群的照料者的社会地位也降低了，因为她们逐渐无力看管日益增多的儿童，只能任由后者在街上游荡。这些曾经被集体赋予监护任务——这种监护权被认为是“社群的社会组织与控制的重要来源”(Anderson 1990：73)——的“老首脑”们如今人员不足，权力衰微，已无力关注和干预社群中其他人家的儿童。与威尔逊一样，安德森也关注着经济衰退、阶级流动与城市区域中社会解组间的关联。中产阶级的大迁移不仅抑贬了低收入区域，同时也削弱了一个综合体中的部分社会制度及集体规范。

威尔逊和安德森都很清楚，他们所阐发的关于美国城市的理论具有一种强烈种族化的、阶级化的本质。自 20 世纪早期芝加哥学派留意现代城市中的经济与文化资本运动以来，中产阶级的流动便一直是城市变化中的一个重要特征。然而，中产阶级城市人口的物理移动——既如 20 世纪中后期向郊区的迁出，又如 21 世纪早期向中产阶级化内城区的回撤——对于城市分隔与城市差异的产生而言并非起着决定性的作用。我们应当认识到，是城市中阶级消费的模式在城市“共享”空间内刻画着一道道差异线条。诚然，如威尔逊与安德森都注意到的，中产阶级的流失所带来的社会机构的削弱（如学校、社区、娱乐设施等）将使遗留居民对本土网络与社会组织的维护变得困难；但是，中产阶级的迁出却并非此后果的必要条件。早在 20 世纪 20 年代，罗伯特·帕克就曾说过，中产阶级们（其称为“能人”）“在大多数时候都不在场，不论是在物理上抑或想象中。他们在城市中生活——于其办公室或俱乐部中——然后回到家中睡觉。在专业阶级者的眼中，大多数的住宅郊区都扮演着宿舍的角色”（Park 1967c：113－14）。更近一些的安东尼·吉登斯（Anthony Giddens）（2000：116）也将这种回撤视作一种有效的“来自顶端的社会排斥”。当中产阶级居民对于城市街区的共有消费感到不适之时——当他们青睐私立学校而非本地的公立学校、偏好私人娱乐而非市政提供的俱乐部或娱乐设施之时——城市中的公共设施便将衰亡：学校“倒闭”，设备凋落，服务终止。

我们可以用阶级和文化资本的范畴来思考这样的过程，但在最近的社会资本方法中，城市生态学的旧框架被动摇了。在城市语境下，“社会资本”成了讨论社会组织或解组等旧题目的新语言。显然，这也是一则比喻，只不过假自经济学而非生态学。尽管有关社会资本的诸多概念兴盛于 20 世纪 20 年代的社会与政治论争中，但该术语在城市研究中其实有着更为久远的历史。在《美国大城市的死与生》（*The Death and Life of Great American Cities*）中，雅各布斯（1964：138）就曾提及社会网络——作为一种“城市中不可或缺的社会资本”——的重要性。她写道：“这种资本一旦丧失（不论出于何种原因），其所带来的收益便将立刻消没，永不返还——直到某种新资本缓慢且偶然地再次积累起来。”此处，雅各布斯所考虑的是日常城市生活中散漫的社会网络——邻里与店铺摊主平常随意的遭遇（作为本土生活事务的一环）；她认为，尽管这些互动往往十分任意且敷衍，但依然能够促成“人们对公共身份的认同感，一种公共尊重与信任的网络，以及当个人和邻里有所需求时得以仰赖的一种资源”。这种论调看起来极具个人价值色彩，但事实上雅各布斯关注的是社区（作为一种共享的社会空间）和基于公共身份认同的关系，而非某些私人的亲密感以及情感联结（比如对某个杂货铺的特别感情）。她所说的信任不是一种主体的品质，而是人们对公共空间共有的诉求；而正是这种低程度的信任使日常社会行动与互动成为可能——我们由此得以每天乘坐地铁，或是在入夜后行走于街头。在这个意义上，信任既是一般化的，又是高度情境化的：人们日常性地、无意识地汲取着这些资源，但汲取的方式又高度取决于其所处的特定的场景与社会遭遇。

“社会资本”这一概念自雅各布斯从经济学中借来之后便广为流传，但在近期的城市语境中其含义发生了某些转变。雅各布斯主要关注的是城市计划与设计在促进社会互动、稳定与秩序中所扮演的角色。我们甚至可以说，那些包含着犯罪与冲突、失信与不安的“社区效应”，可以追溯到疏远的城市环境，它阻碍了城市居民之间的非正式接触、日常邂逅以及“公共身份认同”。相反，近期有关社会资本的理论则更为关注社会因素（而非建筑或规划）在加强城市秩序中起到的作用。我们可以从这个意义上看到家族与原先的城市生态学具有某种相似性。在那些早期的研究中，关于社区效应因果基础的问题仍然很棘手。譬如，在研究美国城市经济不平等的分布时，福山（Fukuyama）提出，在“社会凝聚力不足与贫困间有一种因果关系”(1995:303)。这种有关贫困文化的论述,尽管携负着“社会资本”这一较为新异的概念,事实上毫无创见。值得注意的是,在该案例中,这种文化主义的论调是为了解释某些非裔美国人的贫穷。罗伯特·普特南(Robert Putnam)(2000:312)关于芝加哥的城市研究也得出过类似的(但较为温和的)结论:“比起生活在受教育程度较低的社区中的年轻人,生活在以白领为主的社区中的年轻黑人高中毕业的机会超过前者的三倍。”

现在,我们不妨回顾一下洛根和莫里奇的观点,他们认为美国城市中的黑人社区常常包含“一种人际互助的网络,一种比白人区域更高密度的内部组织……然而,若无有效的外部纽带,仅凭丰富的人际关系,社区未见能获得多么强大的社群守御能力”(1987:132)。对于那些习惯将城市贫困人口(尤其是非白人群体)与“社会解组”问题绑定的大宗学说,这无疑是一记重要的回击。我们不能仅着眼于社区之内所发生的事物,更应认识到社区成员与“外界”联系的渠道亦十分重要。我们在雅各布斯(1964:126)的主张中也看到了类似的论点,即“经济和社会自足”无利于城市社区,因为它将社区与更广泛的城市流动隔离开来,并将居民和用途的多样性降至最低。洛根和莫里奇还先于罗伯特·普特南(2000)对“键合式”社会资本和“桥接式”社会资本做了区分,前者将群体联系在一起,后者在群体之间并跨群体建立联系。在某些方面资源富足的本土社会网络却不一定拥有获得其他资源与机会的渠道。社会资本并不一定能够轻易地转化为经济资本:个人网络本身并不能创造就业机会,也不是所有的家庭都能及时地提供资源。此外,我们可以将某些社交网络帮助获得更广泛的经济利益的方式描述为“社会资本”的作用,但我们也可以将其视为裙带关系、歧视或简单的阶级效应(见 Blokland and Savage 2001)。对社会资本的攫取既可以是获得机会的手段，又可以是锁闭资源的方法——譬如，掌握着工会的社会网络可使黑人无法从事某项特定工作；又如，社区间的联结和交往将加剧种族间的隔离（见 Davis 1990；Forrest and Kearns 2001；Portes and Landolt 1996）。我们要注意社会资本语言的净化作用，其真正所指的依旧是种族、排斥与不平等问题。

社会资本的理论与城市生态学一样，对亚文化都有一种制约乃至侵蚀的作用。在旧方法中，与主流相异的亚文化形态，特别是年轻人塑造的，正是社会解组的重要症候。类似的论点也出现在社会资本薄弱的社区环境中，这些社区往往被认为与失信和匿名有关，并且难以融入更广大的社会网络。普特南（2000：312）指出："正是在这些环境下，年轻人最易以帮派或社区'小团体'的形式创造出他们自己的社会资本。"事实上，将青少年犯罪或帮派的形成与解组地区相关联的做法已有很长的历史（见 Lane and Meeker 2000；Parker 1967b；Shaw and McKay 1942；Thrasher 1963）。这种亚文化社会形态形成了"被动防御型社区"——一个被清晰的边界、帮派地盘、安全甚至只是声誉所封闭的本地社会群体（见 Suttles 1968）。然而，这并不单是那些充满怨恨或遭受压迫的残留之地。萨特斯（Suttles）指出，地域的标界与守御对于中产社区和帮派领土而言一样重要。这种标界与守御的逻辑在安全化的发展中不断再生，而这些发展一边光耀着富人的门楣，一边加重着贫民的桎梏——布莱克利和辛德（Blakeley and Snyder）（1977）将其称为现代城市中的"恐惧飞地"（另见 Calderia 1996，2000，关于"墙之城"；Low 2001，2003；Marcuse and van Kempen 2002）。苏珊·克里斯托芬森（Susan Christorpherson）（1994：410）提道："'门禁式'的房屋已成为社群生活中发展最快的一种形式。"她声称，现代美国城市已被深刻地私有化了，其间驳杂繁复的空间划分性质的律法、拘缚与盟约造就了不同阶级、人种与种族群体间的割裂。近代以来，“城市发展以及对城市空间的集中管控”已全然呈现出一种“堡垒似的特质”(1994:410)。这种被动防御型社区为城市空间中鲜明的区分提供了物理形式。在下一章中，我们将讨论城市公共空间使用冲突中的私有化和监管问题。

小结

在城市——一个充满多样性与分离性的社会-经济空间中——差异问题往往会以其最尖锐的形式显现出来。城市对经济和种族不平等的再生产是一种制度性的“不公正的城市化”(David Harvey 1973)。此外，施加着驱逐与不正义的物质系统暴露了“将城市作为想象空间来思考”的局限性：不动产和国有公路当真是“易变”的吗？但同时，这些物质层面的区分又和人们对城市空间的认知与实践方式有关——它们是戴维斯(1990)所说的“阶级战争的建筑符号学”和现代城市晚期种族分裂的一部分。

若说现代城市可以被看作“一台生产差异的机器”(Pile 1999:10)，那么这种生产则是同时作用于社会与文化上的。芝加哥学派的早期研究已经表明，空间隔离对于文化认同起到了促进与保护作用。正如齐美尔所言，“不分别无以连接”，界线是一种“物的形状”，当互动的场所与包容的地带建立之时，隔绝与排斥的界线也被一并画出了。

第三章　空间政治：社会运动与公共空间

一切重塑权力关系的斗争都是重新规划空间基础的斗争。

——大卫.哈维(David Harvey)《后现代的状况》(*The Condition of Postmodernity*)

与其他空间关系一样，政治也在空间中展现自身。对政治与权力的思考总牵涉着空间关系的问题：从身体的外表到财产的分布，从参议院大厅到军事战区。这些真实的空间正是社会权力彰显的地方。值得注意的是，这些空间并不仅仅是政治发生的场所；同时，这些空间中的许多事物本身也参与了斗争。运用空间内与空间上的斗争的双重性，本章将考察权力在城市中的各种运作方式。城市空间不仅为政治行动提供了场所，同时其本身也被政治化了，参与了有关使用权、管控、表征等事务的斗争中。在城市社会学、地理学与政治经济学中，权力与政治组织从来都是一个复杂且重要的课题(见 Dahl 1961;Dunleavy 1980;Judge et al. 1995;Katznelson 1981;Keating 1993;Logan and Molotch 1987;Mollenkopf 1983;Smith and Feagin 1987)。不过,本章的讨论具有特别的焦点。相较于城市中官方的或具有特权的权力系统——譬如经济精英和政权组织的地理——我们将重点关注那些更具对抗性的、非正式的或日常的空间政治(另见 Amin and Thrift 2002;Watson 1999)。在这种意义上,城市中的权力景观不仅关乎国家与资本的上层建筑,也体现在那些平凡、短暂、受压迫的冲突与管控之地。

本章的讨论将构建两个关键框架以便思考这种城市空间政治。首先,我把城市社会运动视为一种城市特有的空间政治的媒介,它既将城市空间视作斗争的焦点,亦将城市空间用作政治动员的资源。第二个框架则更具拓展性地关乎着城市中公共空间的政治。作为日常空间的街道、地铁或广场等亦是城市生活中微观政治的场所,于此,个体行使着他们的空间权利,与他人协商着各自的空间主张。这种由身体完成的空间政治也写进了法律。此外,公共空间对于身体的管控方式体现着城市中不同人群的权利。我认为,从有关意义与公共空间的各种规模的抗争中,我们能够将城市个体的"平凡"经验与社会包容和城市秩序的宏大构想联系起来。

政治和抵抗:城市社会运动

权力,一种很难观察到的现象,却在空间中现出了原形。毕竟,最明显的权力运作就是对空间的占据和控制;同时,建筑也能使人们通过物理形态"看见"权力。这两点使城市成为一个杰出的官方权力所在地。各种权力(包括政治、法律、宪法、经济、警力和军事权威等)都得以在空间中以制度的形式实现。这些政治权力遍布于其掌控的空间之内,如同一道道“权力长廊”。虽然这种空间性不能完全解释政治的复杂性,但我们至少可以认为这些权威性的建筑给权力的集中提供了物理形态——无论我们是从社会精英的价值判断角度来看,还是从机构的绝对权重角度来看。不过,政治和经济特权的地理并未向我们展示出城市空间权力的全貌。如莎伦·佐金(Sharon Zukin)(1993)所述,城市建筑可以被解读为一种“权力景观”,一种支配与从属的建成环境:在企业天际线的空间主张中,在冗余的城市工业的破败躯壳里,在被资本拒绝的废弃地带上,我们都能见到权力的身影。

城市空间中的权威制度向我们展现出的是一种强力但并不完整的权力关系。值得注意的一点是,这些官方权力的“堡垒”——政府大楼、中央银行、总统府、国防部等——同样也会成为抗议和反对的目标。大卫·哈维(1989:237)曾说:“资本主义国家的首要任务就是在资产阶级控制着的地方设置权力,同时削弱反对运动最可能发生之地的权力。”然而,这种空间战略的一大后果就是,权力场所也同时包含着抵抗的元素。这就是为什么政府大楼旁必须要设置军事化的行动限制,以及在重大会议(如 IMF、G8、WTO 等)前必须对银行等重要机构加以防护。抗议和游行的地理可以说是从政治层面延展出来的一种空间表达。这些抗议空间(尽管短暂且不稳定)让人们意识到权力这一概念是可以遭受质疑的。抗争者往往使用游行、罢工、静坐乃至直接占领工作地等空间方法来达成它们的目的(见 Pile and Keith 1997)。

城市空间为更广泛的政治冲突提供了舞台,也为象征性的竞争提供了舞台,在这里,建筑物或纪念碑代表着更多匿名的权力结构。但同时,它们本身也可能构成政治目标。如亨利·列斐伏尔(1991:386)所说,城市不仅为政治竞争提供了"场地",也提供了"奖赏"。可以说,权力之彰显既经由空间上的斗争,亦经由空间内的斗争。城市社会运动是分析该空间政治化的一个重要框架。新社会运动理论(自20世纪80年代早期以来,它获得了社会与政治分析的大量关注)寻获了新的关于行动者、政治目标及政治手段的构想方法,超脱于既定的政治制度与对立的传统形态之外。这些学说着眼于发达资本主义经济中从阶级政治与经济分布向身份认同的政治、非物质利益以及生活方式的一种转变(Giddens 1991:214;另见 Larana et al. 1994;Melucci 1989,1996;Nash 2000;Touraine 1981)。在身份认同与不平等的问题上,有关阶级问题的并非总凌驾于那些有关性别、种族、文化或性取向的问题;同样,经济平等的问题也并不总是优先于那些有关核武器扩散、环境恶化、城市自由或人权的问题。在城市理论中,这种争论采取了特定的形式,重点关注新兴的城市社会运动。城市社会运动的概念是指与城市空间的特征、自由和控制有关的抗议和激进主义政治。

在有关社会运动的研究中,曼纽尔·卡斯特尔(Manuel Castells)的著作十分重要,其主要关注城市社会运动所扮演的特定角色(见 Castells 1977,1983;另见 Lowe 1986)。他在20世纪70年代至80年代运用了大量新社会运动理论,以研究城市政治的某些特殊性质。比如,在占屋运动和社群发展运动中的政治参与者的形态就是典型的新政治形态。其中涉及的纠纷不再是劳动与生产层面的,也不是有关政党或工会的。这并不是说这些城市运动不关心政治平等或是正义分配的问题;而是说,相较于生产关系层面,它们更关注消费层面的问题,尤其是城市集体消费问题(Castells

1977;另见 Harvey 1973),即公共物资(包括公共空间、通勤、公共服务、治安、公营住宅或经济住房等)的供给与获取问题。这些运动所代表着的便是空间上的斗争,是日常城市生活的政治,是各类人群对城市权益的诉求。这种政治在内容和形式上都与“旧政治”不同——内容上,他们关注集体消费;形式上,是会员、组织和实践模式。

这些城市社会运动将城市政治化为一个充满社会平等和经济平等问题的场所。除了剥削和不平等的问题,城市还展现着有关公共空间和集体物资分配的公正性问题。就组织形式而言,城市社会运动和新社会运动十分相似:它们都强调自治和自主,不希望被代表和代言(不信任官方的领导、代表团、代言人等)。即便新政治运动者常常选择一些重要地点进行抗议或政治游说,但他们行动的目的其实是希望挣脱这种政治权力的形式结构。卡斯特尔指出,尽管城市社会运动看似只关注一些特定的、局部的“小”问题,其中却蕴涵着有关文化认同和生活方式的“大”问题,特别是有关空间使用及空间实践的。尽管和其他的社会活动有某些相同之处(比如环境运动或反核运动中也有相同的元素),城市社会运动的一些基本特征足以使其自成一派,进而和其他运动区分开来。从西欧的反文化占屋运动,到美国中产阶级的社区联结,再到第三世界城市中的“钉子户”,城市运动虽然范围广大,种类繁杂,却都有着相同的主题。其一,这些运动都自认为具有显著的城市性,都着手于城市中的特殊问题。其二,它们都是围绕空间展开的,以一块明确的“领地”为根基(尽管它们也会跨越空间去和其他的运动建立联系)。其三,它们行动的目的不外乎三点:集体消费、文化认同以及政治自主(见Castells 1983:328)。将上述三大主题融于一体,这些运动抵抗着被私人资本、削弱了本土背景的“信息主义”和日益冷漠的国家主义所控制的城市系统。

随着20世纪60年代末激进派政治的觉醒，卡斯特尔于20世纪70年代展开了他的研究。在这一阶段，他将城市社会运动视为通过与工人和其他左翼运动结盟而实现更广泛社会变革的潜在推动者（见Castells 1977）。卡斯特尔的这些早期研究认为，新社会运动的崛起十分符合马克思对社会危机和社会变革的分析；与此同时，其他的许多研究则认为新社会运动所追求的利益和目标中蕴含着对马克思主义政治的批评，尤其是太过重视资本主义经济关系和阶级斗争的批评（见Touraine 1981）。后期的卡斯特尔则大刀阔斧地修正了他的理论，不再重点关注那些基于物质不平等或阶级关系的斗争。在《城市与草根》（*The City and the Grassroots*）（1983）中，卡斯特尔分析了旧金山的男同性恋解放、拉丁美洲城市的占屋斗争，以及20世纪70年代马德里的城市运动等等。这些后期研究认为，城市社会运动的核心不再是经济不平等问题，而是文化认同与"符号性"维度的问题。随着其理论的不断发展，卡斯特尔将城市运动重新诠释为一种关于城市身份认同、城市意义以及城市资源的斗争（见Castells 1983，1989，2004）。当然，你可能会说，不管什么样的斗争，只要它是有关城市资源的获取或分布的，就一定蕴涵着对意义的争夺。但是，这里的重点在于，以往"旧政治"的主要矛盾是经济资源分配问题，也就是"谁拿了什么"的问题，而对意义的争夺只是次要的，间接的；但在这些新城市运动中，对意义的争夺成为首要任务。简单来说，人们想从城市中获得各种各样的东西，因此对于何为"好"城市的不同见解成了政治行动的基础。在该语境下，卡斯特尔研究的价值在于，其既未将此还原为经济冲突的优先性主张，亦未还原为关于个人形象的政治奇想。城市是为了什么，城市是为了谁，是一个多样的社会、经济与文化诉求的问题。种种异见在空间与权力的斗争中展开，画出城市差异与分隔的界线，在关乎意义与表征的论争中一决胜负。

城市社会运动中的政治问题也和城市空间的斗争高度相关（见 Mayer 1999；另见 Pickvance 1995）。城市空间的分割以及空间功能都和“谁能够使用”的问题有紧密的联系。社会运动使城市空间在所有权、获得、使用和意义方面政治化了。例如，当棚户区居民或城市旅行者占用空置的建筑物或土地时，城市中有关私有财产的主张则会至少暂时性地服从于那些将住房作为一项社会权利的主张。显然，社会权益大多不像财产权那样享有法律效力，但占屋运动所挑战的正是城市中这种“理所当然的”私有财产秩序。这些运动，用德赛都的话来说（1984：37），是一种“在敌人视野之下进行的”战术活动，一种“弱者的艺术”（无家可归者、失业者、辍学者等多被强者秩序排除在外）。类似的情形在规模效应以及收复街道联盟中也可以见到，这些运动对公共空间的私有化和监管、城市环境的具体化或机动车的普遍性提出了质疑。这些政治形态挑战的是控制着城市秩序的资本和发展逻辑。尽管各个运动都只关注一个非常特定的问题或地区（比如某个垃圾填埋场、某个道路项目、某些开发者），但他们都具有相同的政治形态，使用相同的语言、形象和战术（见 Mayer 2000）。这种运动将城市空间政治化为一个充斥着各种矛盾的场所——共有财产和私有财产的矛盾、发展与环境质量的矛盾、是否使用汽车的矛盾等。而其政治手段则多为空间战术，比如抗议，或者对建筑的占据和破坏等（见 Cohen 1993；McKay 1998）。可以说，城市空间既是政治代理的对象，也是政治代理的媒介。

这体现了城市“空间政治”的双重意义。这些社会运动以城市空间的使用和意义为斗争的目标，试图通过实践来改变它们。其空间实践的模式在破坏已有空间实践和资产所有权的同时，向城市自由提出了具体的诉求。当然，这些实践方式也并非都是通过暴力完成的。比如示威游行就可以以一种文明的方式进行：遵照明文规定的条款，在市政权威或警察的允许下占据公共空间。这就像是一种文明的会战，所有的过程和操作都公之于众（虽然其中不乏对官方领地的入侵和小规模的反抗行为）。我们不妨把这种空间政治理解为城市中“对立空间”（列斐伏尔的用语）的短暂产物。这些场所不满于资本对空间的控制；它们是“使用价值”的空间而不是“交换价值”的空间。对此，列斐伏尔（1991：381－2）十分简明地指出：

> 与建立在交换基础上的社会背道而驰的是使用至上。数量的反面是质量。实践告诉了我们对立空间的构成。当一个社群开始反抗城市高速公路的建设或是住房的发展时，当它开始渴求空闲的空间以供娱乐时，我们便能看见对立空间是如何将自身置入空间现实之中的。

对立空间既是一种实践，也是一种政治学想象力。在理论中，它们以反抗者的姿态对常规的空间秩序提出异议；在实践中，它们通过对已有空间的重构实现自身。列斐伏尔对巴黎中央菜市场的研究向我们展现了一种匠心独具的空间功能的“转移”。一直作为巴黎的中心市场存在的中央菜市场，在 1969 年到 1971 年间历经了一次功能性的变革，从市场“转变为一个节日般的集会地，一个年轻人的娱乐中心”（1991：167）。在这之后，巴黎一次更为丑陋的城市更新计划又将其变为了商业空间以及被异化了的娱乐空间。城市中的这些对立空间或长久，或短暂；或坚韧，或脆弱；或平庸，或猎奇。但总而言之，它向我们昭示着一种对资本主义统治的反抗，代表着在管控与秩序之地中的一块自由土壤。

新社会运动拒绝将政党作为政治活动的主要模式；他们认为，每个个体都可能参与各种不同的政治，加入各种各样的联盟。比如，有关城市保护的政治主张便宛如一个五光十色的大联盟，其中既有保守派，也有激进派，既有关注自身利益的常住居民，也有各地奔波的环保主义者——但他们都有着共同的目标，即反对某个城市发展项目（见 Lefebvre 1991：380 - 1）。机场噪音、道路或建筑项目和新的麦当劳品牌店的幽灵等都能成为人们共同反对的目标。这些运动可能会参考各种各样的政见，比如反资本主义、无政府主义、环境政治等，但他们却不会加入任何一个单独的政党。因此，传统的政党模式（包括对入党宣言和党员身份的重视，以及由党员提名的入党方式）对他们并不适用（见 Lefebvre 1991：381）。并且，也只有在城市这样一个复杂的社会空间中，这种联盟组织才有可能实现。尽管这些运动将城市空间政治化为充满斗争的场所，但也正是城市促进了这些社会运动的发展，为其政治组织和政治行动提供了大量的空间和社会资源。首先，最为明显的一点就是，城市本身的公共空间——街道、广场、公园、桥——为政治运动和联盟提供了一种非正式的空间基础设施。其次，城市为信息交流和组织动员提供了便捷的网络——从星罗棋布的交通网络，到鳞次栉比的出版机构、广播媒体，乃至街头张贴的传单广告和涂鸦。最后，城市能够将各类社会网络团结起来，以支持各种压力团体、政治活动或社群运动。尽管这些群体本身往往已经发展出了一套在空间中交换信息和动员的方法，但我们依然不能忽视城市为其提供场所的重要性。这些场所大大加强了群体的组织性、集体性、自发性以及团结性的空间表达。最后，城市有助于利益共同体的形成——无论是基于身份、意识形态还是“生活方式”——这为在空间中定位政治提供了规模效应。

广义而言，社会运动和政治运动未必以城市或空间为焦点，但他们仍然或多或少地享受着城市带来的空间资源和政治资源。列斐伏尔和哈维表示，所有的政治都蕴含着一种重构空间的力量。列斐伏尔（1991：386）曾说：“如若一人渴望权力，那他怎能不去争夺这权力的栖居之处？”尽管许多运动已经建立起了新式的信息设施，以供其跨越空间地进行扩张——比如一些反全球化或反资本主义的运动——但它们仍然会落实在具体的城市空间中，比如在西雅图、华盛顿、布拉格、热那亚等地的抗议行动。这些行动——如 20 世纪 70 年代末至 20 世纪 80 年代发生于圣保罗和金斯敦的 IMF 暴乱（对国际货币基金组织的抗议）（见 Walton 1987）——将全球性的反抗落实在了一个个本土性的政治运动中。这种空间政治具有一种高度符号化的形态，通过政治先锋和资产阶级官员的形态（同时包括其喜爱的拼配咖啡以及标志性的汉堡品牌等）对全球化进行实例化。然而，城市抗议同时也代表着更为宏大的空间政治中的某些情景。这些空间实践寄望于在政治经济权威的显形场所（常见于全球北方）与那些散布于无数血汗工厂、种植园或森林中的较为隐形的剥削空间（常见于全球南方）间建立联系。城市抗议的场所在一个与国际关系和不平等有关的更宏大的空间系统中被政治化了（见 Smith 2001）。

至 20 世纪 80 年代末，卡斯特尔研究的重心已从场所的政治学转变到了无场所性的经济学：“流动空间的历史性肇兴正取代着场所空间的意义。”（1989：348）该效果来源于一种“信息主义”的模式，它将生产、消费与交换从各种不同的场所文化中分离了出去。与此同时，反全球化的运动则抵制着这种将意义从场所中清除的

行动。大卫·哈维(1989:238)写道:

> 有许多运动都反对无休止的资本流对家庭、社群、领土和民族的干扰。但同时,也有许多运动反对纯粹以货币表达价值,以及对于空间和时间的系统化管控……随着时间的推进,一个个单独的反抗将联结起来,共同组成一场旨在解放空间的社会运动。

显然,这些反对行动有赖于在不同空间中建立连接,但同时也需要在特定场所和特定时间进行本土化。“流动空间”——如果它提供了对不断变化的社会经济条件的分析——也是权力运动的托辞,尽管如此,权力在某些地方和特定的行动者那里仍然非常可靠。这种抗议政治不相信无界流动的假说(或意识形态),总希望将权力固定在空间中。城市治安以及本土秩序的维护者(有时作为全球资本的羽翼出现)往往是确保该斗争本土化成功的手段。此外,在贸易谈判、总统访问和金融会谈场所周围设立的禁区,以及反资本主义或反帝国主义抗议活动所遵循的警务形式,清楚地标志着城市公共空间和抗议权利的界线。现在,公共空间便是我们将要讨论的问题。

公共空间的使用

城市中抗议的形态——不论是把城市作为斗争的对象还是动员的资源——和公共空间有着极为重要的联系。对“公共”和“私人”的区分是社会理论家在分析现代城市组织时经常使用的一个重要方法,并且这种区分可以清晰地展现出城市的空间划分(见

Lofland 1998)。这种方法使思想范畴得以在空间中延展并变得“真实”。但是，尽管概念上的公共领域与空间上的公共领域二者总是并行，我们却并不完全清楚(乃至完全不清楚)公共空间是如何与公共领域这一概念相联系的(Amin and Thrift 2002：136)。现在，我们不妨用一种草图式的方法来思考公共空间。首先提出三种公共空间的理想型，分别对应三种与他者相处的模式。这三种理想型是：(1) 广场——代表着集体归属感；(2) 咖啡馆——代表着社会交换；(3) 街道——代表着偶然的遇见。广场型的公共空间往往由国家提供并予以保护，城市使用者们(即市民)平等地享有自由出入的权利。这种空间可以是象征性的，纪念碑式的，如有纪念建筑物或雕像的市民广场；也可以是本土化的，日常性的，如公园、城市绿地等。这种理想型虽然最容易理解，却也最为深刻，其中蕴含着的是对政治社群或市民身份最直接的空间表达。也就是说，对公共空间权益的诉求体现着一种日常性的社会归属感和政治归属感。

第二种公共空间的类型指向社交、交换和与他人遇见的场所。这些空间可能是私有的，被管控的，但仍能使人具有一种身处公共空间的感觉。列斐伏尔(1991：57)指出，不论资本再怎么努力，“事实就是，公有的、共享的空间总是会继续存在。对它们的占有和消费永远不会完全私有化。咖啡馆、广场和纪念碑就是这样的例子”。当我们在这里说到一个空间的“公共性”时，我们并不是在关心这个空间的所有权或主人，而是在关心这个空间能够带来的公共生活。尤尔根·哈贝马斯(Jürgen Habermas)(1974)有过一段著名的论述，他认为，在18世纪的伦敦，沙龙、剧院和咖啡屋是重要的资产阶级公共领域。在这些场所中，人们可以暂时逃离正式的经济生活，随意地交换意见，建立连接，而不受政治规则或社会地位的束缚。这种“社交性架构”是与新的社会交流形式相对应的空间形式，表现为报纸的传播、大众文学形式的增长和邮政服务的扩展。哈贝马斯认为，这些历史性空间是现代公共领域这一更为抽象的概念的前身；后者现在被理解为一个交流与论辩的场域，其中各种公共意见不断形成、互相争辩（另见Habermas 1989）。相较于其空间化的形态，现代观点更关注公共空间的话语意义，特别是公共交换中交流媒体的作用。即便如此，场所的概念仍然萦绕于公共领域这一概念之上。毕竟，许多18世纪的咖啡屋仍然存在于伦敦——如若不然，那么自由派的闲聊阶级隔着拿铁咖啡交换观点的概念，近年来已经成为保守右翼的一种备用应急措施了。

事实上，对于自由主义观点的轻易驳斥指向针对公共领域的一种基础批判，即它同时作为理想和实际存在——一个几乎完全被它的左翼批评者所反射出的事物。在这些学说中，公共领域的概念仍无可避免地与资产阶级绑定在一起，体现在辩论的结构和情感上（即那些决定了在公共领域中什么是可说的准则），也体现在谁有资格参与公共对话。可以说，在实践中，对现代公共领域的参与并未过多地延伸至特权阶层的人群之外，这些人在哈贝马斯的咖啡屋中平等地相遇（见 Robbins 1993）。虽然这确实是对公共领域理想型的一个有力批评，但“社交建筑”和社会生活的肌理之间有着更广阔的关联。某些社会交际的场所（如酒吧、小酒馆、俱乐部、教堂的社区中心）所代表的不过是一些十分基础的在公共空间中的日常行为（见 Fleischaker 1998）——显然，富有的白人总不至于无处不在。此外，那些围绕着公共场所非正式空间运转的种种排斥（或显明，或隐匿）亦为自由公共空间之一隅，其中展开着各式“对立空间”与他者空间的可能性。围绕着被忽视的或“隐匿的公共空间”，“公共”的不同意义可以得到追溯——对于那些意见被边缘化、相左于主流之人，或是空间自由受制于法律、恶意和骚扰之人，这种空间为他们提供了余地(Gilroy 2003:387;另见 Fraser 1991;Negt and Kluge 1993;Warner 2002)。吉尔罗伊(Gilroy)正在思考20世纪后期英国城市中再现黑人音乐文化的空间，以及这些空间中的声音对于特定身份和归属的重要性。人们可能还会想到用于交流不同意见的私人公寓或别墅;共享或私占的草根空间以及社群运动;年轻人聚集的临时场所;在女性主义政治中颇为重要的女性专属空间;围绕着社会性场所、隔绝场所或行动主义场所形成的酷儿公共空间。当公共领域这一主导概念显得抽象而排外之时，公共空间的可能性，即错综复杂的社会生活建筑，却提供着一种更本土化且重要的方式，用以思考有关社会连接与社会交换的场所。如今，尽管通过媒介的连接广泛充斥于对公共领域的想象中(通过印刷品和电子媒体，尤其是互联网)，但共处同一空间仍然是人们如何与各种“公共场所”互动的一个重要方面。

第三种公共空间还可以指那些较为平凡的公共使用的场所，即那些事实上被我们共享着的场所，而非一种归属感的姿态或作为社会交换的场所。街道，作为城市中公共生活的基本单元，即是最显明也最优秀的共享公共空间的实例:个体们得以在此互动，不论这种互动多么微小。这是将公共空间视为一种“边缘邂逅景观”(Gornick 1996:2)，而不是一种社交建筑。在这些人行空间中，我们有义务去容纳那些声称与我们一样的人，至少在原则上。在城市街头与人行道上，在路边长椅旁，在聚会场所中，在公共交通和等候汽车的队伍里，对平凡却重要的公共空间的一致诉求使社会差异得到了消解。至少理论上如此:事实上，当不同个体们简单的街道权利被限制之时，正是现代城市中排斥和管制的逻辑得到显形之际。我们将在本章的后半部分回到该问题;现在，让我们先着眼于这个最小的公共空间中的社会参与规则。

公共空间的微观政治学

街道，作为城市中一种最简单的公共空间形式，比它看起来要复杂得多。这些日常公共空间具有不同的用途和意义：它们是出行的手段和媒介，是聚会或闲逛的场所，也可以是事物显形的公庭，是抗议的场地。如何分辨并实现这些不同的空间用途是人们需要掌握的一门技艺。简·雅各布斯(1964)就曾将之形容为"街道芭蕾"——人们不得不在一个逼仄的空间内面对许多他者的存在，这之中的协调和斡旋就如同一出未经排练的即兴舞蹈。伊文·戈夫曼(Erving Goffman)也有过类似的论述。他说，在公共空间中，一种不成文的规矩、一种缄默的法则主导着人们的行为，维系着人们之间短暂的、最小限度的联系。他认为，"在城市街道中，陌生人之间总有一种心照不宣的信任"(Goffman 1973：17；另见 Goffman 1963)。相较于这种温和的说法，列斐伏尔(1991：57)的描述就显得有些率性。他直言道："街道中的个体不应该攻击他遇到的人。"总之，每个人对于如何对待陌生人都有一种分寸感，并且所有他者都认可这种分寸感，将其默许为一种不成文的共识。所以，当有人在公共场合侵犯到你的个人空间时(比如公交车上的陌生人将头倚在你的肩上，或不断盯着你看)，这种不适感不仅是生理的，也是社会的。毕竟，每个人都知道(不过我们不知道他们是如何知道的)在街上、在地铁中应当遵循何种礼仪和行为规范。对这些礼仪规范的藐视也就是对社会契约的藐视。

对此，以利亚·安德森在对费城的民族志研究(1990，1999)中提出了批评性的观点。相较于雅各布斯和戈夫曼，安德森的研究模型较为令人不安，因为他对城市矛盾的研究中充斥着种族和阶级问题。安德森并没有将公共空间中的陌生人一视同仁地作为一个整体来看待，而是更关注在某些特定空间中特定类别的陌生人（另见 Lee 2002）。在《街道智慧》（*Streetwise*）（1990）一书中，安德森对两个毗邻的街区——他将其分别称为“诺斯顿”和“村庄”（另见第二章）——进行了田野调查。这两地曾是白人工人阶级的地区，随后都变成了过渡区，并且都在 20 世纪后半叶经历了本土黑人人口的大幅增长，以及 1960 年后的去工业化。而在更近一些的时候，这两地又都受到了中产阶级化运动的影响。在安德森进行研究的数年前，大量黑人中产阶级居民搬离了诺斯顿；但同时（自 20 世纪 50 年代开始），大批白人中产阶级（多为自由主义者和波西米亚主义者等）不断涌入村庄。当诺斯顿的黑人不断增多，经济逐渐萧条之时，村庄则正好相反：白人不断增多，经济也愈加富裕。如此，毗邻的两个社区便讲述着两个截然不同的城市故事——一种是迁出和日益贫困，一种是进入和中产阶级化——种族的影响至关重要。在这种背景下，邻里关系表现为空间邻近性、加剧的经济分割和脆弱的社会遭遇的复杂组合。

在第二章中我们已经看到，这两个街区经历了芝加哥学派早期城市社会学中详述的那种“解组”——人口转移、经济重组、社会分裂。安德森的民族志研究则进一步帮助我们理解这种过程是如何影响本土空间的。一方面，社会空间的“解组”使得街道难以被解读。安德森认为，在街区的边界上与他人相遇并不是简单的“公共空间中的规范行为”问题；应该说，这些边界上的纠纷涉及的是“熟悉的陌生人”间十分确定的矛盾关系，而这种矛盾关系往往是由差异性造就的。此处，安德森提出了两种公共空间中的行动模式——他称之为“街道礼仪”和“街道智慧”——并用它们的差异来对此进行进一步解释。街道礼仪比较类似戈夫曼描述的情形，指的是人们在街道中遵循一种最低程度的行为准则，以此来适应他者的存在。采取这些适应性行为的人们未必有多么信任彼此，但至少不会主动地表现出怀疑。在许多空间环境中人们都遵循这一套法则，比如“路过行为法则”（当与其他人走在同一条道上时如何避让或者超越）、“眼神交流法则”（当别人盯着你看时，短暂地与其眼神交流以表示知晓他的存在，随即移开你的目光）、“有教养的冷漠”（故意无视他人的冒犯行为），以及如何使用面部表情、如何处理金钱等（见 Anderson 1990：213－21）。诚然，一味地遵循这些法则可能显得太过墨守成规，但它至少为人们提供了一种“保护外衣”，以抵御在公共空间中与陌生人的接触。安德森认为（1990：230），这些法则如同“障目之叶，使得人们无视他人哪怕最显眼的差异特征（比如肤色、着装）”。换言之，街道礼仪是一种一视同仁的防御策略，可以帮助人们回避一切来者，而不对其进行任何的区分。质言之，歧视的基线就是种族：白人们总倾向于通过贫乏无力的逃避策略来应对与黑人陌生者的相遇。

与之对照的则是“街道智慧”，指一种更加微妙、更富策略性的处事方式。这需要人们对街道做充分的“田野调查”（当然无需那么正式），对各类事物的差异了如指掌，以便应对许多不同的情形和人物。这是一种可以转化为社会实践的实用的空间知识形式，简单地说，你不能以同样的方式应对每一个人。这种智识基于对一个地方的熟悉——街头人士是公共空间的“老手”（1990：232）——以及一种社会理解力的形成，这种社会理解力可以解读街道上的小标志、某人穿着或走路的方式、一种表情或“氛围”的含义。关于街道智慧和街道礼仪，安德森写道（1990：231）：“就如同手术刀和短斧。一个能刻划出精巧的细线……另一个只能劈凿出粗野的斫痕。”那些“街道愚夫”们总是难以在城市中怡然自乐，他们只能想尽办法退避遁逃；而“街道智者”们则无需躲闪，可以真正参与到街道中去。这种智慧并不仅仅在于如何解读“不完整的陌生人”(1990：212)，还包括如何在公共空间中表现自身，即如何展现自己的性格。这里的要点很类似与人交流时的一个技巧，即如何做到不惧怕他者的存在。放到公共空间里来就是，如何表现出一种“我不会是受害者，但也不会是加害者”的感觉。这并不需要你努力增强对他人的信任，而更在于如何尽力展现出自信：包括做好向陌生人回话(或率先发话)的准备，以及轻松的眼神与肢体语言的交流。并且，越是在紧张险恶的环境中，这种街道智慧——作为一种空间策略——越是重要。安德森在他之后的作品《街道法则》(*Code of the Street*)(一部有关费城内城区的书，其地凶宄猖獗、群民失信)中有这样的记载：“这里的人们告诉我，‘知道现在的时间’是很重要的——不是通过看表，而是看人、看地方、看情形。”(1999：23)

通过这些理论，安德森希望向我们表达的是：街道不是一个社会遭遇的抽象空间，而是一个充盈着各种社会法则的危机四伏的丛林；在公共空间中行事，也不单单是去适应一个个面无表情的他者，而是要根据你可能遇到的人来调整自身。他发现，即便人们努力想要消除种种差异，种族和阶级的元素仍然无孔不入地出现在街道的芭蕾中。譬如，对村庄中的自由白人需要通过具身劳动来达到某种安逸：“要以中产阶级的身份身处城市之中，就必须容忍工人阶级和穷人与自己共用同一空间。”(Anderson 1990：216)与之相应的，对于那些身处街道或社区日常政治中的黑人男性而言，街道智慧就显得十分必要了。因为在这些环境中，“性别为男、肤色为黑”常常被视为危险的讯号(1990：230；另见 Chiricos et al. 1997；Keith 2000；Lane and Meeker 2000；St. John and Heald-

Moore 1995,1996;Parker 2001)。在与警察的遭遇或近似遭遇中,情况便显得尤为敏感:长期以来的不愉快经验(无论是他们自身的还是他人的)导致年轻一代的黑人男性很难获得安全感。这又进一步加强了街道中的“短斧”法则,即人们只通过最粗糙的方式来区分陌生他者,以此来躲避一切可能超出熟悉范围之外的遭遇。在安德森的研究中,公共空间的微观政治中充斥着这种“不完整的陌生人”:决定一人形象的是其阶级象征(譬如,一个打领带读报纸的男人不会被视作一种威胁),抑或一种常常未加反思的条件反射式的种族观念预设。在街道规则的本土化过程中,在这些规则塑造着来往行动者们的肤色与形象时,安德森寻获了种种典型的与他人“共存”于共享公共空间中的社会距离模式。

公共空间的私有化、排斥和秩序

安德森的分析指出,街道的运作方式会随着街道中的人而发生变化,而差异性在公共空间中的运转方式质疑了这样一个基本观点,即对共享空间的使用权利是政治成员或社会成员的基本表达。该观点尽管简单,却不失其重要性。譬如,城市权利运动和女性运动都认为,对普通公共空间(如在公共汽车上、在用餐中、在街上等)的平等使用的诉求从日常角度体现着更宏大的对平等的主张。然而,有各种手段(或官方,或私人,或常见,或隐秘)使得公共空间的使用权被监管、限制或拒绝了;而这些手段不断提醒着我们平等在实践中的局限性(见 Mitchell 2003)。很明显,拥有不平等的公共空间使用权——在城市中,或在其他地方——就是某些人比他人更平等的方式。

如前所述,公共空间最基础的理想类型正是基于平等的自由出入的权利。然而，公共空间的现实生活表明，这些空间并不是纯粹从进入的角度来构成的，而是通过管控和排斥的形式来组织的。现代城市公共空间和私有空间之间不稳定的界线则是监管最集中的场所。城市环境的“私有化”，使得公私空间的分隔变得困难。这不仅有关私有财产的发展与再发展，也有关以私人利益为目的对公共空间和服务的使用，并且在城市政府私人利益的角色中亦有体现。当公共交通被私人拥有时，当城市计划与决策服务于私人利益时，当公共空间的使用取决于私人消费时，公私之间的界线就变得模糊了。此时，对界线的处理变得十分复杂，它涉及对空间的划分、对行为的管理，以及对身体的划分。公共政策、私人安全、社会性厌恶、敌对或骚扰、消费和行为法则等众多因素交织在一起，共同决定了公共空间的进入法则以及私人空间的排斥法则。

对某些批评家而言，城市公共空间范围和价值的受损标志着公共生活的普遍贬值，以及对“公众”可能是谁的包容性观念的失败。在这种意义上，城市的私有化既是经济上的，也是文化上的，它不仅改变了城市空间的所有权，同时也改变了城市体验的维度。理查德·森尼特(1974)《公众的堕落》(*The Fall of Public Man*)将城市视为公共生活的舞台，同时也是当代转向私人生活的舞台。在森尼特的理论中，现代性的矛盾(也就是齐美尔所说的个体性和集体性间的紧张关系)以一种全然对个体有利的方式被消解了。和齐美尔一样，森尼特描绘了城市主体的精神生活、社会互动的模式和城市空间秩序间的关系，勾勒了晚期现代转向私密性的轮廓——在其各种形式的社会性孤立、以自我为中心的心理状态，以及自恋式的消费主义中——这也可以在城市的表面看到。在主体性的层面，对隐私的崇拜“将幽闭恐惧症上升为道德原则”，关于自我的作品和亲密的戏剧成为道德生活的中心(1974:295)。同时，这种私密性也体现为一种空间准则：如果陌生人和我根本没有什么关系，那又何必与其共享同一空间？在私有化广泛渗透于城市空间之时，我们能清楚地看见这种主体性的转变。森尼特坚称，当城市越来越多地屈从于私人消费和私人利益时，其公共空间的轮廓和意义便被重新绘制了。尽管森尼特以纽约为研究案例，但他的观点绝不仅仅适用于纽约，而是普遍适用于城市中私人发展和公共使用的平衡问题（这些问题恰恰在他写出《公众的堕落》后迸发了出来）。在大量发达的或发展中的资本主义城市，出现在公共空间中的事物越来越多地成了私人发展的附属品——天井、露天广场、迎宾门廊——在私密性信奉者的眼中，这些不过是一座座空置的圣堂。作为开发者所提供的空洞市政姿态（为规划许可付出的小小代价、逃避高度或街面限制的小贿赂，或仅仅是关乎标准化的后现代风潮），这些“死寂的公共空间”的边角经常被潜在的公共使用者认为是空白的、充满禁制的或拒人千里的（1974：12；另见 Sorkin 1992）。

公共空间的变形或消失可以被视为公共生活式微的标志，同时也是其衰落的成因之一。那削弱了所有关于公共领域之内的连贯概念的过程同时也导致了公共空间的降级。对共有空间的权利是一种显明、常规且基本的对公共归属感的表达。一个不可接近、无法调和、过于昂贵，或已被私有化翦灭了的公共空间，总包含着公共感的凋零，但正是这种公共感才首先使得种种发展得以适恰。这种过程之所以会被加强，有赖于这样一个事实，即对公共空间的诉求往往体现着一种广泛的可能性（原则上，任何人都可以使用港边公园）；而对私人空间的诉求却是直接可以计算的（港边餐厅的300个座位、港边公寓的租位）。当消费成为“主要的城市功能”（Christopherson 1994：410）时，私人的消费空间便将成为当代城市设计的制高点。洛根和莫里奇(1987)认为,使用价值与交换价值间的矛盾对城市的塑造十分重要;并且从公共空间到私有空间的转变中,这种矛盾愈发明显。当然,我们很难认为公共空间的使用价值(如城市花园、体育场等)胜于财产市场中潜在的交换价值。若说不同类型的公共空间代表着不同的共存方式(集体性、社会交换、非正式邂逅),那么公共空间的私有化便抬高了基于私人利益的关系。在一种不悦的循环中,公共空间的缩小既是公共性作为社会价值地位下降的一个标志,也是其削弱的一个关键因素。

麦克·戴维斯(1990:226)指出,要想了解城市生活中的公共空间已经贬值到了何种地步,很简单,只需要想一想人们提到"街民"时的厌恶感。显然,街道(以及与街道相关的事物)已经成了被怀疑的对象,充斥着边缘感、犯罪以及功能故障的气息。它们与社会和空间秩序格格不入。通过街民的表征,我们看到,无家可归的问题以一种可见的形态变成了街道上无家可归者的问题;一个广泛的社会环境问题被还原为一种无法容忍的公共场面——当街乞讨、露宿街头、酗饮达旦。对此,有一种观点认为,应当进一步限制并丑化公共空间,以达到驱逐人群的目的。譬如,应该设计出一种"狰狞的街道环境",包括狭窄的座椅设计和局促的门店排布。这样一来,公共空间中的人们便不能卧倒,甚至无法安坐(1990:232;另见 Lippard 2000;Mitchell 1997)。这种排斥策略部分构成了戴维斯所谓的"建成环境中的社会关系",即城市空间书写与再现社会和经济分裂的方式。毕竟,城市中政治经济的问题并不取决于"谁拥有什么",而是关乎该空间经济是如何被出入权、排斥和控制权所控制的。在写到 20 世纪后期的洛杉矶时,戴维斯对空间中的权力印记做出了十分激进的分析。他认为,私有化逻辑已然殖民化了这座城市,这意味着那些真正容许随意出入的公共空间正在逐步恶化并被摧毁；而"伪公共空间——豪华商场、办公中心、文化卫城等——处处都有无形的标志，警告底层的'他者'"(Davis 1990:226)。这种精心设计的城市语言充满着歧视，正如我们在门禁政策中见到的那样。尽管这些有关空间使用权的歧视性规则并不会公然张贴，而是以种种蕴含着社会区隔的暗示性符号出现；但是，对于真正的"贱民——无论是贫穷的拉丁裔家庭，年轻的黑人男子，还是无家可归的白人老妇"——而言，这些符号背后的意义"总是一目了然的"(同上)。这种关乎排斥的符号学(他指出，尽管连许多建筑学批评家们都不曾留意，其实常常"如招摇过市的白人警察一般醒目")如同防御工事的第一线，将各种具有破坏性的、不受欢迎的抑或完全无利可图的存在拒之门外。

尽管这些社会区隔的标志已然为私有化空间或"伪公共空间"画出了界线，但城市分割线仍然有明确的武力支持——排斥的符号学并不总是足以确保人们安静地离开，留在外面。在戴维斯眼中，洛杉矶这座深度割裂的城市在空间和社会分隔上已经完全"军事化"了——越来越多的安保和监控措施(其中相当一部分亦是私人化的)被投入使用，以确保富人的口袋免遭穷人觊觎(另见 Fiske 1998)。在戴维斯看来，一种高效的"城市隔离"制度已被建成，城市中的空间和社会群体被"粗暴地分开，(人们)要么身处富饶社会中'严受防护的单人间'，要么流落于一块块'恐怖之地'——警察与涉罪穷人的交锋是这里的日常"(Davis 1990:224；另见 Massey and Denton 1993)。在这种意义上，私人安保的目的是巩固和守护富人的财产，而公共安保(包括越来越多的具有攻击性的治安方式)的目的则是维护穷人的秩序。戴维斯的研究极具批判性地为我们展现了洛杉矶的历史和现状；但显然，其中展现出的有关城市前景的宏大草图绝不仅限于这座城市。在描写洛杉矶城市隔离的

"种族隔离"策略，或在高度隔离的城市地区种族差异的"阿尔斯特化"(Ulsterization)时，戴维斯将那种破坏了南非和北爱尔兰城市面貌的野蛮分割视为其他城市的未来模板——由种族和文化划分，被不平等割裂。他指出，那些标志着分裂城市最极端情形的暴力、军事化与分隔的模式现如今已作为一种城市秩序的标准化策略而存在。

围绕着致力于区分和管理当代城市的安全策略，戴维斯提出了一个有说服力的案例。他对洛杉矶所做的令人忧惧的分析表明，充斥着戒备和压迫的未来已经来到了我们身边——或至少是部分人的身边。但是，戴维斯对建成环境的社会关系、排斥的符号学和有关公共空间控制的关注，也可以以一种不那么暴力的维护城市秩序的方法来加以描述。具有攻击性的管控策略之所以被采用，是因为主导着城市空间中关系的规范性秩序正在逐渐崩塌。这些危机时刻对通常用于规范城市公共空间更广泛的"空间共识"提出了质疑。列斐伏尔认为，这种"空间共识"通过空间使用法则来规定正当的空间行为和可被接受的使用种类。空间共识还"价值化了人们和特定场所(如商店、咖啡厅、电影院等)之间的关系"，并附带了一套关于人们在这些场所应该如何行为的惯例：

> 某某空间应当是免于纷争的，应当是安逸快乐的……人们不应该为了争夺座位而大打出手；空间是可以自由出入的。如果可能，人们应该遵循"空间关系学"，以保持有礼貌的距离。(Lefebvre 1991:56)

这种空间协议是城市社会契约的基础，也是文明进程的一部分，就像"禁止对儿童、妇女、老人或一般公众做出无礼或冒犯的行为"一样(1991:57)。因此,就日常实践的层面而言,城市秩序的问题就是灌输并维护该共识,使可能反抗之人首肯,令拒绝服从之人离开。列斐伏尔或许认为这种空间共识在本质上是保守的,但是,我们很难认为任何一个希望过得愉快(或安静)、避免麻烦,并得到空间上尊重的人有什么错。更关键的问题如苏珊·克里斯托芬森(1994:413)所提出的:"为了确保这种安全,人们愿意接受什么样的规则和干预?"

维护城市空间秩序的规则既包括身体行为的默契准则,也包括法律的有力武器。在初级阶段,城市空间通过眼睛、可见策略和监控来管理。在空间管制中,视觉秩序与公共秩序紧密关联。雅各布斯(1964:45)曾提及"街道之眼"作为一种非正式的治安手段的重要性,公共空间中各种普通人的在场就能起到监督与约束行为的作用。在她的理论中,人们在一个熟悉的空间里四处走动,观察着发生了什么,维持治安,这就确保了街道的安全。普通社会行动者通过确保公共空间中发生的事情被看到,以这种方式加强了空间共识。闭路电视的广泛使用亦体现着同样的逻辑,以一种警告性的方式,在监管财产的同时,也如同用一双模糊的眼睛监管着公共空间中的人们(见 Crang 2000;Fyfe and Bannister 1996)。雅各布斯认为,机警的居民与店主能够起到一种威慑的作用,而摄影机只能作为事件的旁观者。作为一个被动的观众,摄影机模仿着公共空间中行为者们的常见姿态。与上述可见性的逻辑相反,"不看"有时也是一种维护空间秩序的方式。有时,空间秩序的表现正是通过不去看、通过让人和事件不被看见——忽视处于困境中的人,无视那些奇异的或具有攻击性的行为,不理会那些向你要钱或时间的人——来维持的。这便是安德森(1990)所说的"有教养的冷漠":人们通过抹除他人的行动或存在以确保自身的安全。若说可见性是城市秩序与管控中的一个重要元素，那么选择性的无视便是个体们在日常城市空间中普遍采用的一个防御策略。

当空间共识无法达成时，治安便迫在眉睫了。针对公共空间的治安往往聚焦于某些令人忧虑的界线问题，如冒犯行为与违法行为的边界、私人财产与公共财产的边界、治安与安保的边界、个体自由与公共要求的边界等。这种矛盾在治安的空间策略中显得尤为尖锐，包括关于社群或社区的种种治安形式，“生活质量”和“零容忍”计划，针对公共空间的监管以及扣留搜查的手段（见 Body-Gendrot 2000；Burskik and Grasmick 1993；Chambliss 1994；Cunneen 1999；Davis 1990；Evans 1995；Greene 1999；Herbert 1997；McArdle and Erzen 2001；McLaughlin and Muncie 1999；Skogan 1990；Smith 2001；Walklate and Evans 1999；Wilson and Kelling 1982）。这些公共空间治安模式以特定方式定义了秩序问题，以及确保秩序的适当手段。零容忍计划，一个出现于 20 世纪 90 年代纽约的城市治安策略，意义尤为深远——这并非由于其手段多么激进，性质多么特殊，而是因为它似乎集中了一系列关于城市空间秩序更广泛的议题。因此，其公共空间概念超越了零容忍的“名头”，体现了城市控制更广泛的合理性。这一治安框架内的一个关键问题是城市中的日常“生活质量”，以及对降低城市环境氛围和安全的行为形式的管理。在这种城市空间管理方法中，没有事物可以被忽视或不受监管；反社会行为或简单的恼人行为不仅被视为生活质量问题，而且被视为导致混乱或犯罪行为的原因。零容忍计划管制范围极广：占道骑车、游荡闲逛、乱扔垃圾、随意涂鸦、翻越栏杆、蓄意破坏、露宿街头、当街行乞、违法的街道经营、微小的街道违规——凡此种种，无所不包。一旦违例，便将面临扣留、搜查、警告、罚款甚或更重的惩罚。这种治安模式假设轻微违反空间共识和犯罪行为之间存在连续性；铲除小的违法行为可能有助于防止更严重的犯罪。这种做法可能有些道理，但它的一个后果是将各种违反公共空间秩序的行为集结在了一起——从罪犯到无辜者。官方版本的空间共识认为不可接受的事物很容易用治安方案解决。公共秩序和城市生活质量以这种方式提供了一个框架，不仅可以理解和解决反社会烦恼或轻微犯罪，还可以理解和解决贫困或社会危机的症状。这种想法的一个显著例子是官方治安总会将无家可归者或行乞者视为城市风景中的污点——一种公共空间中的突兀存在（见 Mitchell 1977；Smith 1996a, 1996b）。因此，这里讨论的"生活质量"不是无家可归者的，而是被冒犯的过路者的。

简·雅各布斯（1964）在对城市生活的写作中描述了大量的"人行道的用途"——作为通行之地，商业之地，显形与邂逅之地。人行道的主要用途包括安全、接触以及将儿童融入城市环境。她认为，城市生活的这种安全与自由正是取决于这种街道上的生活。那么，城市所拥有的"街道生活"究竟意味着什么？当各种人群在街道上谋生，当贫穷与敌意昭然于城市人行道上之时，街道生活在城市语境中似乎成为了一种婉辞。毕竟，城市威权所欲求的是街边野餐，而不是风餐露宿；而要解决这个问题便是要处理各种不同的人行道使用。在周日早晨、国事访问以及重大体育盛事来临之际，总有许多对街道的社会清理。这代表着一种"净化"形式，即将空间秩序与社会秩序进行联系，并将适当的行为、身体和使用与不当的行为、身体和使用区分开来（见 Sibley 1995）。譬如，有一种街道秩序规定，人们只能在餐厅外的人行道上饮酒，而不能在超市外的人行道上。这些用以排除特定人群以及特定行为的社会差异便增强着对空间的法律管控和经济管控。它们通过制定精细的法律，通过在私人行为与公共行为、财产权利和空间自由间划分社会差异，达到对公共空间"权利"的分化。维托德·雷布琴斯基(Witold Rybczynski)(1995:210)坚称，人们之所以被商场吸引，是因为这些场所"被感知为公共空间，其中管控个人行为的规定能够得到强制执行"。他还认为，这些场所"(在大多数人眼中)提供了一种合理的公共秩序；它保障了人们不受奇异行为的影响，不会被粗野的青年、聒噪的醉酒者以及咄咄逼人的乞丐攻击和威吓"。显然，没有人想要被攻击，但问题在于，使用"奇异行为"这一词本身亦是对他者权利的一种损害。在这种社会畏惧感下，敞开的公共空间(即没有私人安保，没有明确排斥法则的空间)便沦为了一种"奇异"和威胁。因此，某些空间便由于其中的某些行为(乞讨、公开饮酒、无所事事地游荡)或某些人群(露宿者、无人监管的青少年)逐渐变成了问题空间。正如迪克·赫柏迪格(Dick Hebdige)(1988:17)所言，在公共空间的表征中，"青年只会当其存在成为一个问题——或被认为是一个问题时——才会在场"。

城市理论总在赞颂城市自由——一种自我表达的、桀骜不驯的生活方式。如罗伯特·帕克(1967a:41)所说："小社群通常容忍着古怪的行为；相反，城市则加以鼓励。"然而，现代城市可以承受的差异是有限的，这些限度往往也会在公共空间中体现出来。尼尔·史密斯(1996b:230)说道："白人中产阶级对城市社会的消费制定了一套严苛狭隘的社会准则，除他们以外的所有人都被认为是危险且资格不足的。"若说各式古怪行为不过是城市景观的一部分，那么显著的社会危机、精神压力以及贫困等似乎已不能用不守常规来解释了。各种人群对公共空间的出入和使用总被各种法则监管着(无论正式与否)，这些法则规定了什么样的行为是被容许的，以及什么样的个体拥有对共有空间的合法诉求。20 世纪 90

年代后期，伦敦有过一场劝阻人们向乞讨者施舍的公共信息运动。其信息广泛张贴于宣传板与海报上，并经由地铁和轻轨中的公共广播系统大加宣扬。这十分类似那些人们早已熟悉的公共运动，比如要求人们不要在公共空间乱扔垃圾的，比如在人们遇见可疑包裹时提供建议的。因此，他者便成了公共空间中不得不被处置的一种威胁，一种被厌弃之物。此外，当人们被乞讨时，他们不需要做出任何个人的道德决定：遵从政策即可。在被异化的城市生活中，这种官方化的与他人相处的手段使物理上的紧邻与道德上的疏远得以共存（见 Bauman 1990）。

小结

作为以空间形式提出社会问题的地方，城市是思考权力问题的关键语境。城市空间既为官方权威地理提供了舞台，也为另类政治动员提供了舞台，同时它们也是制定某些日常归属权的场所。对于公共空间，本章既描绘了其理想型，又讨论了其普通的日常使用。公共空间，作为一个共有的邂逅与交换的空间，原则上，每个人都享有平等的使用权。从公园和广场到街道和地铁，这些场所并不会——如列斐伏尔所说——完全被私有化：无论是法律层面上（关乎所有权），抑或主体性层面上（关乎共享的使用）。事实上，城市公共空间涉及许多确保秩序和规范公共访问的策略。这些策略都是维护空间共识、确保人们遵守公认的社会行为准则和空间使用准则工作的一部分。然而，由于城市中的种种区分，这些共识并不总能得到遵守。在日常的城市空间中，不平等的模式与排斥的界线随处被强调。公共空间的贬降、消失以及治安不仅关乎这类空间的功能与作用，也在于公共空间本身的意义以及其中可能包含的人群。在这种意义上，公共空间中运行的诸多禁令标志着日常空间中公民权利的限度；街道中的秩序与失序体现着空间被各种形式的镇压和排斥所支配的方式，凸显了当代城市中空间共识的脆弱本质。尽管公共空间的理念意欲把握平等与包容，但公共空间中的真实生活所展现的，却是空间排斥带来的社会分化。

第四章　资本与文化：城市的中产阶级化

从悉尼内城西区不动产橱窗里的一张照片中，我们得以窥见人们曾经都将钱花在了哪里。这张照片不过30年，却已然显露出一种古旧的气质：黑白，褪色，绝非出自专业人员之手。我们之所以能判断出它的年代，完全有赖于那张打字机打印的、粘黏于顶部的价格条。而其旁边的一张纸条告诉我们，如今这笔钱甚至连一辆好车都买不起。这张照片本身不过是一件简单的视觉遗物，充斥着20世纪70年代常见的矫揉造作的风格；但该意象——在一块不尽人意的地区中的一幢普通房子——背后却隐藏着更大的故事。这张照片来自另一个时间，但我们也可以说它来自另一个空间。在它旁边的是一些当今市场的彩色快照，其中几张是在令人艳羡的"内城区"拍摄的。当与这些传统特色和庭院花园的家庭艺术照放在一起时，这张老照片所展现的不仅是其价格的变化，同时也是内城区生活意义的变化。

表征与意义层面的变化能够反映（有时是预示）城市的社会与

物理结构的变化。本章主要讨论的是城市中物理进程与符号进程间的联系；而为了追溯这种联系，我们需要关注内城区在中产阶级化进程下的社会与符号重构。内城区绝不是一个简单的空间事实：附着于其上的各种关联组织标志着文化价值与经济进程是如何围绕着城市形态组建而成的。在城市空间的变换中，经济变化与社会变化两者均有参与：现代内城区的重建关乎其物理形态、经济功能、社会组成，但同时也关乎我们对城市生活的思考方式。近期阶级与资本层面的转换，即新资本主义城市中特定区域加速的中产阶级化，产生了空间分化的新模式，并重塑了城市身份认同。

一直以来，内城区都既是一个社会范畴，亦是一个空间范畴。虽然自芝加哥学派在两次大战之间对现代城市的内城区进行绘制以来，内城区便成了城市社会学中的一个常见主题；但是，其意义的迷雾却可以追溯到那些城市探索者——小说家、新闻从业者、改革者、艺术家、煽动者——他们绘制了 19 世纪城市的地图，围绕着城市中心的破旧街区。这些探索并不仅仅是标志了空间地点，同时也希望对社会世界进行描述。对于在 20 世纪后半叶的城市理论与政策中发展起来的“内城区”这一概念而言，这种双重含义是十分重要的。自 20 世纪 60 年代以来，这种空间与社会的双重性显示出了极大威力，尤其是在一系列针对被社会或环境盲点所困扰的城市区域更新所制定的政治策略中。内城区逐渐被理解为一个被政府严加管制的空间；而这些苦于各种剥夺的受损害的空间正毗邻着那些高速发展的中心，这些衰落的空间似乎污染了那蓬勃扩张的城市景观。对于某些内城区，无论是人口普查数据、政府研究抑或计划调查都将其描绘成贫困的代名词；男性失业、低教育获得度、不达标建筑以及各种其他弊病变得愈发根深蒂固。城市问题的认定便以这种方式与城市地区的建设紧密联系在一起了。

在内城区的框架中，复杂的社会与经济环境可以以相当具体的方式进行空间化。

这种统计学快照——尽管起到了强力表征的作用——却无法真正捕获它的目标；而政策工具也绝非改造城市空间的唯一手段。政策制定者们总会持续不断地被内城区中的其他行动者所干扰，国家策略也受制于市场进程。若说内城区曾经一度是城市衰落与严重社会剥夺的象征，那么现在它愈发成为一块发展之地。近年来，居住开发的新模式已然重置了城市空间，并扭转了内城区生活的意义。

我们的讨论将以城市中产阶级化进程——中产阶级或高收入群体对廉租区，尤其是内城区的革新——为背景追溯上述的这些变化。自20世纪60年代以来，北美、欧洲和澳大拉西亚地区的中产阶级化愈发明显：尽管在不同的城市环境中其形态各不相同，但其中的某些共通之处是显而易见的。首先，早期参与中产阶级化的是某部分特别的中产阶级人群，他们被内城区的低房价、高社会混合程度所吸引（见 Smith and Williams 1986）。这些进入内城区的中产阶级群体排斥郊区主义的生活方式，并且排斥那种素来占据着城市中心优渥地区的富有中产阶级既有的城市生活方式（当然，不排除他们无法负担这种生活的可能）。在本雅明对20世纪30年代柏林西区的描写中，这些优渥的中心地区“摆出一副自满且幽愤的姿态，使其宛如一块待售的聚居地”（1986f：10）。然而，随着这些青睐于廉价房屋的早期中产阶级者的进入，他们对废弃房产的革新却大幅抬高了这些内城社区的价格。并且，这种“中产阶级化的先潮”一旦被打开，中产阶级化本身所带来的影响——翻新的屋舍、全新的消费空间以及中产阶级居民——便取代原先的那种社会与经济的多样化，形成了内城区的吸引力。至20世纪

90 年代，中产阶级化进程已然成了一种新的城市中产阶级的空间表达，其所取代的不仅是工人阶级群体，也包括城市中心收入较低的中产阶级居民。我认为，当中产阶级发展到一个高级阶段时，城市中心的高价房屋便将成为一种普遍现象，而非个例。

这些城市变化有若干明确的社会与经济成因：20 世纪 50 年代以来内城区的去工业化；家庭形态的变化；城市服务与文化经济的增长；城市中土地与房产市场的运转等。同时，中产阶级化的步伐亦导致了两种观点的对立：一方面强调城市经济空间中阶级、资本以及物质生产变化的作用；另一方面强调文化、生活方式以及消费模式。然而，这种生产侧与消费侧的对立却容易让我们忽视，在许多现代城市中，消费产品、服务与空间的生产对于经济积累是多么重要（见 Smith 1996b）。中产阶层不仅代表着一种基于私有房产所有权或城市消费者市场中活动模式的消费阶级，其亦由不断变化的积累策略组成——当城市经济围绕服务、文化与信息的生产被重构时（另见 Castells 1989）。这指向城市消费物理与符号的双重维度。在中产阶级化的进程中，空间的物理生产与符号生产总是并行的，文化意义的扭转也在夯实着社会与空间重构的根基。城市意义组成了结构的一部分；据此，城市建筑、空间与意象得以被创造与再创造。

内城区生活

在现代城市想象力中，内城区一直占据着一个特殊的位置。这块被笼罩在市中心阴影之下的土地向我们诉说着城市最真实的秘密——风流场所、边缘罗曼史、低俗小说、黑色电影、犯罪……当然，对于内城区，我们也不乏理性的解读。芝加哥学派在绘制两次大战之间的城市生态学地图时，就将内城区标记为一种“过渡区”：在人口上过渡，在功能上过渡，在使用与废弃间过渡，在增长与衰退间过渡。但是，从他们对内城区的称呼上——“地下世界”“流浪之地”“不毛之地”——就能看出，城市生态学家们并未能完全摆脱这种世俗印象（见Burgess 1967；McKenzie 1967；Park 1967a，1967c）。我们很容易过度使用刻板印象，城市区域图也很容易在空间上显得死板，但城市生态学地图的本意正是要去捕捉现代城市中人与地的动态混合，要去把握城市形态和城市生活变化的本质。在市中心的经济秩序和郊区的社会秩序之间，坐落着这样一块稍显无序的区域，它正向我们述说着完全不同的故事。

这些故事往往是关于他者空间的。20世纪50年代，当赫伯特·甘斯身处波士顿西区时，尽管初见时的废土荒墟令人沮丧，他仍如此写道：“（西区）让我仿佛置身欧洲。狭窄的高楼，蜿蜒的街道，意大利和犹太人的餐馆食肆，天气晴朗时聚在街道上的形形色色的人们——这所有的一切都为这片土地染上了一种异国的风情。”（1982：11）可以说，正是这种多元素的混合赋予了西区某种“风情”，朦朦胧胧地将人带向了“欧洲”某地。毕竟，单独来看，欧洲可没有多少“犹太餐馆”，而“蜿蜒的街道”也不是西区独有的稀奇事物。我们说，现代城市是由大量的交换网络组成的——思想的、图像的、信息的、人的——同样，内城区也是由大量的异地元素组成的。甘斯所描绘的街道告诉了我们城市生态学家希望在地图上绘制的是什么——人群的混合、意义的羼杂，以及城市交换的流动。值得庆幸的是，甘斯在贫民窟清除计划实施之前为我们记录下了西区的样貌，否则，也许我们现在只能看到更加高耸的楼房和更为笔直的道路了。

对甘斯而言，战后的内城区向我们讲述了一个关于“群体和阶级”的空间故事，其中社会和经济的身份认同总是结伴出现。波士顿西区是城市中的一块种族飞地，其中有大量来自意大利的第一代或第二代移民。它也是一块下层阶级区域，经济困难和住房困难普遍存在。之后的许多理论以各种方式重新研究了这些主题：群体和阶级、种族和经济、人种和贫穷、文化和资本等。在识别并理解内城区的工作中，这种将社会因素和经济因素相关联的做法起到了重要作用，也正是这些因素使得内城区成了政府的难题。至20世纪60年代末，资本遗弃了美国北部城市中这些被指定的“老旧区”，而其人口也随着白人大迁移而急剧下降。资本和人口的撤离使得这些地方只剩下“贫穷”的主体：老人和幼儿、无业者、受教育不足者、无家可归者、罪犯和受害者，以及——也无需隐瞒——非白人群体（见第二章）。无论美国的具体情况如何，这种关于内城的概念一直在传播。例如，20世纪60年代末，被美国国内辩论的话语体系所影响，英国的内城作为一个专门的政府所在地被建立起来，沿着社会-经济赤贫的、种族高度分化的路线绘制地图（见 Blackman 1995：43；另见 Keith and Rogers 1991）。

在公共政策、社会科学和道德恐慌的各个交汇点上，社会和经济病理学似乎在内城区的部分地区汇聚。沿着物理的、社会的，甚至——涉及“贫困文化”或“剥削循环”等概念——心理的界线进行描绘，内城区被规划成一个合适的治理案例。内城区处于当代诸多城市问题的中心：空间上，赤贫的形态似乎总是集中出现；社会上，不平等现象又会被城市的物理组织再次加强。自20世纪60年代以来，政府采取了一系列举措来解决失业、住房质量不达标、贫困、教育失败、受害、健康不良和环境破坏等空间聚集问题；这些似乎是某些城市区域的特点，此时，“内城区”一词为之提供了一个方便的缩写（见 Halpern 1995；MacGregor and Pimlott 1990）。在城市政策方案中，内城区变成了一个不得不被关照的空间：其经济亟须注入新的活力，社会和物理环境也必须得到重建。

中产阶级化和内城区

尽管城市政府的各种政策并未消失，近期的内城区却获得了一系列新的意义。这些意义始于伴随城市更新计划而来的市场进程。自20世纪60年代以来，许多城市（如伦敦、墨尔本、多伦多）都见证了中产阶级居民涌入城市中心（见Smith and Williams 1986；Ley 1996）。当然，相较于战后大批向郊区流动的人口而言，这些流入的人口不过杯水车薪；特别是在上述那些发达的资本主义城市中，郊区化俨然已经成了一种典型的中产阶级的生活方式。中产阶级化类似一种先锋派的实践，代表着少数人的品位。在20世纪60年代和70年代，参与中产阶级化的是一种特定的阶级类型；其中涉及的是一种具有自我意识的另类品位，一种进步的城市政治，并常伴随着较为边缘的经济地位（见Smith and Williams 1986）。在这种语境下，内城区住房将窘促的经济现实与城市真实性或社会多样性的文化优势进行了结合。不过，为中产阶级的特定部分提取这些因素本身并不是什么新鲜事。尽管中产阶级化这个概念一般是指发生于20世纪60年代后的一系列城市变化进程，但这并不意味着内城区此前没有这样的尝试。事实上，在20世纪20年代，欧内斯特·伯吉斯认为芝加哥的内部恶化区“纵然破败僵死，人口静止或下降，但也是一个再生区域，正如传教所、定居点、艺术家聚居区、激进派据点所见证的那样——所有人都沉浸在美好新世界的愿景中”（1967：56）。然而，标志着20世纪60年代之后这段时期的则是赋予了城市中产阶级化能力的社会-经济条件，是迁入者带来的社会-经济影响，是内城区生活全新的文化意义，是高收入人群对现有人群的逐步取代——当然，还有“美好新世界的愿景”。虽然芝加哥学派社会学家从城市中心向外移民的角度理解了城市变化——战后郊区化证明了这一模式——但这里有一个相对优势群体想要重返城市的案例。

在指出各种复兴社会、艺术和政治利益的动因时，伯吉斯发出了一些对后来的中产阶级化描述至关重要的信号。这是城市空间改造中文化与政治的互动。比如，莎伦·佐金(1982)以 20 世纪 60 年代以来曼哈顿下城部分地区的中产阶级化为例，描绘了文化与经济的相互关系。自 20 世纪 50 年代以来，受经济转型的影响，尤其是市中心轻工业和制造业的不断流失，城市中心出现了大量闲置的商业和工业空间(如 lofts、车间、仓库等)，它们租金低廉，但条件也相对较差。这些空间对于艺术家(以及其他的创意工作从业者)而言极具吸引力，因为其地广价低，并且十分靠近格林威治村这种充斥着波西米亚风情的地区。因此，曼哈顿下城经历了一次巨大的空间使用上的变革——从制造业到艺术生产，从工业空间到居住空间和创造性空间。尽管这种转变在初期违反了当时存在的区划法规以及租赁合约，但到了 20 世纪 70 年代，许多艺术家已成功捍卫了他们在这片废弃的工业土地上生活并创作的权利。并且，也正是这种合法性的转变开启了“中产阶级化的第一线”，使得大规模的城市革新成为可能，更富有的居民也因此得以进入(Smith 1986，1991，1992，1996b)。总而言之，中产阶级化的进程以艺术家寻求廉价的工作与生活空间为肇始，逐渐吸引了开发者对市中心区域附加价值的资本化，最终使得该地区的建筑资产得到重塑，文化资产也得到了极大的丰富。

在其他城市——以及纽约的其他地方——故事则有些不同

(见 Carpenter and Lees 1995; Smith and Williams 1986)。这些地方的中产阶级化一般是指对工人阶级区域中破旧的住房(而非工业)资产的更新;其对外来者的吸引不仅在于低廉的租金,也在于这些区域普遍具有的社会融合并靠近市中心。在这个意义上,中产阶级化的经济学与一种非正式的城市政治相结合,这种政治拒绝了郊区的文化同质性和社会一致性(见 Caulfield 1994; Ley 1994; 比较 Smith 1987)。对于 20 世纪 70 年代向巴黎马莱区“流入的大量精英元素”,列斐伏尔写道:“这是一批由知识分子和自由专业人员(或新或旧)组成的精英,他们从不高高凌驾于普通群众之上。在这个方面,他们和那些安居于郊区或城市住宅区中对底层人民漠不关心的老资产阶级截然不同。”(1991:385)列斐伏尔认为,这种阶级政治可能允许“无产阶级乃至亚无产阶级人口”在马莱区继续存在的观点已被证明是十分错误的。资本不过是跟随着早期的中产阶级化参与者,随着中产阶级化边界的不断扩展,为越来越多的房地产开发商、消费者服务以及高收入居民开拓出新的市场——这一点在所有城市都一样。换言之,文化价值和经济价值总是紧密联系着的,并且共同受制于价值化的强烈影响。如果说早期中产阶级化的“艺术家模式”或“手工制造模式”还广泛地具有“血汗产权”的性质(比如艺术家们自建房屋),那么随着进程的不断推进,基于统一标准的中产阶级化空间的大量生产终将成为主流。至 20 世纪 90 年代末,中产阶级化已经成为一种城市发展的潮流,其所基于的不是分割化的阶级政治或另类的城市文化,而是城市中一种雄心勃勃的生活方式。尼尔·史密斯在他的早期研究中认为,20 世纪 60 年代至 80 年代早期的中产阶级化(作为一种对已有房产的更新)和新建的城市发展间尚有区别。然而,当城市发展不断受到阶级同质化的影响,进而愈发具有中产阶级的特色之时，这种区别就不甚明显了。史密斯(1996b:39)直言："中产阶级化已不再是房产市场中那种狭义的、堂吉诃德式的奇谈；它已经变成了一种宏大建构中住房方面的先驱，一种对中心城市景观的阶级重建。"

阶级划分和城市设计

这些空间变化背后有明确的社会因素，因此新的城市中产阶级超越了原始中产阶级阶层的特征(见 Butler 1997；Ley 1996)。这里最重要的当属 20 世纪后期家庭构成的变化。这些变化在城市的社会构成中尤其明显：城市中心双收入家庭增加，还有无子女、同性和单人家庭等各种组合。而原有的男外女内、育养一双子女的典型的郊区模式逐渐式微。特别需要注意的是这些新型城市住户中一种特别类型的女性——她们受教育程度高，拥有全职的高收入工作，并且倾向于不育或晚育。对这类新城市阶级而言，内城区的生活有诸多利好之处。比如，她们的住所和工作场所可能距离较近(这同时能使她们获得更长的工作时间)，她们能更方便地接触到城市中心的消费场所，等等。中产阶级化便在城市中构建出了一种特别的阶级文化。我们应当注意到，这种阶级叙事同时也是种族化的，尤其是在美国。我们已经看到，在白人大迁移等影响下，内城区已经被定义为一片问题区域；然而，中产阶级化的潮流却扭转了这样的局面，即，当白人中产阶级居民大量涌入这片种族混杂之地时，城市人口的基调便发生了转变。对此，洛根和莫里奇(1987:115)评论道："穷人(尤其是黑人穷人)进入'优秀社区'往往被视为一种悲剧性的城市衰退；但富有白人的进入——对于新闻界、公共官僚以及企业家们而言——便值得欢庆了。"财产价值的变动反映了阶级和种族人口的变动。尽管“城市更新”或“城市复兴”这类中性平和的字眼似乎足以“抹去(这些城市进程的)阶级和种族的内涵”,但许多美国内城区的中产阶级化依然会被视为一种“由白人中产阶级完成的城市清洗”(Smith 1996b: 32;另见 Smith 2001)。如果中产阶级化讲述的是一种阶级的话语,那么它是一种被种族、性别、性取向、文化和消费问题所贯穿的话语(见 Anderson 1990; Bondi 1991, 1999; Bondi and Christie 2000; Bouthilette 1994; Butler and Robson 2001; Castells and Murphy 1982; Lauria and Knopp 1985; Quilley 1997; Rothenberg 1995; Smith 1987, 1966a, 1966b; Warde 1991)。

这些城市变化在建成形式,各种更新、改造和发明的建筑中也清晰可见。不同的中产阶级化模式可以被绘制出来,即围绕着棚户区的改造;将工业建筑改建为住宅;以及市中心和周边新建的公寓项目。每一种模式都会改变城市中心生活的基调。在第一种模式中,房屋的重整会在各种常见的房屋类型中建立起不同等级的差异性特征:一个装有翻新窗格的露台或褐砂石建筑所表达的文化主张,明显与其近邻的混凝土前庭所表达的有些不同。在第二种“转变”模式中,废弃的工业或商业建筑则提供了一种新概念的家庭空间,即工业风格的建筑外壳与家装室内设计的融合。而最后一种“创新”模式——新建筑的发展——则使得那些最令人厌烦的填充式建筑或停车场也能获得精巧的城市生活风格。这三种模式都是一种对城市“废料”的恢复与再利用,将老化的房屋、废弃的建筑以及未充分利用的土地整合进视觉和经济秩序的闭环中(见 de Certeau 1984:94)。这种城市空间变形的叙事既有象征意义,也有实际内容,它是一种佐金所说的“资本投资和文化意义的协同作用”(1996:45)。通过这种协同作用,城市空间得以被生产,现代城市的政治和视觉经济得以被链接。在建筑的转换中，“后工业”的引入不仅与经济有关，也与风格有关。后工业空间不仅指某种使用模式，也指一种特定的城市面貌。这种风格虽然具有很强的现代感，但也体现着一种对过往的追溯和挽留，一种“建筑复古主义”(Jacobs 1964:150)。这其中的逻辑体现在没有支撑任何东西的后现代主义支柱，原始但冗余的特征(倚靠在仓库公寓旁的起重机)，工业风的美学以及新装饰的立面。如果说冗余建筑从工业用途向住宅用途的转变标志着城市经济的一系列变化，那么一些新住宅的开发被设计成好似它们曾经是仓库一般，这一事实无疑将我们带入了模拟的领域。

这种创新的建筑风格是后工业美学和后现代话语结合的产物。当居住在曼哈顿原 loft 中的居民离岛数年之后，一种衍生的 loft 风格又陆续在许多后资本主义城市中发展起来(见 Smith 2002)。简言之，你不必身处纽约也能入住“纽约 loft”。不同城市空间之间的意义交换便不断繁衍开来。不妨来看一则很有代表性的广告语：“迈阿密的风光，曼哈顿的奢华……其名为，阿拉斯加！”——这则广告其实出现于 20 世纪 90 年代的伦敦伯蒙德赛区，其体现的是一个差强人意的内城区对美好生活的期许。另外，这种社会形态和建成形态的变化也同样可以在表征中得到体现。比如，当我们回顾悉尼的内西区时，建筑旁一排排大广告牌所昭告的其实是一种生活方式的意象，仿佛每个普通的夜晚都应该由马天尼和晚礼服组成。同时，当你走上街头，随处可见各种细小的意象——对闪光的门把手、水龙头或其他细节质地的迷恋——于此，细节将各种差异化的特质展现无遗。

这些在新发展中俯拾皆是的广告宣传图展现出了一种被设计的居民生活：人们游刃有余地在工作与休闲中来回切换，上一刻还端坐在电脑前，下一秒便来到了跑步机上，旋即又出现于鸡尾酒吧中。对于这种夺目而陈俗的消费铺张，雅各布斯早有论断："住房计划试图通过豪侈繁奢来粉饰它的空洞浅薄。"(1964:14)不过显然，一般而言，人们总不会真的按照广告上宣传的方式生活，正如不是每个住在外郊区开发区的人都非打高尔夫不可。对于广告中那些矫揉造作乃至堪遭讽嘲的内容，人们总是心知肚明的。毕竟，广告商就和所有的房产商、政客以及谎言编造者一样喜爱夸大其词。但重点在于，这些消费的意象旨在塑造人们的观念，正如建筑师和设计师旨在塑造空间一样；建筑的形成与意义的形成总是同时出现的。

值得注意的是，尽管这种城市发展遍布各处，其使用的建筑和设计元素却十分有限。loft、仓库、空中别墅，与其说它们是不同的建筑类型(或建筑的一部分)，毋宁说是各种符号化的"风格"。虽然可供改造的真正的仓库数量有限，但带走廊的卧室、外露的砌墙、挑高的屋顶等也能提供类似的感觉。由于这些设计语言如此类似，建筑已不能让你知晓你究竟住在哪座城市。从一个层面而言，这代表着一种住宅建筑的全球化新风格，即 SoHo 效应的各种版本。同时，它也部分源自某种酒店大堂式的美学，其中展现的是租赁市场中的投资模式。虽然市中心生活的想法可能仍然与最初的 loft 居住者不无关系，但经济学通常更多地与城市中心投资单元的大规模生产有关。这种重复与单调的批评之声多见于郊区或新城镇的住宅计划以及 20 世纪 60 年代的公营住宅中。(当然，摄政天台中的同一性并不会被认作重复与单调。)自 20 世纪 90 年代起，充斥于城市房产市场中的"建筑设计师风格""精品风格"的开发等已然供过于求；尽管这些术语本意味着某种独具匠心的城市生活风格，但它们已经四处泛滥，最终成了另一种形式的单调。

“再也没有别处了”，米歇尔·德赛都(1984:40)在对现代城市的反思中如是说。此语意蕴哀悲，但其实不必如此：我们不妨将其视作乔治·佩雷克(Georges Perec)(1999:77)所说的“旅行之惊喜与失落”的终结。城市中的这些非场所——量产的中产阶级化的标准发布空间——赋予了大都会某种居家旅行般的体验，人们可以在自己的建筑中轻易体验各种文化胜地(见 Lash and Urry 1994:30；Urry 1995；另见 Augé 1995)。这种“本地旅游”使我们关注到与城市生活相关的“多样性”概念。

多样性和去多样性

在某些城市生活的场景中，多样性本身就是一种重要的城市价值，而非一个简单的城市事实。只有在各色人群和各类使用杂然共存之地，城市生活才能兴盛繁荣(经典论述见 Jacobs 1964)。这种论点所强调的是“功能上的物理多样性”和“使用者的多样性”之间的基本联系(1964:107)：使用的混杂就意味着人员的混杂。在这种意义上，社会的多元混合，“作为一种生活方式的城市性”的特征，便不仅是文化上的，而且是功能上的，其中体现着各种类型的职业、收入、建筑类型、年龄以及住房财产所有权等。而这些自然会“产生城市经济多样性”的条件(1964:224)。这种多样性并非全由城市发展所导致(城市发展中的“混杂的使用”往往指网络中的生活/工作区域)，正如一间陈列着六种不同种类橄榄油的商铺本身并不代表多样性。尼尔·史密斯(1996b:115)将这种多样性称作“滥造的中产阶级化”，其中“文化差异本身被批量生产了”。此外，当多样性主要被作为一种美学范畴来理解时，差异的功能性分布便丧失了。当“差异”被还原成一系列文化的指涉对象时，其所具有的内涵不过是甘斯的“异域风情”——一种繁杂的世界主义，其所指的不再是社会多样性的形态，而是城市消费的各种模式(Jacobs 1998；Zukin 1996，1998)。正如苏珊·克里斯托芬森(1994：413)所言：“城市性已经被重新定义为一种消费体验。”虽然世界主义的概念可以作为城市中种族差异的代码，但有时它们只是一种模拟。

早期阶段的中产阶级化与城市多样性的问题有着十分明确的关联(这种关联几乎不会引起任何问题)。如前所述，一部分中产阶级之所以选择内城区的社区，看中的不仅是其优秀的位置与低廉的价格，更是其深得人心的社会与文化的多元混合——从阶级和种族意义上来理解。并且，这些中产阶级居民的到来本身又进一步增加了这些社区的多样性，为其本土环境提供了更多样的职业、收入群体以及住房使用等。史密斯(1996b：71)将这种促进社会混合的过程(至少在某一时期是如此)称为“普世的中产阶级化”。但是，这个过程并不会持续很长时间。由于新出现的商业(银行或其他金融机构、商店和各种消费者服务等)总是更青睐高收入的居民，原先的本土居民终将因为无法负担高额的租金和税率而离开，而此时这个多样化的过程便来到了它的拐点。随着中产阶级化的推进，城市中社会和经济的差距便造成各种群体的两极分化，而此时所谓的“社会多元混合”也终将变成社会不平等。如史密斯所见，20 世纪 80 年代和 90 年代的中产阶级化展现出的更多是极化，而非多元化。这种影响在一定程度上源于 20 世纪 80 年代末以来中产阶级市场的价值增值：从学校教师的中产阶级化转变为股票经纪人的中产阶级化，这在非常局部的地理区域内造成了巨大的财富差距(参见 Foster 1997，关于伦敦码头区的案例)。这也是市中心地区大规模新住宅开发的结果，这些开发排除了租金较低的用途和用户。20 世纪 90 年代中期是一个标志性的时期，欧洲、北美及澳大拉西亚地区的资产市场自此进入高速发展的阶段——当然，也存在各类下降、倒退和停滞的地区。大卫·哈维（2003：112）就曾注意到“自 2001 年中期开始的世界各地普遍出现的萧条中，英美经济之所以屹立不倒，很大原因是房地产和住房市场以及建筑业的持续投机活力。”这种增长模式一方面来源于现有城市财产中严重的房价通胀，另一方面来源于城市中新建房产的浪潮——尤其是随着中密度公寓生活模式的发展。这种城市住房的增加，一方面是市场驱动的，另一方面也关乎两大重要的政治目标。其一是城市政府或地区政府对城市蔓延的遏制，即他们不希望未经规划的低密度的住宅开发过度倾轧城市边缘（尤其是绿化带），以及这种扩张所带来的新的基础设施需求和成本（见 Hayden 2003）。相比之下，中产阶级化模式是城市现有范围内的“空间再集中”（Simmel 1996b：36）。第二个政治目标则是城市区域本身的更新，这种情况下，驱动城市更新的不是政府计划，而是不断升级的房产市场。

在城市本土性的政策与计划中，有关内城区的住宅策略已经成了重要的一环，但这些策略也会使得其他的用途和人群被边缘化，或是无法负担过于高昂的价格（见 Atkinson 2000）。提供某种程度的公共使用或为低收入者提供部分住房，这往往不过是开发者们谋求某个大规模计划许可时所接受的条件，而开发的中心显然总是偏向于那些更有利可图的用途，特别是有关资产市场的投资。在伦敦、旧金山或悉尼等城市中，市场进程不仅倾向于排斥城市中心（或中心周围）的低收入人群，甚至连中等收入的居民亦难以幸免——其中不乏许多重要的公共工作者，如护士、教师、警察以及其他紧急服务从业者。这种为中产阶级（高收入的专职人员、双收入家庭、少子女或无子女家庭等）量身定制的城市居住环境所展现的是各种进入城市房产市场的条件，而非因人而异的市场划分。这很可能造成一种反常的城市文化的同质化。若说早期的中产阶级对郊区的同质性持排斥态度，那么现在这种批量生产的中产阶级化的空间便是在城市中创造郊区——创造出无数在视觉和社会层面上都千篇一律的高社会地位的飞地。当这种过程进一步发展，中产阶级化便会造成城市的部分“去多样性”（Jacobs 1964：256）。

在该过程中，功能意义上的城市多样性被逐渐弱化了；但美学意义上的多样性得到了增强。对于城市差异的美学体验就如同在家中游览观光：既有“国际化”的城市消费，又有原内城区的古老意涵。在内城区生活的新老交替中，美学化的贫民窟观光常常处于一个尴尬的位置。虽然内城区提供了某种异域风情，但其实这种观光仍受辖于现实的安保逻辑（正如在地下停车场或视频门禁系统中的）。在奢华的内城区发展中，最顶尖的安保和最顶尖的厨房一样重要。毕竟，新奇的地理位置会带来不必要的邻近感。许多新住宅开发的形状和规模都倾向于远离街道，因为公共设施——如城市大浴场和公园——逐渐被私有化，变为了私人健身房、屋顶泳池或屋顶花园等。社会生活和公共空间弃街道而去了。这里的室内与街道间的隙痕被标记，被封印，封闭的私人空间与死气沉沉的外部公共空间就此被截然分开了。

以利亚·安德森（1990：216）对此有自己的理解，他认为中产阶级化使人们“确信‘城市人’多少有些与众不同”，他们理应受到嘉许，因为，“要以中产阶级的身份身处城市之中，就必须容忍工人阶级和穷人与自己共用同一空间”。然而，当中产阶级化发展到高级阶段时，社会空间便不必被共享。随着安保和门禁的开发，公共区域和“问题区域”便犹如一种新型的瘟疫村，它们所受的闭锁和审察宛如中世纪村庄遭到的检疫与隔离(见 Blakeley and Snyder 1997;Christopherson 1994;Foster 1997;Low 2003)。

小结

城市中的社会变革、城市形态的物理转变总在对城市文化和城市意义的抗争中被表达出来。如前章所述，在曼纽尔·卡斯特尔的研究中，城市政治学的“符号”维度与城市资源的分配问题总是难解难分。现代内城区中的抗争随处可见——从街道的民族志，对符号的图解，到渴求回击的城市涂鸦，再到房产中介窗口中的幻想。这些不过是对内城区的本质和意义的部分表征，但这并不意味着它们完全是虚构的。这些城市表征——无论如何刻板、拙劣或平庸——确实对城市身份认同及期望起到了塑造作用，并且使得经济和社会权力得以在城市中顺利行使。

内城区仍然是一个充满意义的空间。事实上，它作为意义的容器最为有效:作为空间标记，它往往是不精确的。倘若我们用贫困的标准指标加以衡量，那么城市的外部边缘地区也完全可能具有典型的“内城区”特点。从另一个角度来看，郊区也可能会染上一种改造后的“内城区”风气，尤其是如果不考虑进入市中心的交通时间的话。前者的内城区是病理化的，而后者是美学化的。在本章所讨论的城市进程中，此二者总是并行不悖。换言之，城市的发展总能在衰落中获得生机。

这种意义的交换有如一种点石成金的魔术，它使得内城区的生活总暗含着富有的可能，而非一味居于贫穷;其地理位置也总能收获青睐，而不会被视为空间上的劣势。通过这种转置，“国际化”

或“多样性”便象征着一种同质性文化。当然，这种“固化”总是易变的，它并不意味着对依附于特定场所中的旧意义的彻底颠覆。当议会大厦摇身一变，成为供私人售卖的高层公寓时，社会与经济交换中语言和意义的角色便一目了然了。

亨利·列斐伏尔(1991:75)写道:“没有必要为了得出‘这里的一切恰似别处的一切’的结论而对现代城镇、郊区和新建筑进行仔细审查。”这无疑是对现代主义建筑和设计最常见的批评，往往针对公共建筑、社会住房以及那些毫无想象力的商业地带以及郊区开发。同时，在内城区的新风格潮流中，我们还能见到另一种同一性。这些潮流追求一种标准化的差异，其设计逻辑考虑的是如何使此处显得与他处不同。虽然我们尚不清楚列斐伏尔所说的视觉同一性是否是社会同一性的关键;但我们很清楚，中产阶级化空间的大量生产深切联系着城市的消费模式、工作模式以及生活方式，这些模式和生活方式美化了而不是代表着城市多样性。当此模式成熟之时，现代城市的中产阶级化便将为城市空间生产中的社会生活设计出愈加标准的模板。

第五章　具身空间：性别、性取向和城市

不同的身体会造就何种空间差异？本章将讨论性别和性取向如何影响我们对城市空间的认知和使用。将目光放在城市的性别和性取向问题上，就是转而从物质层面关注城市是如何将我们作为身体进行管理，以及城市经验如何形塑我们自身。其所强调的，是城市中的社会关系、物质形式，以及主体定位间的相互作用。空间安排，一方面协助实现了性别和性特征结构性差异的再生产，另一方面协助了身份认同。诚然，城市环境会强化社会分工和社会管控，但个体们也在城市中寻得空间来展演或表达差异。考察城市中的性别和性取向，就是要在城市背景中考察空间实践、社会差异和符号联结之间的相互关系。

"将性别和性取向置入城市"是"把身体置于空间之内"这一问题的一部分。但同时我们也要关注，具身主体是如何被放置于更大的社会结构和社会关系之中的。说到底，性别和性取向并非是由个体身体的限制所决定的，它们还牵涉了各类社会关系，而这些

社会关系存在于空间之中，也为空间所形塑。此处的难点在于，如何把这些范畴具象化，不论是明显的且高度规范化了的性别，还是隐秘的、主观性的、可变的性取向。也就是说，我们如何能在空间中看见性别或性取向，把它们当作社会因素来研究，而不仅仅是个体主观上的隐私和细节？本章的目的便是用社会关系和物质关系来阐释性别和性取向，而这些关系往往又会影响城市形态和城市进程。值得注意的是，性别或性取向的问题所涉及的，并不只是街上走的到底是哪种身体的问题，而是这群人赖以栖居和繁衍的社会和物质环境的问题。因此，街道，应当被视为“性取向化”并“性别化”了，而我们不应当仅仅关注街道的使用者。

接下来的讨论只能选择性地汇集城市中性别和性别化的不同批判观点。主要目标，是从三个层面考察这些主体身份及其关系的空间影响，即空间的意义层面、空间的使用层面，以及空间的塑造层面。首先我们讨论城市空间的意义是如何围绕“性别化的身体”构成的——此处我们主要关注现代城市中的女性表征。之后我们将考察对城市空间的性别化使用——关注女性的空间行为是怎样被暴力和恐惧的地理空间所束缚的。最后我们将探讨性取向对于城市空间塑造的影响，分析男女同性恋的居住区和社区的建构模式。总而言之，讨论所关注的，就是文化意义、空间时间和物质形态三者在性别化城市的过程中扮演了什么角色。需要注意的是，这个讨论同样是选择性的，主要关注的是女性和性少数群体。这并不是因为我武断地认为性别是女性的问题，或者说，性取向是酷儿群体的事情，只是，将目光聚焦在这些空间主体上可以动摇社会空间中那些所谓“正常”的概念。通过研究差异是怎样围绕这些非主导地位的行动者组织起来的，我们就能发现社会空间在多大程度上是以传统的性别角色和性别规范为基准建立起来的。

本章的第一个部分考虑将性别问题置入空间的不同方法。首先是性别化空间的符号组织，看一下女性艺术史和文化史中的有关研究，是如何论述表征19世纪到20世纪初欧洲城市中(尤其是伦敦)的女性的。这些学说为我们展现了用以组织城市空间的概念范畴(尤其是"公共"从"私有"中的分离)与城市中女性身体定位间的关系。公众场所中的女性形象被赋予了诸多不确定性的意义，譬如混乱、危险与欲望。通过自失其位，女性个体们不仅动摇了社会空间的主导秩序，也同时为她们自己创造了活动空间。如果说城市生活的节奏、多样性和不稳定性干扰了既成的社会形态的话，那么性别角色以及性别行为的规范就当属其中。在该意义上，现代城市可以被看作女性潜在的自由场所；大都市给予了女性新的社会自由和空间自由，她们在政治上变得可见，还可以享受匿名性的愉悦。对城市女性的文化和历史分析同时考虑了显形与隐形——在城市空间中，女性不仅是由其令人困扰的视觉存在所定位的，也是由其融入城市场景中的隐身技巧所定位的。

这种"被看见"与"隐身"之间的关系不仅涉及城市中女性的自由，还关乎她们的安全。讨论将从针对城市女性表征的文化和历史研究转向更近一些的对女性日常空间实践的地理学和社会学分析。城市中有关性别差异和性别不平等最显著的形式，可以通过针对女性施暴的地理分布看出来。纵然在某些城市环境中，文化律令或法律条文并不会完全禁止女性进入公共空间，但不可否认的是，女性对城市空间的感知和使用总是受限于男性主导的性别逻辑以及由此而来的恐惧。在该背景下，对女性而言，城市便不仅是自由之空间，同时也是危险之所在。空间的性别化在这种危险的地理环境中变得尤为明显，因为女性对男性暴力的恐惧表现为对空间的恐惧。

考虑到女性在城市中高度活跃的形象，以及女性主义理论家将身体置于城市空间中的工作，性别和性取向问题经常在空间研究中一起出现，或者两者往往与女性主义分析有关（参见 Domosh 1999），这并不令人惊讶。并且，性别和性取向这一对孪生概念很容易就被简化为以下主题：针对女性的性暴力、性交易（一般多从女性劳作和男性欲望的角度来理解）以及男性同性恋等。在这种脑力劳动的分工中，女性被性别化，而男性——作为性交易的客户或同性恋主体——是性的获得者。不过，近期对性取向和空间的有关研究试图将性取向从性别中分离开来（尽管并非完全解除关系），转而构建一种更广义的有关性取向的空间议题（见 Bell 2001；Bell and Valentine 1995a；Ingram et al. 1997；Mort and Nead 1999）。这种将性取向视作空间事实的做法旨在思考身份认同如何帮助塑造城市空间。这就意味着，不是将性取向视为发生在空间中的现象，而是从社会关系和社会实践的角度检视——而这些关系与实践本身便能产生空间（见 Kitchin 2002；Knopp 1992）。

因此，本章的后半部分我们将讨论男女同性恋主体通过政治模式、居住地、消费与社交等在城市中创造空间的过程。这一分析将具有一定的尺度，并且将采用实证主义的研究方法；也就是将性取向视作一种社会事实，可以经由对住房及社区形成、集体组织与身份认同的观察来加以定义。这种方法不太关注那些隐匿的或短暂的有关性表达的空间，也就是说，与性无关。毕竟，你并不需要置办一处房产、营业一家酒吧以使空间酷儿化——你只需当街亲吻你的伴侣即可。但是，在分析那些绘制居民区或消费空间的有关研究时，我的目标就是要摒弃这样一种观点，即认为性取向只是简单地以一种私密的、不为外人所见的方式溜进都市环境。此处，需要强调的是，诸如性取向这样的因素——这些原来常常被视为私人的、易变的或全然主体性的——是如何以一种可见且恒久的方式影响并塑造城市物质环境和社会环境的。最后，对于“他者”性取向的关注能够展示城市空间在多大程度上是围绕着异性恋的表征和社会再生产组织起来的。只有非直的性取向才会在空间中得到注意。相反，异性恋则如同城市空间中的白噪音。这样一来，以性取向差异的角度思考空间让我们关注到，这些“他者”空间究竟有什么不同。对酷儿空间的研究不仅旨在定位不同的性取向，更重要的是，使人注意到主导性的性取向是怎样经由不同形式的排斥、情色景观，以及日常实践来实现自身在城市空间中的再生产的。

性别化空间

空间的性别化是通过社会行为和符号性关联来实现的；当然，要将两者区分开来也很难：人们在空间中“做出”性别的实践行为，不论是有意识的还是无意识的，都会被各种纷繁的意义和意象所重写。这些意义和意象可以大到那些最抽象的空间表征，也可以小到日常生活中的细节。社会空间研究中的许多概念都能产生性别化的意义，其中，一个较为现代的典型概念是关于公共领域和私人领域的区分。这种区分并不仅仅是按照特定的功能、关系或规则将空间组织起来，同时还影响着附着在不同身体上的各类意义。身体接纳并再生产这些社会规范的方式可以使空间的性别化过程看上去非常正常，而且极具黏性，即使谈不上有多么自然。当一个性别化的主体行走在街上、进入工作场所或是待在家里时，其所要面对的并不仅仅是周围的物理和社会环境，而是一个符号化的空间。这种不同空间中的符号化组织和位居其中的不同身体的行为举止之间的关系，正是皮埃尔·布尔迪厄(Pirre Bourdier)(1990:71-2)所指出的身体如何“慎重对待各类隐喻”。人们对于空间在观念上的区分和许多因素息息相关，比如性别化的角色和实践、地点，以及性别化身体的行为。如上文所述，这种以性别为考量的对空间和实践的划分既能追溯到社会大处，也能窥见于日常小处。大处是有关公域范围和私域范围的社会地理概念，比如街道、办公室、厨房、卧室；小处则是这些空间的进一步细分，包括日常生活中的各种布局，比如，埋头书案或亲手洗碗。一直以来，人类学家致力于从特定性别功能的角度出发绘制社会空间的地图，其中最引人注目的研究就是，这些空间划分既不是天然如此的，也不是显而易见的，而是由具身实践所制定并再生产出来的(见 Bourdieu 1977，另见 Moore 1994)。布尔迪厄认为，城市空间提供了一个绝佳的语境，可以借由思考性别作为一种具身观念是如何运作的。这不是简单地说某个地点(比如说法庭或足球场或股票交易大厅)因为都是男人在其中工作就是“男性的”，而是要指出，在使一个地方性别化的过程中，社会意义和空间意义是在持续不断地进行交换的。

为了了解这种连续变动，我们不妨回顾女性艺术史和文化史，尤其是对 19 世纪欧洲女性的研究(见 Epstein Nord 1995；Nead 1988，1997，2000；Nochlin 1992，1999；Nochlin and Bolloch 1998；Walkowitz 1992，1998；Wolff 1990)。他们的理论给研究现代城市中公域和私域的区分提供了历史背景以及批判性的框架。这一时期的艺术、新闻、文学、社会调查和政治辩论中的女性表征揭示了有关性别和性取向的规范是如何在社会空间中被构想和定位的。然而，性别化和性别实践场所表征间的这种关系令人担忧，而且在公共空间和私人空间的划分上也同样如此，即理论上完备，实践上混乱。朱迪斯·沃科维茨(Judith Walkowitz)(1992)认为,在维多利亚时代晚期的伦敦,有关道德和空间秩序的问题贯穿于公域和私域的矛盾之中——特别是有关街道以及街道中性别化主体的秩序和失序。沃科维茨认为,这种矛盾的焦点在于"公域女性"的形象。公域女性,狭义上指妓女,但也延伸至泛指模糊地出现在公共场所的任何女性(见 Nead 2000;Radner 1999;Walkowitz 1998)。这样一来,"公域女性"一词便具有了双重意义:其一,专指妓女;其二,它暗含着这样一种怪论,即一个出现在公域中的女性就是一个僭越的女性。在这种观念下,有关卖淫的公开讨论和道德恐慌——广泛出现于新闻报纸、大众读物、社会调查、改良主义的传单、议会讨论、政治和公共安全措施中——实际上涉及更广义的关于城市中女性定位的焦虑。由妓女形象的描绘与论述中所折射出的,是一种更广义的关于女性与公共空间的普遍忧虑。很显然,女性在公域空间中的出现扰乱了城市空间的常规划分,即公域属于男性,而私域属于女性(见 Pollock 1988)。但是,这种理想的空间划分是有问题的,证据就是城市中四处可见的女性——当街拉客的妓女、维多利亚时代晚期越来越多的进入劳动力市场的工人阶级女性和低中产阶级女性、小资产阶级女性消费者、女性社会活动家、女性慈善工作者和政治极端主义者等。如此形色各异的女性群体跨界进入公共空间,说明"慎重对待各类隐喻"在实践中是有其局限性的。尽管沃科维茨希望表明,在那个时代公域和私域的划分在道德和空间想象力层面上十分具有黏性,却展示了这种划分在实际意义上有多么不稳定。

妓女形象还在一种更加深远、更加特定的意义上打破了对公域和私域的划分。她的性别化在场模糊了这种区分,即公域是文明、礼法和理性的空间,而私域则是亲昵之所(见 Nead 1999)。一方面，妓女代表着身体和性对公共空间的入侵；而同时，性又成了经济交换的被异化的对象——它不再秘不示人，甚至不完全算是个人隐私，而是成了一种工具化的日常之物。沃科维茨(1992)注意到，在19世纪中后期的伦敦，大量的女性被卷入卖淫活动，因为当很多职业都不保险时，女性们必须把卖淫当作日常工作的补充，从而将生活维持下去(另见 Walkowitz 1980;Gilfoyle 1992 有关纽约的案例)。然而，性行业绝不仅仅是下层阶级的工作。对伦敦卖淫业的图景考察，可以被视为对这个城市阶级面貌的一种速写：

> 当评论家们开始描述情色的社会地理分布时——从圣乔治伍德区的交际头牌，到游荡于时尚购物街区的那些举止优雅的揽客妓女，直至在灯光昏暗的后街小巷和贫民窟中行下流之事的快餐女和街角萨莉，伦敦的阶级结构和整体的社会分布也就一目了然了(Walkowitz 1992:21)。

在这里，妓女们的风流社会就如同城市中社会地图的一面镜子。它所反映出的是一种充满着性别焦虑的社会秩序。妓女形象所附带的阶级意义是十分复杂的。妓女与更高阶级男性的相遇——无论他是嫖客、窥淫者还是道德活动家——是对阶级边界的一种挑战，它不仅需要从社会和经济场所的角度，也需要从道德行为和身体行为的角度去理解。此外，如果说妓女是欲望、羞耻和忧虑的对象，那么她们同样也是研究的对象。沃科维茨(1992:20－2)注意到，包括梅休(Mayhew)、狄更斯(Dickens)和格莱斯顿(Gladstone)在内的一大批维多利亚时期的新闻工作者、城市探索者和社会改良者都对性工作者十分痴迷。她认为，这种社会上以及空间上往往处于边缘地位的角色起着重要的作用，使得城市被认知为一个危险、剥夺与欲望之地。

在城市的危险与欲望交织之时，公域女性的形象显得十分矛盾。街上的女性展现出了多重含义，她们代表着性交易或性许可，也代表着性危险或性禁忌。这种模棱两可最明显的地方在于，她们既身处危险之中，又对他人造成危险；既容易受到身体和道德上的伤害，又会被认为是身体和道德败坏的标志；“既惹人怜惜，又是不正之风的危险源头”（Walkowitz 1992：22）。总之，她们既是男性“狩猎”的目标，又同时威胁着男性的身体和道德健康，并且颠覆着传统的女性礼法。因此，道德和行政法规在关注妓女时，既要考虑她们的利益，又要考虑公众的利益（另见 Bartle 2000；Mort 2000a）。在维多利亚时代晚期对公共礼仪的讨论中，女性身体变成了一种社会身体道德病征的外在表现。为此，许多针对卖淫的规章与政策都加大了对城市和身份证明的审查力度，以“社会清洁”（既是道德上的，也是卫生上的）的名义对妓女进行拘捕和管制。然而，这种种果决的手段只是将问题以其他方式暴露出来。在沃科维茨的记述中，“19 世纪后期，警察的打击行动经常会把街上的良家妇女和妓女们一网打尽——结果就是，卖淫在‘公众的眼里’成了一种令人困惑和变化无常的事情，引发关于女性和公民社会的更大问题”（1992：24）。不论是否是良家妇女，街上的女性形象仍然是可疑的，大胆的。任何出现在公共空间的女性——只要没有男性的许可和保护——就可能成为被怀疑的对象。人们会讨论她们有什么权利可以出现在那里（不管她是在做什么事情）。

维多利亚时代晚期对公域女性的这种关注建立在这样一个前提之上，即边缘人物也承载着重要的社会意义（Walkowitz 1992：21；另见 Ogborn 1992；Stallybrass and White 1986）。社会对妓女的焦虑引发了对城市中女性地位的广泛关注。在关于卖淫的讨论中，城市是一个危险且堕落的环境，腐化女性的美德，败坏男性的德行。正如本雅明对19世纪城市闲游者的分析将空间实践形式与某种男性主体性联系起来一样，妓女（亦是本雅明笔下的重要城市类型之一）的表征也为女性在城市空间中的定位问题提供了深刻的洞见。不同的城市类型讲述着城市中性别化身体的各种存在方式；这些故事尽管特殊，却为空间中的性别化组织定下了基调。譬如，闲游者被定位为闲散与超脱，而妓女则被定位为邂逅和传染；这些定位绝非偶然。尽管此二者都与欲望和消费有着重要关系，但他们的能动性却是截然对立的：闲游者是一种消费和欲望的主体，而妓女则是令人困扰的客体。

空间自由

然而，城市中的女性不仅仅是空间中的一个客体。城市生活也同样赋予了女性话语权。现代城市对于已有的社会角色和空间秩序无疑是一种颠覆，尤其是对于传统的性别模式和家庭关系。这种颠覆是对某些根深蒂固的男性权威的威胁，同时也是对女性（不论是个体还是集体意义上）的解放。在“公域女性”的队伍中，还有一种十分重要的角色，即维多利亚时期城市中的女性改革者和活动家。她们坚决反对社会空间的性别化组织（见Ryan 1990；Walker 1998），故意将自己置身于“错误”的位置，从而达到破坏空间和符号秩序的目的。如亨利塔尔·摩尔（Henrietta Moore）（1994：83）所述，这些早期的女性主义者意识到，“要想反抗并改变关于性别的观念和社会关系”，就必须改变空间关系，亦即必须入侵空间。这种入侵不仅在于对家庭空间中符号和物质的重构，也包含着对于进入公共空间的诉求和主张。对表征的诉求，对身份的诉求，对公共权益和公民权的诉求，对公共生活的诉求，这些同时也就是对公共空间可见度的诉求（见 Green 1994；Staeheli 1996）。从女性解放运动到争取选举权，从女性和平主义到反核运动，从堕胎权运动到反性暴力，这些性别政治总以城市街道和公共空间作为舞台。这些政治运动强调了女性在日常生活中的空间诉求。对空间的占据就是政治抗争的标配，对于女性来说，堂堂正正地——合法地，独立地，无人监管地，不受困扰地——出现在街头，出现在公共建筑或者是工作场所，就已经包含着僭越的意味。

女性在城市空间中展现出的这种破坏性的力量部分来源于自由与危险之间的一种微妙制衡。罗伯特·帕克对 20 世纪 20 年代如此评论："伟大的城市给予了年轻一代的女性们崭新的机遇和自由的生活，她们大批涌入这广阔的天地，将社会和道德秩序搅乱。"（1967b：108）这是一种焦虑和快乐交织在一起的不安，帕克说道："显然，对旧秩序而言，一切让生活变得有趣的事物都是危险的。"（同上）在对现代大都市的女性研究中，城市的这种"危险的自由"是一个重要课题（Ankum 1997；McDowell 1999b；Showalter 1990；Wolff 1985）。这在伊丽莎白·威尔逊（Elizabeth Wilson）的研究中起到了核心作用，她从芝加哥、伦敦、卢萨卡、莫斯科、纽约、巴黎和圣保罗等大城市的文学和文化表征入手，对一系列现代语境下的都市女性展开研究（Wilson 1991；另见 Wilson 1992）。威尔逊分析了城市空间中所存在的各种深刻矛盾。她指出，一方面，现代都市主义是由政府、规章、设计和规划等理性主义原则所定义的；另一方面，现代城市又提供了无与伦比的自由空间、权利及资源。这两者以矛盾的姿态共存着：都市生活的各种自由需要不断地，但又总是不完全地服从于现代都市管理和秩序的规训。并且，也许正是对规训的反抗才使得城市自由显得格外刺激。威尔逊认为，我们可以从性别的视角来看待这种对立关系。秩序和混乱、管控和自由间的矛盾可以被解读为城市中男性立场原则和女性立场原则间的冲突,“都市生活”,她写道(1991:7-8):“实际上就是建立在这种僵化的、规范化的秩序和愉悦的无政府状态间的不断斗争之上的,即男性女性间的二分。”无论秩序和失序空间怎样被符号化——现代城市中的女性快乐都很难得到完全满足。城市享乐的体验和消费不是所有人想要就能够得到的,而女性尤其容易受到“僵化的秩序”的约束。即便城市可以给女性提供某些潜在的“自由之地”,但同时也给郊区社会地理学中的女性设下了新的“空间牢笼”(见 England 1993;另见 Dowling 1998)。

当女性在城市空间中的显形昭示着破坏和无序时,更为隐蔽的抗争也正悄然进行着。威尔逊(1992)认为,现代城市的一大魅力便是女性(当然其实任何人都可以)得以在人群中遁形。城市空间为隐身行为提供了大量机会。这可谓是城市生活中一个令人愉悦的矛盾,即那些醒目的、处于监视之下的社会场所也同时是隔绝和隐秘的绝佳地点。在城市中,显形和隐形意味着不同种类的出现和自由。在女性去争取,特别是通过集体政治的方式去争取自身和有关各项诉求被看见的同时,还存在着另一种诉求,即在城市空间中通行不被看见。福柯(1977:200)在对圆形监狱的考察中说:“显形是一种陷阱。”女性在城市中也许太过显眼了:确实,她们可能是混乱的症候和危险的信号,但更常见的是,她们被视为敌视和贬损的对象(见 Gardner 1995)。这就涉及威尔逊所说的城市生活中“混沌的自由”。当然,这一点我们之前已经见到过。齐美尔见到了城市自由的阴暗面,匿名个体的孤独和隔绝(见第一章)。在联结性和匿名性中我们必须有所权衡。对女性而言,这种权衡则尖锐地表现为自主权和安全性之间的矛盾。城市可以被视为自由空间，却也是危险所在。

暴力、安全与恐惧

涉及自身的自由和危险，女性对城市的爱恨交加并不仅仅是空间符号意义上的。说到底，这涉及其空间行为的关键决策。在这个背景下，城市中的性别地理学所涉及的，不仅是自由的余地大小，还涉及危险地图的分布。对于城市中安全和危险的感知会影响性别化主体使用空间的方式。一个众所周知的犯罪学知识是，女性，相较于男性，更惧怕成为犯罪的受害者(见 Ferraro 1996；Stanko 1995；Warr 1984；比较 Gilchirst et al.；关于男性的部分见 Goodey 1997)。这并非毫无缘由。女性对犯罪的普遍恐惧很大程度上源于其对强奸和性侵犯的恐惧(见 Ferraro 1996；Pain 1991；Stanko 1995；Warr 1985)。对性暴力的恐惧“激化”了女性对其他类型危险更广泛的不安感(Ferraro 1996)。当然，在城市中，女性并非唯一会感到不安全的群体，老人以及少数族群也会感觉自己容易受到伤害(见 Pain 2001；Parker 2001；Warr 1984)。不过，此处我所关心的是女性不安全感的性别化本质，即女性危机感所展示出来的特别的性别化本质。之所以说女性的恐惧是性别化的，是因为这种感受主要来源于其“易受男性伤害”的心理，特别是容易受到性犯罪的威胁。而且，女性的恐惧还是空间化的：女性对危险的认识指向特定的地理分布，这就能决定她们在城市空间中的日常活动轨迹。“女性恐惧的地理分布”给我们提供了一张满布符号化联结的性别化的空间地图，这些联结又会经由空间实践不断再生(Valentine 1989，另见 Valentine 1992)。这是一种心理和实践层面的地理分布，它影响着女性对城市空间的感知和使用。女性主义地理学家发现,女性更倾向于使用防御性的空间策略,即确保安全,躲避危险(见 Bannister and Fyfe 2001;Burgess 1998;Koskelaand Pain 2000; Pain 1991, 1997, 2000, 2001; Valentine 1989, 1991, 1992)。这些策略说明,女性认知中的城市地图——以及她们的日常空间故事——都是经常围绕着对安全的考量以及对危险的性别化感知组织起来的。

性别化感知城市安危所依赖的地理分布并不稳定。一方面,不同的群体占据着不同的城市空间;另一方面空间会随着时间而发生变化。比如,火车站或公园可能在白天显得安全,在夜晚则危险。从实践的角度说,这就不是同一个地点了。吉尔·瓦伦丁(Gill Valentine)(1989,1992)认为,男性暴力在空间和时间中的这种不平均的分布是女性对危险的恐惧及其在空间中采取防御性策略的根源。这样一来,一个重要的空间策略就是,在特定的"危险"时段避开特定的"危险"空间。白天到处都是女性的步行街,到了晚上女人们就会被清空。和晚上相比,白天的城市人口有着更多的女性、儿童,以及老人。频繁出现于夜间的往往是情侣、团伙或单身男子(见 Worple 1992)。瓦伦丁指出,当一个空间中人们(尤其是男性)的行为不受管控时,女性就会认为该地是不安全的。开放空间如公园、滨江道、荒地等就是如此,因为人们难以脱身或迅速穿越这些地方(见 Burgess 1998)。对那些被封闭起来的,内部行为相对隐蔽的"封闭空间"如地铁、巷道、多层停车场、火车车厢等而言,也是如此。

如此理解空间,人们的行为问题便牵涉了城市的形态问题。女性对安全和危险的认识地图除了会被特定的社会地理所影响外,也会被城市的物理环境所塑造(Koskela and Pain 2000;Pain 1997;2000;Valentine 1991)。这种环境也往往是全然性别化的,因为它忽视了女性使用者的安全与空间需求(见 Boys 1998;Durning and Wigley 2000; Hayden 2000; Little et al. 1988; MATRIX 1984;Weisman 1992)。一个空间的意义及其相关的行为种类,总与其可见性(或者说透明度)、开放度,以及自由出入该空间的难度紧密相关。因此,要想使得城市空间更安全(或至少看起来更安全),一种做法是在设计时就将潜在的威胁性行为从环境构造中排除在外(Newman 1972)。从这个方面来说,一个标准的做法,就是改进路灯照明,此外还有在公共空间更多地使用闭路电视。有趣的是,闭路电视旨在提高空间可见性的同时,也模拟出了一种社会地理。摄影机那没有肉身的眼睛创造出了一种假象,仿佛我们在空荡的地铁站台上并不那么孤单,仿佛别人依然能看到在后半夜街道上行走的我们。这种在所有社会生活均已缺失时对可见性的模拟让人联想到雅各布斯(1964:52)对荒芜空间中路灯有用性的探讨:"如若无人在看,路灯是否发光? 从实际用途的角度来看,确实没有。"就在创建防御性空间这一点上而言,摄影机有其矛盾之处:它既代表着安全,也代表着监视;既为了保护,也为了威慑;既做了些什么,又什么都没做(见 Ainley 1998;Parenti 2003)。伴随着环境中的这些技术调整改进,女性需要学习如何在实践中调整她们的行为。防守性策略意味着在特定时间避开特定场所,意味着使用私人交通工具——或者,干脆,晚上不要单独外出。这些策略同样影响着空间中的身体行为。就如同很多小孩和一些狗狗一样,女性被训练着如何使用街道。跟空间打交道,变成了学习怎么走路,在哪儿行走,路上要注意什么样的人,情况不妙要怎样应对等问题(见 Stanko 1996)。一个标准的建议就是,女性不要像"受害者"那样走路,这有点让人不安,好像是说潜在的受害者因为姿势动作而自己暴露了自己——甚至是主动招惹麻烦。更有甚者,此处反而要责怪受害者本人,这个桥段,在针对女性的各类犯罪中简直太熟悉不过了。在谈到性犯罪和仇恨犯罪时,人们也常说,走路时不要像个女人一样,不要像个黑人一样,不要像个同性恋一样。人们在这些案件中成为受害者,是因为那些攻击者是施暴者,或是厌女者,或是种族主义者,或是恐同者——并不是因为他们自己天生就是受害者。可即使如此,女性还是不得不瞻前顾后,时刻警惕,抓紧自己的钥匙或是其他什么东西以供随时防身之用(见Koskela 1997)。当女性在夜晚空荡的街上行走时,她们所获得的忠告最能展示出空间对于女性而言的攻击性本质,以及女性身体在空间中的脆弱性本质,即你应当在马路的中间行走,而不是走在路边的人行道上,这就实质上将女性排除在日常公共空间之外了。当然,这些忠告可能的确并无恶意,但它凸显了女性身体会是一种空间上的负担,以及为什么城市中的某些空间会被体认为一种冲突区。

女性对空间的使用是受限于其对危险的认知的,尽管这个认知有悖于两个众所周知的施暴事实,即,对男性的暴力多发于公共场所,源于陌生人或近乎陌生人,而对女性的暴力多在私密空间,通常是在家中由她们所认识或熟知的人实施。在这个意义上来看,女性的空间策略是受其对危险的感知,而非受犯罪的实际情况所制约的。此外,这些策略还会因为年龄、收入、生活方式等因素而变得更加复杂,进而影响女性如何使用空间——天黑后待在家里,还是使用私家车或出租车,寻求男性保护,还是直面工作的需求,在非社交时段外出或者前往不安全的地点。同时,女性对空间的感知和使用还和种族问题有关。瓦伦丁在对南英格兰雷丁镇的研究中发现,很多白人女性认为黑人活跃的地区是十分危险的,她认为,这主要是由于种族主义对于黑人性格的臆断(另见 Chiricos et al. 1997; St. John and Heald-Moore 1995, 1996)。戴(Day)(1999)在对加利福尼亚州奥兰治郡的研究中也考察了黑人和少数族裔女性对公共空间的认知是如何由其种族主义经历所决定的。与之相关的还有哈钦森(Hutchinson)的研究。后者发现(2000),黑人和少数种族女性很依赖洛杉矶的公共汽车和地铁——但是,人们普遍认为,在洛杉矶是“没人走路”的。尽管性别关系对女性空间行为的影响有其常见模式,但是在空间中女性身体还有其他的存在方式。其中的影响因素包括年龄长幼、有无子女、性取向、身体健全与否,等等。但总而言之,女性对暴力和侵害的恐惧总是会不同程度的削减城市本该赋予她们的自由和独立性。瓦伦丁(1989)把这种受限制的空间使用模式理解成一种“父权制的空间表达”,也就是一种在空间秩序和空间实践中不断产生性别化权力关系的手段(另见 Peake 1993)。她认为,女性对男性暴力的恐惧以及她们在空间行动中受到的种种限制会进一步促使她们在异性恋关系中寻求男性的保护。换言之,对暴力的恐惧,亦即表现对空间的恐惧,和其他社会力量一起,将迫使许多女性“选择”传统的异性恋模式。

性取向和城市空间

> 通往聚居区之外的道路,既不笔直,亦非无阻。
>
> ——路易斯·沃思《犹太人聚居区》(*The Ghetto*)

试图将女性在城市中进行定位的各种方法都是在强调城市空间是在多大程度上通过异性恋的矩阵关系建立起来的。无论女性在城市空间中是否是一个令人不安的因素,还是认为自己容易遇到危险，人们通常都会将女性在城市中的地位与男性相比较。异性恋在城市环境中像是一种主流境况：人们总是理所当然地接受、适应并迎合着它。从工作场所、消费场所，到共享的公共空间、街道上的广告牌——城市空间中的性别关系是以规范的性取向实现再生产和表征的。然而，贝尔（Bell）等（1994：31）指出："不是所有空间都是'直的'。"那么，在充斥着异性恋形象、趣味和主张的环境中，"非直"空间又是怎样将自身植入其中的呢？思考城市中性别取向的其他可能性，就与前文所述的"可见性"概念特别相关。对性取向的表达、申明或藏匿也是通过在城市空间中"显形"和"隐形"的方式来达成的。无论是通过个人身份还是集体同情、政治纲领或风格表达，城市都为以各种方式确立性取向认同提供了一个舞台，并为不正当、被禁止或私密的性行为提供了掩护。因此，可见性是利弊同出的。现代城市在给同性恋身份的表达、酷儿团体的形成提供最显眼的场所之时（Chauncey 1995；Fischer 1982），可见性同时也会让人们陷入一种潜在的危险，谁只要表现出同性恋的行为，甚至可能只是一些可疑的倾向，谁就很容易受到敌意、骚扰，甚至是监管或暴力（见 Herek and Berrill 1992；Herek et al. 2002；Jarman and Tennant 2003；Mason and Palmer 1996；Mason and Tomsen 1997；Moran 2000；Morrison and McKay 2000；Rothblum and Bond 1996）。

关于可见性的这些问题在性取向的空间研究中也十分重要。要想在空间中"看见"性取向，就必须用某些社会因素如位置、人口或者实践等来定义它，这样才能构建出一个较为稳定的地理图像。然而，性取向具有很强的流动性，因此，要想将其"钉"在地图上的做法就多少有些不自然。在城市社会学和地理学中有一种研究方向，它将男女同性恋群体作为一种"亚文化"来对待，进而可以研究其社区形成、迁徙和居住模式，以及相关的各类政治和文化能动性形式（Canavan 1988；Fischer 1982；Levine 1979；Lyod and Rowntree 1978；Wolf 1979）。这种研究方向源自芝加哥学派对文化社群的关注，并从城市种族社区研究中借鉴了一些方法。当足够多的同性恋人群出现在地图上时，他们就变成了一种近似"种族群体"的存在，作为一种独特的少数群体，有着共同的身份和文化认同，故而总是聚集活跃于城市的特定区域（见 Bell and Valentine 1995b：4）。以这种眼光来看，用沃思（1928：282）的话说就是城市中的"同性恋空间"就好比一种"非犹太人的聚居区"（另见 Levine 1979）。这种"同性恋聚居区"和城市社会学传统意义上的聚居区一样，提供了一个社交和身份认同的空间，以及某种程度的安全感——尽管它没有显得那样封闭恐怖，也没有那些常见的"逼仄、阴暗而且肮脏"的街道（Wirth 1928：243）。

然而，明确同性恋人群的地图分布并不算是一种精确的科学。毕竟对此几乎没有什么官方的人口普查。研究者们只能诉诸"同性恋场所"（比如酒吧、桑拿等）的分布去查访某区域中大量存在的同性恋者；或者，他们只能借助那种民族志直觉中的常识或内行知识。在研究较为隐蔽的人群时存在一个非常基本的矛盾，人们普遍认为，对特定商业、文化、居住和政治场所的关注往往集中在男同性恋的地理位置上，而这些地理位置本身在阶级、生活方式或年龄结构方面往往非常特殊（见 Binnie 1995；Binnie and Skeggs 2004；Castells 1983；Forest 1995；Forrest 1994；Mort 1998；cf. Lynch 1987；Phillips et al. 2000）。考虑到女性比男性拥有企业或住宅的可能性更小，可支配收入或文化消费时间通常更少，而且在公共场合更容易遭受暴力或骚扰，女同性恋者的地理位置可能更难按照既定或离散的文化和商业场所、反公共空间或公认的街区来划分。因此，对女同性恋群体形成的研究倾向于通过社会交往和内部民族志来追踪女性网络，而不是通过文化和公共生活的架构(Adler and Brenner 1992；Lapovsky Kennedy and Davis 1993；Rothenberg 1995；Valentine 1995；Wolf 1979)。此外，亨明斯(Hemmings)(2002)也注意到，对于双性恋群体空间的地理勾勒也十分困难，且具有很大的局限性，因为这类群体并不能简单地被归类为男同性恋、女同性恋，或异性恋。

这些问题虽然会给研究人员带来困难，但也有助于指出社会空间中性取向的复杂性(见 Valentine and Skelton 2003)。身份和地点之间的转换从来都不是一个完整的转换。并非所有人都会出现在地图上，也不是所有人都愿意出现。性取向在空间中被描绘为不同的社会和经济关系、文化或政治表达形式、共享身份和能动性的场所。但是，当我们想在空间中"固定"性取向时，想跟踪一个移动的身体或是想在地图上标定下所关注的主体时，总有些因素是我们无法把握的。虽然将性行为转化为社会事实可能是一个简化的过程，但是，它使我们能够将性行为视为涉及物质关系的过程，这对城市空间有明显的影响。

性取向、社群和城市进程

性取向的城市研究总是把注意力放在男同性恋社群的形成上，并常常以城市的大小、多样性和匿名性作为其研究背景。在此意义上，城市为人们的一种双重体验提供了背景：差异的繁衍和对差异的容忍赐予了人们自由；同时，各种不同的城市亚文化又带给了人们慰藉。如果说这种对男性同性恋的地理研究大量继承了城市生态学的思想，那么旧金山就是他们的另一个芝加哥(见

Castells 1983；D'Emilio 1983；Fischer 1982；Lyod and Rowntree 1978）。克劳德·费希尔（Claude Fischer）（1982）在对旧金山同性恋社群形成的研究中遵循了芝加哥学派无可挑剔的研究思路，城市之所以能够使各种身份认同和社会网络不断繁衍，主要是因为人们能够自由地选择如何与他人建立联系。城市人口的密度和多样性支持着种类繁多的亚文化的形成，并使它们在空间中得以落地生根。在旧金山的案例中，费希尔关注到，男性同性恋群体是怎样在相当长的时间内选择性地往城市迁徙，进而形成了"关键性群体"，大到足以支持形成其独有的社会网络和文化形态（另见Castells and Murphy 1982）。在第一波移民成形之后，新的男同性恋人群——他们通常来自乡下村镇、农村地区和小城镇等——就会受到鼓励，迁徙到旧金山，从而加强并扩展了这个新生的亚文化。但是这个过程并不是一则开心故事，所谓的越来越多的男同性恋者选择"居住在朋友周围"（费舍尔的术语）。恰恰相反，他们与公权和私权——警察和其他公共部门、私人雇主和个体户们——的各类冲突，以及与异性恋主义者自设的治安队间的日常冲突，这些都显著加强了城市中的同性恋文化，一群群的男同性恋者们逐渐组织起来，形成了政治认同，并且成为了一股选举力量（另见 D'Emilio 1983）。

这种政治维度在曼纽尔·卡斯特尔对旧金山卡斯特尔罗区（著名的同性恋街区）的分析中十分重要。卡斯特尔背离了传统的将同性恋群体视为"社群"或"亚文化"的研究范式，转而将其作为一种社会运动来看待（Castells 1983；另见第三章）。他认为，对空间的占有和改造离不开解放政治还有平权和表征。卡斯特尔和墨菲（1982）把空间组织视为政治身份的一个核心来源；他们认为，街区像是一个本土化的堡垒，使文化网络得以发展，社会制度得以立足,政治诉求得以伸张(另见Bailey 1998;Forest 1995;Knopp 1998;Myslik 1996)。这种研究方向强调的是城市社群的政治学以及对空间的强烈诉求。并且,这些诉求也具有鲜明的性别化特点。卡斯特尔(1983:140)认为,在试图占据空间时,男性同性恋者的所作所为“首先是和普通男性一样”的。但是,城市中并没有与之相应的“女同性恋者领地”。尽管女同性恋的政治更为激进(这不是巧合),却处于一种“缺少地盘”的状态。不管更加极端主义的做法能带来什么样的慰藉,这种性别差异却反映出来,和女性相比,男性在经济上是有优势的,而且在住房和劳动力市场上力量更大。简而言之,男性更能负担得起他们的空间诉求。但是,除了这些大面上的社会和经济因素之外,卡斯特尔还指出,城市男同性恋者的空间政治和一般男性的所作所为没什么区别:对权力的追求,对男性来说,肯定会涉及对空间的追求。他写道:“男性总是在寻求统治和支配,其表现之一就是对于空间的渴望。”(同上)将政治诉求和空间诉求联系起来,男同性恋者所表现出的是一种类似“空间殖民”的男性倾向:不管是在街面还是地铁,也不管是在年轻男性帮派抢地盘的械斗中,还是在军国主义政治之中。

卡斯特尔关于男性气质的这种看法为他招来了大量批评,不过,对其本质主义错误的指责并不能令其观点全然无效,毕竟男性对空间的支配是切实存在的。卡斯特尔之后的学者也大量向其借鉴,有的理论沿袭了社会运动的框架,效仿他对男性同性恋者政治的研究来研究女性同性恋者[如诺普(Knopp)1987 年对明尼阿波利斯的研究],又或是以更广泛的性取向认同来研究酷儿政治(见戴维斯 1995 年对波士顿的研究);而在卡斯特尔之后,还有不止一例研究试图将女性同性恋者置入空间之中(Adler and Brenner 1992;Rothenberg 1995;另见 Valentine 1995,1996,2000)。不过,在后人对卡斯特尔的大量借鉴和援引中，对“男女同性恋者空间诉求或居住模式的对比与差异”这一方面关注较少，而对“文化认同和空间政治的关系”及“城市社会运动对资源和权力的调动”这些方面关注较多。关于男女同性恋者在城市中产阶级化过程中所扮演的角色的研究，有大量对这些经济和社会力量问题及其对城市形态影响的探讨（Binnie 1995；Binnie and Skeggs 2004；Bouthillette 1994；Kitchin 2002；Lauria and Knopp 1985；Quilley 1997；Rothenberg 1995；另见第四章）。在中产阶级化的语境下，人们不常以“社群”或“社会运动”的形式来看待性少数群体，而是将其视为一种阶级分支——中产阶级的某些群体进入低收入的、破败的、边缘的经济和社会空间。譬如，旧金山卡斯特尔罗区的出现就可以简单地被理解为一种中产阶级化的产物——高收入居民的迁入、住宅的翻修和物业价值的上涨、设施的优化以及新的文化空间与消费空间的发展。类似的情形还有纽约的格林威治村和切尔西、巴黎的玛丽亚斯以及悉尼的帕丁顿等。中产阶级化的某些空间和文化特征——例如新的住宅布置、自由的政治、大城市般的消费场景以及城市在文化上的吸引力——可能确实和男同性恋者的某些生活方式十分契合。当然，男同性恋确实可以表现得如同文化先锋一般，不断推进扩大中产阶级化过程的疆界。

相比之下，女同性恋或双性恋则更容易受到经济或育儿因素的压力，进而选择一些远离中心的场所，或者恰恰就是那些“多种族混居的、老旧的工人阶级区域”，此时这里还未准备好迎接后来的中产阶级化进程（Wolf 1979：98）。罗滕贝格（Rothenberg）（1995）在对纽约布鲁克林的公园坡（一个女同性恋者相对较多的社区）的研究中指出，该地的女性家庭主要体现的，仍然是 20 世纪 60 年代和 70 年代中产阶级化进程早期的那种反文化政治和血汗权益投资等，而非 20 世纪 80 年代及其后中产阶级化过程中的那种日益富足的都市生活方式。而当该地的中产阶级化程度逐渐加深时，特别是由于房产所有权的普遍匮乏，女同性恋者们发现要想入住或留在公园坡变得愈发困难。在此背景下，女性同性恋者便不得不向外迁往租金更低的社区，这既可被视为中产阶级化进一步地向外扩展，亦可简单地被理解为富有外来者利用经济优势进行占位的过程："以此观之，和其他'被赋名'的群体一样，女同性恋者因为发起了一个社区的中产阶级化进程（且不论其好坏）而被铭记——比如那些艺术家们或者是收入不错的专业人士等，残酷之处在于，她们是自己成功的牺牲品。"（Rothenberg 1995：178）

性取向的地理学

在对社区和社群形成的关注中，男同性恋群体似乎不过是一群锦衣玉食的小团体。这样的描述的确与边缘的旧生态学理论有一定距离；然而，无论是将酷儿群体视为被隔绝于城市聚居区中的边缘主体（见 Winchester and White 1988），抑或是中产阶级化中的一个利基市场，对居住模式和社会性的关注都很容易简化为地图上一个个无实体的点。同样，城市中的同性恋空间叙事也不是一个简单的生活日益富足或者文化资本不断增长的故事——尽管有一些男同性恋群体确实如此。譬如，我们很难不注意到，在 20 世纪 80 年代早期出现大量报道，指出男同性恋社区开始在旧金山兴起扎根，不久就出现了对该社区艾滋病疫情的指责。这给出了一个新的政治解读维度，即将男同性恋作为一种城市社会运动。除了传播和感染的医学地图之外，艾滋病毒/艾滋病的地理中还可以用所谓的"政治路径"来解读，这两种路径都是在当地的组织和动员规模上工作的，同时也寻求与国际空间建立联系（见Geltmaker 1992；Brown 1995）。

在艾滋病毒/艾滋病的地理中，性别身体、性认同以及性空间复杂地交织在一起。这就指向了空间性别研究中的一个关键性问题。无论是研究男女同性恋群体的居住模式，还是研究酷儿身份和组织的空间政治，都和性本身没多大关联。对性认同的地理图绘，往往是围绕着对政治和公共空间诉求、社群服务和社会机构、记忆和朝圣场所、商业和消费场地等展开绘制，并非简单地重合于性行为的地理分布——后者更加难以察觉，转瞬即逝，且时常违法，其隐秘与私密性大于公开性或认同性（Humphries 1970；Bell 1995a，1995b；Mort 1999，2000b）。当然，这并不是说性与身份认同和公开性无关，只不过它们确实不常在空间中同时出现。毕竟，性总是发生于密室之中。

这种性认同与性能动间的不确定关系部分反映了公共空间与私人空间之间的一种不稳定的平衡。在以异性恋为主导规则的主流认知中，唯有当性少数者处于“私人”状态——亦即隐形状态——时，他们才能够被容忍。那么性少数群体对公共可见性的诉求——作为市民、作为社群或作为社会运动——便是对这些主流规则的有力回击。而对于那些完全无法容忍性少数群体者（见 Stein 2001）——焦虑的个体或宗教统治集团等——而言，这种回击便更加明确了。对于性平等或者是性差异权力的诉求都是出现在公共的、可见的空间中，其运作尺度与身体、欲望及性遭遇等微观地理分布不同。但是，对性取向的规行与治安规行和声索却在公私空间不稳定的边界上产生了一系列的摩擦。其既体现在立法与压迫的方向上，又作用于性表达与自治权的方向中。对于各种需经双方同意的性活动的法规与禁令——比如有关某些特殊性实践的、有关不同年龄阶层的性同意的——使得这些问题从私人行为变为了公共事务。那些原本私人的、只有关个人同意的问题现在变成了公共话语和官方所禁事务的一部分(见 Mort 2000a)。但另一方面,公共空间中的性混淆了传统的对于公共性与私人性、亲密性与匿名性的区分。那些在公园、树林、巷道、船坞、高速公路停车带、公共厕所、公共浴室以及酒吧中的性遭遇在公共场景中创造出了私人空间,为陌生者提供了私密场所——尤其是当同性欲望无法在家内的"隐秘性"中得到表达时(见 Bell 1995b:306-8)。

小结

关于公共和私人的空间与符号划分对于理解现代社会空间十分重要,也容易受困于性别和性取向问题。本章讨论这些因素如何从三个层面——意义层面、使用层面以及物质形态层面——将其自身塑造于城市空间之中。在实践中这三个层面一直是难以区分的。以女性防御性的空间使用为例,其不仅有关物质事实(如黑暗的街道、空旷的停车场),亦关乎意义和表征(如有关性危险的叙事、某些"邪恶"场所中的想象性关联)。通过空间的象征性符码,通过不同模式的空间实践和交互,经由空间中的物质区隔和排除,以及身体的微观地理分布,城市中的性别和性取向问题得以展现。

尽管性别与性取向是两个不同的问题,但它们在许多方面均有重合,并且都诉说着现代城市中那种危险的自由。城市环境已经成为重塑性别关系以及性别身份表达的关键场所。不同性别和性主体所要求的自由总是被某些危险所笼罩。性暴力或恐同暴力的威胁和现实意味着,街道和其他公共空间的外观和感知将因使用它们的身体而不同。危险的地理环境描绘了另一个城市，与那些在城市空间中穿着更轻、更随意的人居住的城市不同。然而，这些他者城市并不仅仅是由恐惧或约束所定义的；它们也由大胆的动作和普通的姿态组成，改变了空间的日常运行。考虑到性别或性取向如何对城市空间的意义、实践或形态产生影响，提出“正常”空间应该是什么样子的问题，扰乱了这个城市原本习以为常的秩序。毕竟，平日里街道上的男人有可能实际上是个女人。

第六章　空间故事：城市中的主体性

城市也许是客体现实中最为致密的一种，但人们总会以主体的形式去了解它。这些物质形态精巧的装置和漫不经心的人类设计在现实层面永远不会和书面上完全一样。人们之所见，部分取决于你所处的位置，以及你来自何方。本章将讨论城市与主体性，关注个体在感官、记忆与能动性层面上与城市空间的互动。除了从建筑形式或者人口数据的角度来定义城市外，还有一种观点是通过意识或经验的角度来理解它。人们的城市经验不总受制于宏大的社会结构或经济结构，亦取决于其个体感知、心灵地图与空间实践。因此，不同的社会行动者在谈及各自在城市中的穿行路线时，也将讲述出各不相同的“空间故事”（de Certeau 1984；另见 Keith and Pile 1993；Pile and Thrift 1995）。

接下来的讨论将关注都市社会理论中有关城市主体性的三个核心故事，每个故事各关注一个主题：(1) 城市生活对人类意识的影响；(2) 城市与记忆、梦和感知的关系；(3) 人们的日常实践在创造城市空间时所起的作用。对主题(1)的探究主要聚焦于格奥尔格·齐美尔1903年的一篇论文。在该文中,齐美尔论述了现代城市中人们精神生活的一种独特本质。在第一章,我们已简略了解过齐美尔的思想;此处,我们将更进一步地研究城市如何激发主体的某些特定回应,即这种"感官调节"使得人们能够忍受城市场景中过量的感官刺激。此处关注的重点在于对主体性的管理,即自我管控模式的形成,也是城市空间中对待他者的一种态度。齐美尔感兴趣的是城市主体的精神生活、与他者互动的方式,以及更大的现代城市社会秩序三者之间的连续性。因此,对主体性的思考便引出了一个更大的关乎现代社会环境的问题。齐美尔认为,个体性与集体生活间的紧张关系是此问题的核心——唯有在城市拥挤且孤独的空间中,这种紧张关系才会得到彰显。

对主题(2)的探究落脚于瓦尔特·本雅明。在他20世纪20年代至30年代的著述中,本雅明考察了记忆与感知对城市意义的塑造。与齐美尔一样,本雅明也关注着个体与城市感官环境的相遇。但是,本雅明笔下的主体,更多是通过他们和城市的想象性互动来定义的,而非对城市的躲避性疏离。本雅明早年柏林生活的回忆录很好地将城市处理成了记忆的场所。在这里城市不单是生活中事件发生的背景,更是记忆的中介,是意义的仓房,其不仅属于场所本身,也属于那些个体,他们可以再循着脚步穿行其中。在解读场所中所蕴含的各类意义时,本雅明的写作使用了大量隐喻来描述主体是如何理解城市的——发掘、收集、倾听、采样研究、阅读等各类行为。在这些描述中,城市被理解为一种嵌有或封存着大量意义的物质形态,它们以碎片或线索、暗示或回响、深度阅读或者记忆闪回的形式出现。

这些碎片般的视角提供了某种独特的城市洞见,理性之眼反而无法窥探。在米歇尔·德赛都对空间故事的构想中，该思想亦扮演了重要的角色。本章的最后部分将援引德赛都在《日常生活实践》（*The Practice of Everyday Life*）中的观点，考察普通城市使用者的空间实践。德赛都的关注点在于，主体是如何在一个被地图、计划、规则、符码和框架等过度确定的城市空间中为自己创造空间的。在日常实践平凡且几不可见的层面上，人们绘制着只有自己熟稔的私人路径地图——即便只是草图。在德赛都处，穿梭于城市中的众多路径构成了一种无言的姿态，抗拒着官方性的城市及它的规划、监控和空间秩序逻辑。如果说理性主义者们幻想可以将现代城市作为一个整体环境、一种社会机器来进行布局或管控，那么日常使用者们的狡黠手段就总能游走于界线之间，消失于视野之外。

本雅明和德赛都两人都对城市的理性知识和主体对空间的习惯性想象与实践之间的差异进行过描绘，这有些类似于亨利·列斐伏尔对于空间的社会生产所做的更为宏大的论述，亦即列斐伏尔对形式上的“空间表征”和主体赋予意义的“表征空间”两者间的区分。在列斐伏尔的理论中，空间表征包括那些与正式“知识、符号、符码”（1991：33）有关的系统化、规划与设计。这种科学的、建筑学的空间处理方式是一种典型的德赛都式的“概念城市”，即现代主义者所梦想的那种全然理性的城市环境。

同时，表征空间，则是指“必须借由其相关的意向及符号而被居住的空间，故也就是属于‘居住者’或‘使用者’的空间……这是一个被统治的——因而也是被体验的——空间，也是想象力试图改变并侵占的空间。它覆盖于物理空间之上，符号化地使用其中的客体”（Lefebvre 1991：39）。对列斐伏尔而言，这种空间总是与记忆有关，藏匿于亲密场所之中。它是“活的：它能言说。它有情感的内核：自我、床、卧室、居所、房子；抑或广场、教堂、坟墓。它包含激情之所在、行动之所在、生命场景之所在，因此它直接意味着时间……它本质上是质性的、流动的、动态的”(同上：42)。这种空间包含着许多内容(或许过多了)，但就其“空间能够言说”这一观念而言——如同空间与时间的流动关系——在本雅明处同样能够见到。列斐伏尔认为，城市中的空间和物体以一种有着记忆或梦幻般质感的语言向主体言说。物体的这种“喑哑的”语言是城市中感性知识的媒介，这种知识不会轻易将自己献身于表征或解释(见 Benjamin 1986a：321)。如阿明和斯里夫特(Amin and Thrift)(2002：9)所言，城市的现象学“无法仅由理论或认知得到”。在另一部作品中，本雅明(1977：201)又对“陶醉的口语”与“象征性的书面语”进行了对比：一个是感性和不羁的，另一个把握并固定了意义。倾向于感官之物和可以被正式声明的东西之间的这种隔阂，也贯穿于德赛都关于日常主体对空间使用的描述中。如果说城市的官方秩序被书写为大量的规范、准则、地图和计划，那么个人的版本就是一个空间故事，仿佛在城市的街道上大声讲述，除了空中的运动之外，没有留下任何痕迹。

城市中的意识：齐美尔

路易斯·沃思(1967：218)将齐美尔 1903 年的论文《大都市与精神生活》盛赞为“社会学视角下城市研究的顶峰”。这篇论文的出现标志着社会学上最重要的几个转折点之一，其对某个特定历史时期的城市经验做出了生动的解释，而这些解释又能与新近的城市主体性学说产生共鸣。这篇文本的一大悦目之处就在于，即使百余年后，只要乘坐过城市的地铁，或是行走过人来人往的街头，就会惊讶于书中的描绘如此熟悉。然而，齐美尔所关注的，是怎样可以通过这些日常时刻来洞悉社会秩序等更为宏大的问题。对他而言，城市是展现现代社会生活核心问题——个体性与集体性矛盾——的最佳场所。去考察城市的"社会性"，就是去质询"文化主体的灵魂深处"(Simmel 1997b：175)。

齐美尔有关大都市生活的理论主要关注个体主体性、社会行为和集体秩序这三个层面之间。要了解城市中主体的精神生活，就等于要了解塑造城市中社会关系的条件。如我们在第一章中所见，齐美尔认为，城市中的社会性恰恰表现在反社会性。当被无数无关的他者包围时，你只能选择"断开连接"。这就是对付人山人海的一种手段；毕竟，一个人不可能也没有必要与每一个他遇到的人都有所交集。因此，当你与他人同坐一班地铁时，当你在路口与他人一起等红灯时，当你挤进满载的电梯时，你选择沉默，选择谁也不看，就好似你身边空无一人。但重要的是，这些举动仍然是一种社会行为的模式，因为它们指向他人。换言之，当有陌生人与我存在于同一空间时，无视就是我做出的回应。如我们在第一章所讨论的，城市中这种奇异的孤独感也应被视作一种社会关系，一种与他人共处的方式。只不过，共处的方式就是佯装没有共处，交往的方式就是不交往。毕竟，在拥挤的列车上"假装独处"，和真正的在空房内独处是完全不同的。"假装独处"需要你按特定的方式包装自己，根据他人的行动来调试自己对空间的使用，以便用一种"不在乎"的隐性社会语言来进行交际。如若你的表演太过投入，当真进入了"旁若无人"的境界(比如在街头自言自语，在地铁上放声歌唱，在电梯里对镜梳妆)，那便失败无疑了。

人们在城市里的这种冷漠行为并不是一种简单的社会形态的问题。在另一个层面上，它还和城市心理的某种特殊性质有关，与塑造了城市生活的意识形式有所牵连。现代城市在产生出新型社会关系的同时，还连带着产生了一种特殊的心理，即一个被城市塑造的自我，会对城市生活的迅速变化及其对神经的强烈刺激做出反应。齐美尔(1997b：175)认为，“人类”，本质上是一种“以差异来认识事物的生物”：对于各种各样的感官印象，人们通过厘清它们之间的差别来赋予它们意义。因此，我们逐渐学会何时去看，看向何处，什么声音要引起注意，什么声音可以无视。然而人的这种“过滤”能力，却因为城市环境对感官的过量刺激而被削弱了。在城市里，各种场景迅速变换，人们的感官承受着大轰炸，对感官的各类繁杂刺激消磨了人们的甄别能力。可以说，现代城市中精神生活的基调就是“过载”，个体——在每一天，每一处，经由最为平凡琐碎的方式——屈服于种种视觉和精神刺激。当整座城市从各种角度逼迫而来，你就很难去处理你的各种所见所听，也就很难真正认识城市了。

罗伯特·帕克(1967a：40－1)随后以类似的风格写道：“城市生活的强烈刺激对年轻鲜活的神经有一种奇异的魅力。这种对大城市的痴迷恐怕是神经反射性的产物。”这一场景的缺点就在于，对于那些神经不再年轻鲜活的人来说，这种强度的刺激可能会使你搁浅于刺激和衰弱的中间状态。这种感官冲击，有可能实实在在地让你感到心烦意乱。更常见的是，它会制造出一种负面反应，一种典型的城市态度，齐美尔称之为“麻木”。这种麻木姿态是现代城市主体性的典型特征。这是对过度刺激的空白反应，这种感官的翻转或者说“奇怪适应”(Simmel 1997b：179)使得主体对城市的这种纷扰氛围习以为常。它令人闭目塞听，放弃了“以发觉差异来认识事物”的神经本能。这种“习得的冷漠”既是苏珊·桑塔格(Susan Sontag)所说的“过度沉溺于城市中紧张的、刺激性的快乐”(1982:373)所带来的副作用,同时也是抵御它的最好办法。这种态度要求人们毁弃感官,废除知觉。它告诫着人们,不要在公共空间中与人目光接触,也不要去听别人在街上对你说了些什么。齐美尔所研究的20世纪初期的柏林市民们尚不得不自己去创造这种社会距离;但现在,随身听和电话等移动科技技术性地解决了这个问题,不需要人们再去学习适应。这些设备完美实现了城市的疏离逻辑。沉溺于个人的声音场景中,或者忙于处理另外一个交互场景,由此一来,你就可以把城市这个大家共享的感官或社会空间隔绝在外了(见 Bassett 2003;Bull 2000;Thibaud 2003)。

总之,这种冷漠态度,以无回应的形式,回应了城市环境对感官的过度刺激以及城市拥挤人潮带来的社交过载。对齐美尔而言,这种主体性姿态同样反映了现代社会交换的一个更加基础的特征。在现代语境下,社会互动的许多方面都被还原成了市场问题。而潜藏在城市主体冷漠面孔之下的正是货币的逻辑——区分事物的唯一标准就是它的价格。如果说人在本质上是一个“差异性生物”的话,那么这一意义的制造过程在现代城市中被大大简化了,无论是说主体将周遭环境排除在外,还是说将价格这一市场信号奉为圭臬。不管是哪种情况,你都没有必要做出精确的区分。城市的奇观在很大程度上就是市场的奇观,亦即本雅明所说的“购物的大剧场”(1986f:40)。而且货币经济在现代城市中的主导性地位对于个体来说具有特别重要的意义——“无论物或人,一律当作客观事实来看待(Simmel 1997b:176)”——有些冷酷,但很公平。

因此,城市中的冷漠关系可以被视为一种广义的“感官迟钝”的一部分,能够缩短社会接触的条件,能够标示和维持个体之间的心理界线。如果说这意味着某种社会损失的话,那么这种损失是必要的。齐美尔认为，对于那些在空间上紧挨着我们的无关事物，漠视他们只是一种保护机制而已，若无此机制，大都市的人们将会在精神上被碾压摧毁(1997a:154)。不过，在城市中流露出的并不只有冷漠的态度，还有“我们常常意识不到的…… 轻微的排斥感，一种个体间的相互陌生感和排斥感”(Simmel 1997b:179)。总有某些时刻，你突然很想把别人推下自动扶梯(恐怕齐美尔本人也曾有此感受)。这并不是说某个个体可能会由于压力太大等原因做出此等举动；而是说，任何人都有可能成为敌意的潜在目标。这种敌意，或许是莫名产生的，但也可能是蓄谋已久的。这种充满厌恶的城市景象也许看起来令人生畏，但齐美尔却认为其担负着维护城市秩序的重任，且是引导城市生活唯一可行的方法：“这些潜在的厌恶使人保持距离，将矛盾停留在发生实际冲突前的预备阶段。否则，城市生活将无以为继…… 城市中看似反社交的生活方式恰恰是城市社交的基本形态之一。”(Simmel 1997b:179 - 80)并且，正是这种相互的排斥感(只要还没有真正转化为谋杀的冲动)使人们得以在城市中相聚。

排斥的规则是“空间经济”的一部分，它在空间中将身体分类，迫使他们彼此保持社会距离，进而大幅减少社会交换(Lefebvre 1991:56)。这种社会逻辑在造成人群隐匿性的同时，也激发了人们自我展现的欲望。当根本无人聆听时，人们的“听觉丧失了，甚至连他们自己的声音都听不见了”(Simmel 1997b:184)。现代城市生活中这种典型的反社交模式将人们从传统的社会纽带中解放出来，也极大地减损了人们的个体性。任何一个个体在人群中都只是一张毫无特色的面孔，对他人而言不过是冷漠的客体，这使得人们免于一系列对他人的责任和义务——重要的是，参与的必要性消失了。但是，这也会让人产生自己“无足轻重”的感觉，使人有夸大个人品质的冲动，想在冷漠的世界中强调个性的作用。如薇薇安·戈尼克（Vivian Gornick）（1996：1）近来所描绘的：“街道上：无人注视观看，却人人都在表演。”

在某种意义上，这种源自匿名性的焦虑为城市中的个体和集体生活提供了一种微妙的平衡。就此，齐美尔展开了一个更宏大的关于自由与冷漠之权衡的讨论。齐美尔指出，这种围绕着个体角色的矛盾可以追溯至现代社会思想中的两种运动；或者说，城市主体所遭遇的困境正体现着这两种思想运动的矛盾。第一种思想认为，个体自由是一种共有的道德实体的表达。这种思想在18世纪达到顶峰，法国大革命是其叙事背景。其主张，个体自由是建立在人类共有的权利之上的；个体的主张与其对他者的承认是无法分割的。因此，对个体的讨论应以一种更宏大的团结为背景。矛盾另一侧的论述，则是以差异为前提。这些典型的19世纪的有关立场，其哲学根源是浪漫主义时期的个人主义规范；在有关劳动分工的社会和经济思想上，他们的表现似乎有所不同。这两种关于现代个体本质的不同辩论体现了这样一种理论和现实的矛盾：一方面，人们需要团结或集体生活；另一方面，人们又一致主张有关个体性的美学诉求及差异性的功能需求。这些现代思想运动——它们将卢梭或潘恩与歌德和涂尔干对立起来——至少对于齐美尔而言，同样可以被视为现代城市中的主体性问题。对他者的承认和重视，作为一种身份认同的伦理，与自我的可分离性以及差异的社会实在性之间，总存在着矛盾。在这种意义上，现代性的核心问题便在大城市普遍共有的焦虑，以及城市生活的庸常行动中展露无遗。或许，我们可以以此自慰：在地铁上对他人的无视，只不过是现代城市中个体与大个体间无可奈何的不悦斗争罢了。

这种集体与个体间、团结与差异间的现代矛盾，最明显地体现于城市的拥挤人群之中。此处，个人与他者的疏离感得到了强调，“紧挨着的身体和逼仄的空间更加凸显了人们在精神上的距离”(Simmel 1997b：181)。反社交是主体对城市中熙攘人群和纷繁事物无意识的神经反射，它也是个人自主权利的一个指征。城市中的，以及更普遍的现代生活中的，个体自由总是部分取决于和他人的疏离。而对齐美尔来说，“如果人们会在某种境遇下，在大城市的熙攘人群中感受到从未有过的孤独与迷失的话，那这也明显不过是自由的另一面而已。”(同上)

地标和脚步声：城市记忆

在齐美尔之后30余年的瓦尔特·本雅明认为，这种现代城市中的“孤独与迷失”状态亦不失为一种快乐的源泉。在他的笔下，诗人波德莱尔(本雅明将他视为现代人物的典范)“喜爱孤独，但所求的是人群之中的孤独”(Benjamin 1983：50)。他还曾如此描写过“迷失的冒险”：

> 在城市中迷路是再无趣且再寻常不过的。你需要的只有无知而已——别的什么也不用。但是，在城市中迷失自己——如同在森林中迷失自己一样——则需要完全不同的训练。指示牌、街道名、过路人、屋宇、报亭、酒吧……在迷失者耳中，这一切的低语必须如同森林中被他踩在脚下嘎吱作响的树枝一般。(Benjamin 1986f：8－9)

这段节选足以告诉我们本雅明是如何看待城市的。城市，首先是一座迷宫，一则空间谜语，它的内在逻辑“深陷在彩缎般的街道里”(1986f:28),对迷失于其中的人而言秘不可见。如同迷宫或者森林一样,城市是一个赋魅的空间。要想在城市中迷失,就是要身陷于城市的咒语之中,就是要试图通过各种方法去找寻意义。本雅明对意义的寻找主要着眼于细枝末节之处。万物——此处引文里的屋宇、酒吧、指示牌等——以无声的语言向城市主体说话,就如同脚下的碎木一样。本雅明本人近视却对声音非常敏感,沉迷于对感官秩序的研究,对他而言现代城市如同一座沉默的影院,是一个需要人学着用“眼睛去听”的空间(语出 Abel Gance,见 Conrad 2000:159)。后来的城市规划者们从心理学中借用了“认知地图”一词来描述人们在城市中特异的行为方式(Lynch 1960),但在此之前本雅明就已开创了这种理论的雏形。城市中各种古怪的事物能让你找到自己的位置。这种对偏离物、隐藏物、废弃物的关注,是本雅明城市研究的基调。他写道:“活着就意味着留下痕迹。”(Benjamin 1986g:155)这种对细节和残骸的注重与许多其他现代人物不谋而合。本雅明通过碎片化的城市阅读,非常类似于弗洛伊德对症状和口误的解读,以及对各类线索的侦探式阅读(见 Ginzburg 1990),都是通过所遗留的暗示或线索来推演出更大的事件全貌。

本雅明眼中的城市是一个感知和记忆杂交的场所。这一点在他 1932 年的《柏林纪事》(A Berlin chronicle)中尤为明显,并且一直贯穿于他人生最后十年所做的《拱廊街计划》(Arcade Project)(见 Benjamin 1999)中,该著作直到他 1940 年去世时仍未完成。在其作品中,城市空间的意义是和个人以及文化记忆紧密联系的。尽管本雅明对物(things)抱有极大的兴趣——他曾描写过各种玻璃建筑、拱廊、殿堂等——但他并不认为城市的意义仅仅局限于这些物理形态中。相反,这些形态在不同的时刻将自身交给主体;物质空间的含义必须通过经验的过滤才得以呈现。这不是简单的个体的感知,更需要存储在这个场所的所有含义的参与。在本雅明笔下,场所和物体的意义并不能完全由正式的使用和表征来定义,也不能将其简化为主体的回应。一个场所总是有其内在的东西。万物能言,只要你可以通过眼睛倾听。人们常常会幻想,希望墙壁"可以说话"——想象着它们记住并会讲出故事来——但对本雅明来说,墙壁在某种意义上确实可以。他认为,巴黎的石头路、码头和售货亭都有着梦幻般质感的语言。就仿佛城市真的有记忆一样。当看不见的过往沿着经验的轨迹重现于当下时,建筑、空间和物体便能从中汲取意义。一个地方的往日生活编织起层层记忆,也就是后来米歇尔·德赛都所说的"可见之物的不可见属性"(1984:108)。这里,本雅明所关心的并不是那些显眼的事关记忆的建筑物,比如那些为了铭记官方历史而修建的纪念碑或建筑等,事实上,他十分痛心地指出,欧洲已经没有几个公共空间的"秘密结构没有被 19 世纪的纪念碑亵渎摧毁了"(Benjamin 1986b:125)。应该说,记忆和空间的关系总是在官方城市的地标和孤独主体的脚步之间起作用。

城市的意义可以以这种方式被视为空间、建筑和物体的一种属性,人们对意义的求索就好像考古学家对遗迹的探勘。在《柏林纪事》(一部本雅明早期生活的编年史,同时也是这座城市的编年史)中,本雅明写道:"一个人若想要寻找他被埋葬的过往,就必须像掘墓人一样奋力挖凿。"(1986f:26)对于阅读本雅明而言,这同样是个好建议:到别人想不到的地方去挖一挖,将文字翻开,去寻找记忆的微光,还有一星半点的意义。你可以把他的作品从内剖开寻找有启示性的只言片语。本雅明就是用这种方式来"阅读",将城市视为物品、线索和遗迹的储存之所。城市,和人们自身一样，你很难仅凭理性的知识和直白的传记去了解它的全貌。要寻求城市的意义，你不得不诉诸想象和幻梦。用本雅明之语则是，你需要去做“清明梦”。这种获取知识的方法在本雅明碎片化且富有诗意的城市写作中随处可见，特别是在其作品《单行道》(*One Way Street*)(1925－6)中。为了一瞥隐匿难解的含义，你必须拥有机敏跳脱的奇思妙想，逡巡于旁径歧途，窥探于邃隙幽穴。最终，也许你只能得到细碎零星的思维碎片，却也可能在无意间柳暗花明，豁然开朗。

在《柏林纪事》中，个体意义和集体意义、个人记忆和文化记忆错综复杂地交织在一起。书中绘制的柏林的局部地图也正代表着他部分的人生。本雅明回忆道，孩童时期与母亲在城市中行走时，他曾感受到一种“如梦般的倔强”(1986f:4)，而这种如梦般的感受也从整体上影响了他对城市各处以及自己人生诸事的回忆。当一处处地点和一个个浸淫在“如梦般朦胧的表征”中时，“回忆的折扇”也不断随之开合(1986f:13)。本雅明所写的是记忆的空间，因此，时间的流动就很少提到了——故而这本柏林的编年史可以说是一本回忆录或一个纪念品，而非传记。此作展现的并不是他早年生活的流水账，而是一种发生于当下的想象行为；如同记忆不是打开过往之门的钥匙，而是通向过往经验的媒介。一个人的过往并不会完整地停在那里“坐以待忆”，而是要由记忆创造性地整合起来。这就是本雅明所说的：“回忆是一项神秘的工作——它需要你有对过往之事不断进行增补的能力。”(1986f:16)

在这部回忆录中，城市本身比其居住者更加生动鲜活——比起人，城市更加恒久与不朽。当回忆某人时，你总会想到你和他共同去过的地方，以及他们所在的空间。诚然，一个人的社会关系就是城市迷宫的道路，也是生命谜语的线索(见 1986f:31—2)；但当你回忆时，盘踞在你心中的却总是那些建筑，而不是身体。对人的回忆总是形如鬼魅一般短暂而残缺，“人的形象总比地点先行消逝”(1986f:24)。人如幻象魅影，那些地方和事物则不尽然。弗里茨·海勒(Fritz Henile)是本雅明的一位诗人朋友，19 岁时与女友双双自杀。每当忆及，本雅明总会想到他曾居住过的房间，而并非他诗中表现出的种种“内在性格”(1986f:17)。随后，本雅明用一种“轻快的脚步”走进了他几被遗忘的青年时光，如同“踏上一座暌违多年的阁楼。宝贵的东西也许就藏在一旁，但没人记得在哪儿了”(1986f:20)。他说，回忆如同陈列着往事碎片的画廊。它们被毁损了。它们被遗弃了。但是，它们中间一定藏着更大的故事。这些碎片——无论珍贵与否——恰似久未聆听的音乐片段，亦如突现心中的人名和画面。突然间，它们就能点亮你的记忆，如同一张快照。

爱德华·凯西(Edward Casey)也以类似的方式说过地点是怎样将回忆“收集”“保存”起来的。回到故乡(堪萨斯州的托皮卡，比柏林更加乏味些)后，凯西(1996:25)写到他“发现这里多少还是安全地承载着我的记忆。当我在场时，它就释放出这些记忆，它们属于这个地方，也属于我的大脑或身体”。在这里，凯西和本雅明对记忆和空间的理解略有不同。本雅明认为回忆是一种可以远距离完成的想象行为，而凯西的回忆则是一种具身行为，需要本体在场。尽管如此，这二位的观点都指出了记忆怎样在空间中运作、怎样对空间起作用，以及空间怎样以复杂的方式记录时间。譬如说，城市中的某些场地所承载的，不仅包括了过去的伤疤，也包括了昭示未来的痕迹。本雅明就将柏林动物公园的利希滕斯坦门称为“一个预言性的所在”，并进一步提示，就如同古人会声称某些植物能赐人神力洞察未来一样，有些地点也是如此：废弃的行道路、城镇里背墙而出的树梢、铁轨的平交道,以及将城市神秘地划为不同区域的各种线条(1986f:25)。人们很容易将这些言论轻视为一种神秘主义,但是本雅明的观察仍不乏精彩之处,而且充满预言色彩。想想吧,在20世纪30年代早期,一个犹太人竟然说柏林——"吵闹、冷冰冰的柏林"——侵占了太多它不该拥有的地方,这个城市"见证了死亡,充斥着死亡"(1986f:28;另见 Ladd 1977)。

阅读空间

本雅明身亡于国界线,这印证着他对交界区的痴迷,比如那些"将城市神秘地划为不同区域的各种线条"。在他笔下,对柏林和其他城市的阅读,可以借由对不同街区、不同真实或想象边界的社会地貌学研究来实现。其中一些可以将社会力量的界线转化为地图上的实际界线,例如将资本主义富裕地区标志隔离开来的轮廓,使之成为了一个"待租的聚居区",进而和那些"赤贫的异域世界"区分开来(1986f:10,11)。还有一些界线,它们虽然没有可见的形体,却和前者同样真实:本雅明观察到,若欲穿过街道去与一位妓女搭讪,就是要穿过阶级的社会界线(1986f:11)。当描述一个主体在城市中的行踪时,我们既可以使用那些普通的城市坐标(如地铁站和路标),也可以使用一种或社会或私密的地理语言。在《单行道》中,本雅明说:"一个烦扰的街角,一个令我避之多年的街区,突然有一天变得拨云见日般明朗——只因为一个可爱之人搬到了那里。仿佛有一具探灯架在此人的窗中,笔直明亮的光束将这片区域整个地切碎了。"(1985a:69)所有的街道都围绕着此人的出现变得秩序井然,消解了它们那复杂的秘密,仿佛每个街角现在都已被标志清楚。一个陌生的地理,当其成了某人的私人历史时,就变得温顺和蔼了起来，我们再次看到城市成为个人回忆的场所，在此，各个空间故事被不同的方式所书写，即使它们是在同一个地点展开的。

这种解密不熟悉的社会空间的理念，最明显地体现在本雅明20世纪20年代那些描摹那不勒斯、莫斯科和马赛等外国城市的文章中。在这些文章里，社会和文化意义镶嵌在空间和事物之中，需要感兴趣的双眼去挖掘。各种不同的隐喻被用来描述一个人是怎样解锁陌生城市的——仿佛城市成了一个迷宫，一个舞台，一本书，一个遗迹。好似你必须先了解城市像什么，才能知道城市是什么。在那不勒斯，这个隐喻是关于舞台的，民房建筑仿佛成了舞台，街道生活扮演着各种角色(Benjamin and Lacis 1986)。而马赛，“阅读”这一概念可以用来解读建筑、空间，进而扩展到理解整个城市。“清晨，”本雅明(1985a：90－1)写道：“我穿过马赛驶向车站，一路上先是穿过几个熟悉的地方，然后就路过了新的不太熟悉的地点，记得不是那么真切，城市成了我手中的书，一本我最后匆匆瞥了几眼的书。”近年来将城市视为一种“文本”的理念十分流行(见 Donald 1992)；但在本雅明的作品中，以这种方式讲述自己流连经行某地，还有透过前行的车窗向外观看的经历，仍十分新鲜。莫斯科则是一座狡黠的迷宫。对于这座古灵精怪的城市，本雅明说：“面对新来者，它便化身为迷宫……这座全副武装的城市戴上了伪装的面具，对新来者躲闪、使诈、诱惑，令他晕头转向，直至精疲力竭……可最终，还是地图和计划赢了——夜里躺在床上，他的想象力终于将真实的建筑、公园，还有街道捋清楚了。”(1986b：99)本雅明以这种方式揭示了城市生活的两种特点——在主体和客体间流动——动态的街道生活和静态的地图间的冲突。

不难看出，这种通过丰富的想象力来了解城市的方法是侧面的，间接的。一个人对某一地点的认知总受制于其对其他城市的经验：通过对其他地方的理解，你就能对自己所熟识的地方有更深刻的认识。这种对知识的迂回获取，是跨越空间的（了解莫斯科能让你更了解柏林），也是跨越时间的（比如回忆孩童和青年时期印象中的柏林）。新物中总有旧物的影子，正如同当下亦能看见过去和未来。关于城市的知识，并不是确定不变的，因为它的物质形态，它的居民区还有意义的阴影都会在空间中和主体的想象力相遇。不同视线的交集，各种隐喻的碰撞——这让人在阅读本雅明时时而大呼精彩至极，时而感觉枯燥乏味。他的行文有时绮美入胜，有时却晦涩滞拙。比如，在他诸多的异国城市旅行见闻录中，有一篇《马赛的哈希什》（Hashishin Marseilles 1986d），其中自我陶醉的文字以及情节描写都和瘾君子故事没什么区别。本雅明涉及各类主题：从奇怪于自己为何什么都感觉不到，到欢欣于所遇到的诸人诸事，再到妄想症的边缘，再到极度的饥饿。

尽管许多人将本雅明视作一位癫狂的文字大师，但他在一篇曼妙洒脱的有关超现实主义的散文中告诫人们，不要耽于"神秘事物的神秘之处"（Benjamin 1986e：190）。他写道："我们只有在日常世界中认识到神秘的程度，才能透过一种辩证的眼光，将日常视为不可理解的，一种日常的不可理解。"对于城市空间而言，这段话意味着，城市既是赋魅的，又是庸常的。这些本雅明城市图景中常见的庸常人物——游荡者、闲游者们等——他声称这些人是"和吸大烟的，做白日梦的，狂想者们一样的智者"（同上）。要想理解这种平常世界的神秘现实，你大可不必非做一个疯子不可。你需要的不过是本雅明所说的"辩证的眼光"：一切平常的事物在你眼里都会变得奇异。这篇有关超现实主义的作品也能让我们更加了解本雅明本人，作为一个同路人，他坚持认为超现实主义写作所关注的“只有经验，而非理论，更不是幻想”(1986e:179)。不论有时他的眼光多么怪异，本雅明所关心的仍然是实在的物、空间和经验，它们真实，陌生，又熟悉。

阿多诺(Adorno)曾将此评价为用实证主义在魔法中穿行(1979:129－30)。尽管阿多诺的初衷是对本雅明的批评，但仍不失为最公允的解释之一。阿多诺郑重地建议道，只有严谨地运用理论，才能够将本雅明从“对事实孩童般天真的表述”中拯救出来；然而，本雅明向来都不是一位优秀的理论家。相反，他痴迷于以一种“纤柔的实证主义”方法，去仔细地，甚至是精微地分析事物——这种探求“和客体的关系如此密切，以至于其本身就成为了真正的理论”(1985b:252)。本雅明对感官的重视在他对现代摄影技术的热切关注上亦有体现。他认为，摄影机之眼聚焦细处，化小为大，揭示了“寄居于微小事物中的视觉世界，它们意蕴斑斓，却也隐蔽非常，在清明梦中总能觅得藏身之所”(同上:244)。本雅明有关摄影术的论述主要集中在尤金·阿杰(Eugene Atget)的作品上。阿杰的相片看上去有一种超前的超现实主义感，和本雅明一样，阿杰试图“找寻无人注意之物、遗忘失所之物、流离飘零之物”(Benjamin 1985b:250)。于本雅明而言，阿杰的作品充分说明了将陌生性和细节混合起来，为了解一座城市提供了最佳的站位视角。阿杰的相片多是空镜——“照片中的城市如同被清空了一般”——他或许会旁若无人地走过巴黎的地标建筑，但绝“不会错过一排长长的鞋楦；或是从午夜至清晨一直杵在巴黎庭院中的一溜手推车；或是食客们饱餐离开后的桌子与尚未清洗的盘碟”(同上:250－1)。本雅明认为，阿杰的相片与犯罪现场有几分相似，而这恰是思考城市的绝佳方法：庸常的空间下到处都是凶兆，层叠的意义下掩盖着最不起眼的线索与痕迹。本雅明的这种观览方法似乎尤为适合像他这样“短视”的人——所关注的是细节的零星碎片，是那些仅凭眼睛一扫而过就肯定会错过的事物，但同时，这种“短视”也极具现代性。唯有在新兴现代摄影风格玩世不恭的美学中，在阿杰的快门下，威斯特敏斯特、里尔、安特卫普或是布雷斯劳才可能被描绘成如下这番景象：“这里一段围栏，那里一截树梢，光秃秃的枝杈剪裁着煤气灯，或一截山墙，或是一盏路灯与印着小镇名字的救生圈。”（同上：250）

在本雅明眼中，平凡庸常的、无人留意的或是残留废弃的事物往往能显现出巨大的意义；知识的闪光常迸发于最普通不过的物体或场所中。他试图在零星微小之物中把握现实，于断壁残垣中索求目标——他希望“从最不起眼的角度，在被弃之物里建构起历史的意象”（NLB 1979：35）。在本雅明笔下的城市角色中，尤其在那些穿行于《拱廊街计划》的人中，我们能明确见到他对这些“被弃者”的关虑。妓女、波西米亚人、诗人、拾荒者或赌徒都与现代城市的秩序和意义有着各种不同的关系。在本雅明的各种城市类型中，闲游者——往往是无特定身份或职业的资产阶级男子，他们自视为知识分子，乐于在街道、拱廊或咖啡厅等各种空间中游荡——无疑是最著名的一个。他们体现着现代城市存在中的一种典型的矛盾：既需沉浸，又欲疏离；既欲消费享用，又想超离；既有欲求，又感厌倦。闲游者们总在“袖手旁观”。与本雅明其他的城市类型（那些边缘人物与小人物）一样，闲游者亦具有一种身处边缘的异域腔调。这种乖僻晦涩且使人生厌的城市形象——伊格尔顿（Eagleton）（1981：25）曾称之为“朽弊小资产阶级的落拓遗骸”——能为思考城市中的主体提供一种令人惊奇的立场。在某种程度上，这种城市形象的启发性就在于，“闲游”这个概念提供了一条漫步或探索城市的捷径，即使它有时不够精确。尽管本雅明笔下的闲游者主要出现在19世纪的巴黎，但这一类型却可以延伸至许多其他的时间或空间环境中。如若我们不拘泥于阶级或性别，城市中任何一个带着观察目光的移动着的身体（包括女性）都可以被称为闲游者。因此，闲游者的概念便可以广泛地用来形容各种城市体验，而不必暗含花花公子的贬意（见 Amin and Thrift 2002；Friedberg 1993；Munt 1995；Parsons 2000；Tester 1994；1992；Wolff 1985）。若说这种历史的"遗骸"竟能在各类城市体验中重焕生机已属稀奇，那么更有趣的则是，象征着城市空间主体体验的，竟然是一个本身主体性已被抹除的形象。

尽管在本雅明处闲游者如同一个在现代资产阶级职业的间隙中游走的幽灵，但也可以被视为一种现代城市中特有的主体性表现。纵然已尽力远离，闲游者仍会被繁芜的城市景象所烦扰。这种被烦扰的欲求让人想起齐美尔笔下疲惫不堪的、被重击至麻木的大都市。只不过在本雅明的学说中，自身可以更富创造性地与场所和物体互动，而不仅是受到城市场景的钳制。当然，主体性的问题绝不仅是自身于空间上的投射问题。场所和物有一种实在性——凯西（1996：35）称为全然的"此性"，而我也无法找到一个更好的用词——这种真实性并非自动向主体呈现的，主体的感知也无法完全把握它。正是这种他者性使得"空间成了一个问题，它不再是不言自明的，不再是被吸纳接收的。空间是个疑题：我不得不不断地去标记它，制定它。但它永远不属于我，不会自献于我。我必须去攻克它"（Perec 1999：91）。这种将空间视为问题的观念机敏地把握了本雅明对城市中日常神秘性的态度。这种观念也预见到了德赛都的观点，对后者来说，针对城市空间所抛出的问题，其答案不是一个解决办法，而是一个故事。

在街道的怀抱中：德赛都

我再次开始行走。对于一个行走中的人来说，绝望并不存在。

——莱达(Reda)《巴黎的废墟》(*The Ruins of Paris*)

尽管齐美尔和本雅明考察城市主体性的侧重不同，但两人都关注了物质的城市以及由其所激发的人们对城市的感官或想象性回应间的关系。这种对主体与城市中冷酷事实相遇的关注，同样是德赛都《日常生活实践》的核心所在，由此出现了"空间故事"的概念。人们在城市中行走的路径，就如同他们轻声细语诉说的故事，这种理解空间意义的方式却留不下什么踪影，其印记比沙上足迹更易消散。此空间故事的概念引出了这样一种对比：一方面是物质城市的坚固性和真实性，另一方面是主体在其中难以捉摸的行动。

米歇尔·德赛都在一篇著名的文章中从位于曼哈顿中心的世贸中心大厦110层的高空风景中开始了他"城市行走"的描述。鸟瞰之下，整个城市铺陈开来，清晰可辨，一览无余——只需抬眼一扫，事物之间如何联系，如何在空间中放置标志，如何在城市中产生距离都巨细无遗地显现了出来。德赛都认为，这种视角与一个计划者、一个城市规划专家或一个主建筑商的心中构想有某些相似之处——都体现出观览城市的某种特定逻辑，以及受制于规划的城市秩序中的理性。这就如同自上而下的总览"概念城市"，像是玻璃盒子里的城市模型。德赛都将这个视角与"街道视角"(非指街景)作了对比。城市的建筑模型偶尔会在场景中加入几个小人，但这些对物体的形状来说无足轻重的小玩意——如果他们的存在只是为了增添些烟火气的话——却有可能毁坏线条。不管怎么样，小人们应当动起来。建筑当然是静止的，但人不是。这样，城市或模型的合理性与构成了日常空间实践的那些几乎看不见的小范围移动就有些相左了。在德赛都眼中，城市中这些无足轻重的旁道意味着城市生活微小的自由，意味着对宏大秩序、设计和可见性的日常逃离。

在德赛都对空间主体的理解中，这种在城市中行走的动作具有十分重要的地位。通过行走这样一种日常生活中的微小实践，人们得以在城市中为自己创造空间。于此，城市空间更多被看作是一个实践场所，而不是一个物理结构或空间容器。可以看到，这种对行走的强调与本雅明所说的闲游者有某种家族相似性；但是，德赛都的行者不具备闲游者那种轻浮油滑的魅力——这些“普通的实践者”就是字面意义上的普通人。在宏大城市设计的“天罗地网”之下，城市中这些平凡的行走策略组成了微小的抵抗实践，这些小小的反叛，用以其人之道还治其人之身的方式对抗着城市。人们在电影中常见的一个桥段，就是两个角色怎样恰巧错过彼此：一个人沿街行走，而另一人已拐过了街角；一个人停下来注视着商店橱窗，也因此没有看见刚刚走出地铁的另一个人。在一个拥挤的城市中是很难跟上另一个人脚步的，很多电影就是借此来制造悬念。可能德赛都真的写过这种剧本。他认为，站在城市理性秩序对面的，是组成城市日常生活的一系列无痕的移动。在可见的层面之下，普通的城市居民建构起他们自己的城市地图。城市中的这些众多路径即是社会匿名性的空间表达：你很难与人同辔而行，也很难与他们有何深交。当你试图跟随别人的路径时，“空间的无情分隔”(Simmel 1997c：170)便在不断巩固他者性的存在，以及空间中主体的不可知性。本雅明(1985b:256)喜欢这样一种观点:现代城市的每一寸空间都是犯罪现场,“每一个过路人都是罪犯”;而对于德赛都而言,人们总是在逃离的路上。

德赛都将城市中的行走视作日常生活实践的一个典范,在这里,他反对这样一种观点,即平凡个体仅仅是城市空间的消费者,或说是城市空间中的温驯主体。他坚称,人们不是依照着某个写好的空间剧本进行排练,城市的意义也不是由物质形态及官方使用指南决定的——好似有一个旅行向导,指挥着城市中的行者,告诉他们何时转弯,何时抬头,以及做何思考。没有非走不可的单行道。对于德赛都而言,一个人在城市中的行走实践,就是在用流动且私密的街道语言讲述自己的空间故事。与之相反的则是某些场所中存在的“观光式”路径,在这里,你只能亦步亦趋地沿着规定的脚印向前行进。但显然,要想清晰地摹绘出城市中日常使用者的路径是不可能的。乔治·佩雷克(1999:91)曾说:“空间融化,指间流沙。”每个空间故事都基于一个独特的时空间的机遇,它们不可重复,拒绝表征。一个人不能两次穿过同一条街道。城市中千条万缕的日常移动无法被描绘和阅读;制图学的冲动在此受挫,因为即使是原作者也无法识别它们。这就如同各种“身体跟随着城市‘文本’的崎岖之处,这些‘文本’是他们写下的,但他们自己却无法阅读……这些实践者使用着无法被看见的空间;他们对其的无知宛如一对相拥的情侣”(de Certeau 1984:93)。移动的身体知道他们所游荡着的文本,但却无法看见;正如同一对正在拥抱的情侣无法看清彼此的身体。他们在他们的城市故事之内,恰似在一个拥抱之内。

没有两个行动者能够讲述同一个空间故事。譬如,本雅明在《柏林纪事》中展现了大量的线索、地名以及参照点,但我们却无法完全遵循他的脚步(更何况,柏林动物园对我们而言很可能有着完全不同的意味)。城市空间上覆盖着各种记忆和不由自主的联想,以及有意识或无意识的故事情节。所有这些都使得我们赖以在空间中导航的认知地图更加清晰或更加让人困惑。我们常常能见到这样的情景,一个外来者在城市中仔细研读地图后依然一头雾水,直到一个本地人——用街标而不是地图——给他指路:"走到肉店之后右转——要是看到电影院就说明你走过头了。"心理地图一直是由这些细碎的地标、个人常去之地、精妙的猜想以及日常路径组成的。城市有时能帮我们渡过难关,但有时也会打乱我们的计划。齐美尔、本雅明和德赛都谈到了街道名称的魔力。德赛都提到过这样一位朋友,当家住塞尔夫的他来到巴黎时,总是不自觉地被塞尔夫街周围的左岸地区所吸引。显然,我们都有自己偏好的区域、私密的小路,以及盲点:城市总以碎片化的形式向我们展现自身。

这向我们表明,一些事物总是能逃离于城市表征之外;它们反对官方强加的秩序和透明性的要求。地图不能显示一切。我们总需关注城市中日常活动的结构、意外的邂逅、城市人群的交错以及人们创造空间时精妙而转瞬即逝的手法。

> 这些道路遁逃于可读性之外,它们如同交织难辨的诗歌,其中每个个体都是一个由无数他者共同认可的元素。此时,似乎盲目性才是组织熙攘城市之实践的标志。这些变动交织的书写网络组成了一种多重故事,既无作者,亦无观众。其形状不过是轨迹的碎片与空间的变动——关乎表征,关乎日常与不确定的他者。(de Certeau 1984:93)

这种日常实践的"盲目性"——不加思考、按部就班、微小性、私人性——破坏了政府和警察体系，以及建筑者或规划者对城市空间观看或表征的欲望。在那些部署了大量警力的空间，对于透明性的渴求表现得非常清楚；设置宵禁、探头、检查点，还有路障，就是为了使人们对空间的使用秩序化并可见化。此时，这些空间全然是德赛都的“概念城市”或列斐伏尔的“空间表征”最极端（即使很常见）的情形。这种空间科学的、政府的或建筑上的秩序化行为将城市铺陈开来便于观览。然而，日常实践的场所却不会轻易屈从于这种高强度的审视。类似于列斐伏尔的“表征空间”，它们是“和社会生活的隐秘或地下的一面相联系的”（1991：33）。但是，对德赛都而言，这地下的一面，并不是什么浪漫之举或反叛行为的保留地；它们不过是日常使用者的常规空间。当列斐伏尔（1991：56）为“空间‘使用者’的沉默与被动”深感忧虑之时，德赛都却认为，正是这种沉默被动的姿态掩护着日常生活的战术。但是德赛都也经常遭受批评，因为他常常会为了一些普通的空间使用者而泪眼蒙眬，那些穿行至有阳光的马路一侧的人们，都成了他为之流连的平凡英雄。确实，将城市中的普通居民形容为“埋头于私人事务的诗人、功能主义理性丛林的开拓者”（de Certeau 1984：xviii）不无矫作之嫌。譬如，当提及那些依赖于洛杉矶公共交通的贫穷黑人女性时，哈钦森（2000：17）就认为，她们所具有的不过是些“城市街道的节奏与顿挫中不值一哂的私密知识”。城市中的行走体验——尽管在德赛都对日常的构想中具有重要地位——很大程度上取决于你所行走的城市，你行走的原因，以及你是谁。不过纵然如此，这种城市主体性的日常版本，可能比闲游者的边缘化姿态更为重要。当你穿行于私密的小径，迷失于城市的道途，“非理性的微小空间”（de Certeau 1984：111）将向你展现——因此，没有两人能居于完全相同的一座城市中。

小结

主体性与客体性的区分可以说是社会理论中最基本的框架之一，也是最顽固的二元对立之一。城市将这一区分视为事实，也使其变得缓和。这种“客体性”以物理产物与社会产物的形式实实在在地存在于城市中，其对个体产生的作用不被个体的感知所影响。然而，城市中的体验，也可以最令人愉悦或最让人不安的方式模糊主体性和客体性之间的界线。尽管人们的城市实践总受社会关系与空间关系的制约，但仅凭这些因素不足以使人们讲述出形色各异的空间故事。城市日常生活中随意且脆弱的连接或断连、记忆的碎片、私下的笑话等因素都能引导空间中的主体，它们就像一张张各色的城市地图，被任意涂写，被草草折叠，和寻常没什么两样，又或随着你的前行脚步而临时改变。

齐美尔或本雅明笔下的城市主体，或饱受精神刺激，或为梦魇所困，在与现代城市的遭遇中总是显得晕头转向。一方面，这缘于城市形态的冷酷事实——拥挤的人流，攒聚的群众，各种大规模、高密度的事物；但另一方面，这也与“城市施于想象力上的生活制度”(Benjamin 1986f:30)有关，即，物质形态将其自身施加于意识之上。在本雅明的学说中，城市的形状总是追随着思想的脉络：它记录日常无意识的路径，它藏匿意义的仓房，它将尸体埋葬，它赋予记忆以形态。正是在这种记忆的顽固建筑中，我们才能了解，如安吉拉·卡特(Angela Carter)(1992:126)所言：“摧毁一座想象的城市是多么困难。”

第七章　创造空间：城市文化与空间战术

战术的空间是他者的空间。

——M.德赛都《日常生活实践》

sous les pavés, la plage. 巴黎1968年的这则革命标语把握了这样一种思想：若欲改变社会生活，就需改变空间。*沙滩，在这铺路石下*。在如此激进的想象力中，一切坚实的都化为了散沙。

当然，并非所有对空间的颠覆都如此剧烈。如果说社会或政治运动寻求以一种坚决的方式改变空间的话，那么巴黎的这句标语就暗示着，总还有存在于更加微小的实践中的逃离的时刻和手段，以及依靠着突然而微小的姿态举动的空间战术。本章我们便主要讨论对正常空间运转的扰断。我们将城市视为一个背离主流的场所，一种奇思妙想和灵动步伐的产物。我们将关注富有创造力的空间使用模式是怎样扰乱空间秩序的，以及在城市构造中的逃离路径。讨论围绕着三个思想家展开，他们是米歇尔·福柯、罗兰·巴特以及米歇尔·德赛都。首先,我们关注福柯提出的“异托邦”,一个用以思考特定空间中“他者性”的关键概念。福柯使用这个概念来描述那些常规空间秩序之外的场所,那些被独立出来的场所,或者是那些有着特立独行的运作方式的场所。这种空间——或身处危机,或离经叛道,或完善秩序,或颠覆秩序——本身便能产生他者性,因为“被分离于常规使用之外”本身便是该空间的一个属性。这些空间——军营、医院、殖民地、嘉年华或妓院——中特有的运行规则塑造了身处其中的人们的行为举止。不管是强制执行的,还是不言而喻的,这里的规则或规范会告诉你在这些场所中应当怎样行动和来往。因此,尽管异托邦扰乱了空间常态,它也不过是在空间中施行了另一套秩序而已。

若说这些“他者空间”管理着行为,那么我们也可以反过来思考社会实践如何管理空间。本章的第二个部分将考察罗兰·巴特对城市符号学的研究,特别是关于“主体以‘言说’城市的方式创造空间”的观点。诚然,将城市作为一个符号系统来思考,就意味着对空间中某种有序排列的构想;然而,对巴特而言,主体与城市的邂逅是富有创造力的,因为空间象征的方式与空间被阅读的方式并不相同。街道上的标志乐于进行意义的游戏,能够接受截然相反的解释,就像空间赋予自己不同的用途一样。也正是这种意义与实践层面的不确定性使城市生活展开了一个情色的维度——一种在创造连接与失去连接中觅得的欢愉,一种不确定城市空间是为了什么(或为了谁)的易变本质。在巴特的解读中,城市绝不是那么驯良的,从不会被完全熟知。纵使最古老的城市仍蕴含着新的冲击。

本章的第三部分内容是对实践的强调,这对论述德赛都的空间战术非常重要。以前章对德赛都的分析为基础,此处更进一步关注的是他对人们如何战术性使用空间的分析。对德赛都而言，城市的秩序被碎片化了，行动者们会一点一点地“盗取”空间，这种盗取无法事先安排设计也无法加以阻止。因此，这些空间中的日常实践重新诠释了(或索性无视)正式的意义与使用。德赛都分析了普通主体是怎样在使用中变换现有空间的，即使只是部分的、短暂的或私下的使用。本章最后一部分所关注的，是德赛都分析如何通过涂鸦和滑板等都市文化透镜实现对空间的战术性夺取。这些亚文化战术向我们展示了城市行动者们如何通过艺术或狡黠的手段，以一种不同的方式讲述着他们的空间故事。

他者空间：福柯论异托邦

我们应当怎样思考某些空间的他者性？米歇尔·福柯的“异托邦”概念提供了一种启发性的思路。在他简洁又有些奇妙的分析中，异托邦这个概念成了一个扰乱常规空间秩序的所在。它的涵义是乌托邦的对立面——后者指的是一个不存在的、未实现的、想象的理想场所。和乌托邦一样，异托邦意味着对传统空间秩序的反叛——福柯(1986:24)认为，异托邦是一种“对立场所”，代表着对现有社会和空间安排的“反对、抗议和颠覆”。但是，不同于乌托邦，异托邦所指的是一系列真实存在的场所。福柯指出，异托邦存在，而乌托邦从根本上就不存在。如果乌托邦是辞典意义上的“乌有假托之邦”，那么异托邦则是一个真实存在的不同之地：字面意义上的“他者之邦”。

福柯研究了不同历史时期和文化背景下的各类异托邦。首要的一种叫作“危机”异托邦，指的是一类为特殊事件或过渡时期准备的空间，其游离于主流社会之外，其中的个体无法加入外界的社会群体。福柯认为这是一种非常“原始”的社会，其中的女性、青年或老人往往会在社会交际中遭到排斥或受到限制（福柯在这里主要考虑了诸如月经、成年、疾病或死亡等情形）。他认为，这种情形仍残留于现代社会中，如寄宿学校——特别是当其为年轻男子举办某些成人仪式时——以及军营等。尽管福柯声称这种危机异托邦仅以一些残留的形态留存至今，但我们发现，在许多地方仍能见到它们的痕迹——医院的产房（或者就是广义的医院）、空巢老人的家，以及大门紧闭的全封闭养老院（其中的老人被监管于一种昏暗的、与世隔绝的环境中）等。对于福柯所说的这种危机异托邦的现代存留物，我们不妨将其理解为一种“异常行为”的异托邦，其代表性场所如收容所和监狱。这些场所的主要作用是将行为异常的个体移出常规的社会空间，然后用另一套内部的空间秩序将他们管控起来。这种空间上的分离和管控在福柯的作品中也有重要意义，特别是在关于制度形式如何影响权力和训诫，以及权力和知识模式如何作用于特定空间（如诊所、收容所、监狱等）的研究中。

上述训诫性的空间只是现代异托邦中的一例。另有一类重要的异托邦，它们是通过实施自身的空间逻辑来颠覆或逃避常规的空间秩序。福柯所提到的这类场所有隔离区、妓院、电影院、图书馆、公共浴室、桑拿房、便捷酒店等（福柯研究了发生于这些场所的非法性交易）。这些空间都带着一丝神秘的色彩。有些地方有着自己的秩序规则、空间分隔以及行为规则。许多场所是非常规的，因此，进入者必须做出相应的符合其规范的行为。是喧嚣还是静默，是克制还是放纵，是时刻留心还是放松娱乐，这些场所都有惯例。并且，它们都有着颠覆、歪曲、提炼或完善真实空间安排的潜力。比如，某些女性专用的空间——某些酒吧、夜店或游泳池——就是这样一种隔离的异托邦，女性得以于此逃离男性的凝视和秩序。还有许多其他的例子，如军事空间——军营、野战医院、指挥所，或地堡——以及其他模仿军事空间的场所（如劳改营或看守所）。这些场所往往有异于常规场所，并且拥有它们自己的严格规则。在这些本质上非常奇怪的地方，经常会共存一套严格的空间秩序。它们会模仿某些规范条令使整个空间变得整洁平定（餐厅、办公室、病员区等），却又能游离于空间“常态”之外。又比如夜店——一个欢愉的异托邦，它们的空间安排就离不开不同类型的音乐，有非常神秘的入场规则（福柯可能会称其为“隐秘的排他性”），能说或不能说的着装或举止规则，还有他们日夜颠倒的时间作息。

福柯还注意到，许多现代的异托邦能够重构时间和空间的关系。某些场所将空间当作玩具般玩弄摆布，以至出现“同一个场所内，多种互不相融的空间并置”（1986：25）的景象。就好比在剧院中，许多毫不相关的空间来回穿梭——舞台上一会儿是公园，一会儿是卧室，一会儿又是战场。又如电影院中，人们沉浸在另一个三维空间里，流连于一块薄薄屏幕投影出的虚拟景象。还有一类异托邦和时间有着非常重要的关系。图书馆、博物馆、露天集市、嘉年华这些空间，在福柯看来，涉及的是“时间的切片”（1986：26）。档案馆或博物馆将时间积淀，封存在一个统一的地点，按照秩序进行排列，在福柯看来这些都是深具现代感的。还有一些场所对待时间则不如展馆那么郑重其事，而是更加多变。嘉年华或者露天集市以一种“全然暂时”（1986：26）的方式来制造空间。它们是对日常场所（停车场、街道、城市外围等）的短暂转译，它们非常短暂，抓住的是空间中的时间片段。（而墓地则同时与瞬时性和永恒性维持着它们独有的关系。）

福柯对异托邦的探讨反映了他早年的结构主义倾向。他试图将事物从各种范畴中分离出来：从健康中分离出疾病，从理智中分离出疯癫，从常规中分离出异常。他对异托邦的归类研究，以及对异托邦空间秩序的跨文化模式的研究，都表明了对归类的兴趣，而这鲜见于他的后期著作。同时，福柯提出了许多原则（如，第二条：某异托邦的社会功能可能会随时间改变；第五条：异托邦呈现出开放和闭合系统）以指导对异托邦的研究。这些原则生硬地规定了什么样的空间可以叫作异托邦，但（至少依我之见）没有清晰地告诉人们他用异托邦这个概念究竟有何意指。即便如此，在指涉空间的他者性或差异性时，异托邦仍然是一个发人深省的概念，而且相较于他为了分类所造出来的那些对照检查表，福柯所举的各种实例更能帮助人们用异托邦这个概念去思考空间的他者性。

这样一来，异托邦作为一种"对立场所，一种实际落地的乌托邦"(1986:24)就开启了更宽广的思考，即现有空间可以怎样被变换。特别是，福柯在研究现代异托邦时所强调的时间和空间的关系，对于思考空间实践非常重要——这些他者空间是怎样诞生的，准确地说，是怎样"被制定"的。空间的变换往往涉及对时间的"窃取"。例如，我们可以将抗议或游行示威作为一种异托邦来考虑：示威人群对街道和广场的占领既是对空间的战术性重构——此刻，大使馆或政府大楼便不仅仅是政府权力的所在地，同时也是抗争与反叛的所在地——又是一种时间上的制定（法语中的 *manifestation* 一词很好地表达了这层含义）。于此时，于此刻，或许能看见官方权力大厦上的裂缝，或许能把抗议的碎片刺入其中，打乱政治秩序的平稳故事。游行示威清楚地展现着政治秩序是怎样通过空间秩序表达出来的，因为对它的管控明显与公共空间的自由和使用相关，也与那些扰乱秩序不受管控的空间使用相关。抗议——即使短暂——也是如此，它使得自身和地点变成了一种

“他者空间”。与此类似的概念还有列斐伏尔提出的“反空间”——存在于那些另类政治计划的想象中，并由对立性的策略实现（见Lefevber 1991：381－3；另见 Cohen 1993；McKay 1998）。这种反空间所抵制的主要是对空间的支配性管理，比如某些政治秩序或资本积累的要求。这一类异托邦往往只在极短的时间内可见，比如在有些城市，反资本主义的抗议者会选择门窗已经被钉死的麦当劳或者是阿玛尼门店作为抗议的背景，这样一来，这些空间对资本——至少在目前来说——就没了好处。

这种将游行示威看作一种异托邦的做法有些超出福柯的原意。这么做主要是为了强调实践对空间重构的作用，以及某些社会行动在固有空间秩序下创造出“对立场所”的潜力。而福柯的异托邦则是将他者性作为空间的一种固有属性来看待。个体的行为很大程度上取决于特定空间的特定秩序，不管我们讨论的是军营中的士兵还是医院中的患者，又或嘉年华中的狂饮者。这种空间对实践的塑造能力在福柯笔下许多殖民排布的案例中（北美殖民地的清教徒，或者是南美洲的耶稣徒等）都能看见，在这些地方空间被打造成了组织社会生活的矩阵，此外，尤其明显的是他对圆形监狱空间秩序的论述（Foucault 1977）。虽然这些场所当然是社会行动的产物，但福柯的分析则强调这些空间是如何塑造并规范行为举止的。但是，换一下关注点，就有可能从空间实践出发来思考空间的他者性。重点不在于某些奇怪空间的非常规秩序，而在于是否有可能使用战术让更加日常的空间失序。

言说城市：巴特

这种对实践创造性属性的强调不只见于结构主义的研究方法

中，还见于罗兰·巴特的城市符号学中。在他的城市符号学中，城市不仅是一个可供阅读的文本，也是一种鲜活的、可以言说的多变语言。城市，既是一类作品（城市使用者则是它的“读者”），也是一种言说的方式。巴特说：“城市向居住者言说，这是我们所在的城市，我们居住于其中，漫步于其中，我们也以此二者言说着城市。”(Barthes 1997：168)如今，走在巴黎东部的罗兰·巴特街上，思考巴特所思所想，何尝不是一件乐事——即使这街道本身似乎并没有什么要言说的。人们创造出他们自己的城市习语。这些语言就如同写入了城市一般，只要在街上行走就仿佛是在大声诵读。同样，一座陌生的城市看起来就如同一门陌生的语言。你捡拾起零星的词语，慢慢地听懂几个句子。通过在城市里不断探索，我们开始能拼凑出几个有意义的空间句子，逐渐掌握起街道的复杂语法。慢慢地，我们就能学会让城市的空间开口说话。

巴特（以更诗意的语言）在回忆凯文·林奇（Kevin Lynch）的著作《城市意象》（*The Image of the City*）时论述道，人们用以建构其城市形象的那些物理或视觉元素——道路、边界、节点和地标等——正是将城市建构为语言或话语时所用的语义学术语（比较 Lynch 1960）。需要注意的是，这里所说的语言并不是一种隐喻，相较于林奇，巴特是一位真正的符号学家。因此，他并不是说，城市空间可以如语言般被阅读；而是说，这种城市的语义学能够更强地把握“意识对城市的感知就是对符号的感知”（Barthes 1997：167）。对有感知能力的主体而言，城市空间是由一种语言形态组织起来的；城市空间的意义正出自序列、语境和差异。不过，尽管巴特常常提及空间界限、空间边缘和空间单元的语法，这并不意味着它们与结构主义分析有何深厚关联。城市中不同空间进行意指的方式并非千篇一律地与某种含义联结在一起，或者说，含义并非稳固地留居于空间之内。如德里达(Derrida)所说,“意义的延异”和别的地方一样,在城市中同样有着德里达所说的“语义的漫步”——意指游戏、意义的交换和延异。除了顺从的、常规的阅读之外,总还是有着随意或率性阅读的可能性。尽管城市是符号的系统,但它并非毫无生气地静卧于纸面之上:在巴特眼中,城市是一首生动的诗,需要人们“去领会,去歌唱”(1997:172)。

这种建立奇特且快乐连接的能力,这种创造性的“快乐的空间”,不仅关乎空间体验,同时也是城市社会生活的特质。城市的空间性和社会性同样具有联系性,易变性——用巴特的话说,是情色的。他用 Eros(爱神)这一概念表明,城市作为交换、活力和连接的空间,本质上是情色的。这为城市生活提供了一个酒神的维度——欲望、放纵、游乐、暴力、危险和犯罪(另见 Lefebvre 1991:177-8)。而制约这种快乐的原则是现实原则,即居于主导地位的生产、效用和秩序理性。确实,这种组织理性总是威胁着要霸占娱乐的领域。巴特将未被驯服的城市情色冲动和城市规划的平庸之举相对立,后者的规划是要建立起指定的娱乐区:“娱乐区这个概念”,他指出,“是城市功能主义者最为顽固的迷思之一”(1997:170-1)。同样,列斐伏尔也对这种官方指定的娱乐区表示厌烦。他说:“针对娱乐的案子已经了结,判决不能撤销,和劳动一样,休闲这个概念已被异化,让人感觉陌生。”(1991:383)这种娱乐的功能主义概念,在操场或公园里老老实实地玩耍,遵守着各种规则规章按点进出,或是在划定好的空间里面耗掉“夜生活”,这是完全不同于那些将娱乐当作意义的嬉戏,令人惊喜的邂逅,还有不期而遇的快乐。这种城市情色的理念,远不止那种玩耍时远离草地、避开球赛、不惹麻烦、轻快往来所带来的快乐。

情色的维度也为城市染上了一层他者的颜色。城市中的这种符号性游戏，这种空间、意义和事物间连接的变动在城市生活中存有一种陌生感。在这里，城市空间的真实性也是城市社会性的真实性。巴特在对巴黎的描述中写道，城市就是“他者所在之处，是我们自己也是他者之处，是我们扮演他者之处”(1997：171)。城市空间的情色性并不只(甚至不主要)在于他者的魅力，而更在于自身的疏离。城市不仅是一个邂逅他者的地方，同时，你会感受到自己也是个陌生人。人们短暂相逢，偶然相遇，擦肩而过，同在一个城市里，却相互有一种陌生感。这种偶然性使得德赛都将城市看作一个“租用空间的集合”，一个提供短暂栖居的场所(另见 Sadler 1999)。此外，并非城市中的所有人都能享用这短暂的快乐。巴特指出，城市空间的这种情色潜质，其所提供的社会交往和玩乐的可能性，对于年轻人尤为明显——他们还有时间在城市中创造空间。(我们可能还记得，罗伯特·帕克认为，你需要“年轻而新鲜的神经”才能真正享受城市生活中的“机会和冒险元素”。)在工作日的合理性和官方使用的限制之外，年轻人或未受征召之人可以自由体验城市中心，作为“颠覆的力量、分裂的力量、荒谬的力量和相遇的空间”(Barthes 1997：171)。

巴特的观点当然也有可争议之处。那些想象中的情色时刻，“荒谬的力量会行动起来并且相遇”，可能也只是一些庸常的把戏而已，城市里的年轻人所遇到的“他者”，其实和他们自己没什么差别，都是在没过膝盖的烂泥道上走路，甚至连这条烂泥道都被这群年轻人踩秃了，他们所上演的，也不过是决裂和颠覆的标准动作而已。我们并不清楚巴黎的市中心(不管具体指哪个地方)是否比其他城市更激动人心，也不知道它的年轻使用者们是否更具创造力，对差异更加包容——尽管他们确实拥有属于他们自己的时刻。如果说城市空间具有玩乐、欲望和肉体欢愉的潜质，那它同样也可以是完全可预测的，去情色化的。但不论如何，在语义所具有的无限可能性的浪漫与日常实践的限制之间，在“游弋的语法学家”(Morris 1988：195)所享受的情色快感与平凡使用者单调的日常工作之间，巴特的思想确实为人们提供了高妙的与城市互动的方法。对于阅读、言说与书写城市的不同方法，巴特的理论仍保有相当的开放度。莫要怪罪年轻人的轻狂颠覆，毕竟，我们每个人都有开小差的时候。

城市亚文化、空间战术：米歇尔·德赛都

巴特所颂扬的可能只是一种平庸的狂欢，但是思考一个主体和城市的相遇，就是思考庸常与赋魅的交汇。在德赛都的理论中，空间战术有这样一种平凡的魔力，能够在无人观看时变换空间。在对日常空间实践的分析中，德赛都使用了两组隐喻。第一组隐喻假借军事思想中战略和战术的概念；第二组隐喻假借语言学概念，认为个体对空间的使用类似于对语言的使用。通过这两种手法，德赛都将主导城市的秩序与组成城市日常生活的一系列不可见的行动对立了起来。他指出，在可见的层面之下，在格网的线条之间，普通的城市使用者讲述着未被书写的空间故事。借用巴特之言就是，个体们通过移动“言说”着城市，清晰地讲述空间和实践的私密语言。在城市的官方秩序和人们对其口语化使用之间的对比，便是德赛都所说的战略与战术的区分(即上述假借军事思想的隐喻)。在战役中，战略指的是一种贯穿于空间之中的组织性设计，而战术则是战场中突发性的巧技奇谋。若说城市设计的战略由空间和视觉的秩序来实现——如福柯在关于权力的全景技术的理论中所述的——那么城市使用的战术便是“非空间的”，不固定

的，不可见的。它们是日常生活地域中的小规模冲突。

德赛都之所以使用这种有关军事的隐喻，是因为他意欲强调在“强者”秩序下“弱者”行动的潜在可能，探索“城市空间的平庸实践者”或普通使用者具有多大的创造性可能（1984：31）。这些行动者并非简单地遵从既定的城市秩序，而是创造出他们自己的空间意义，并以一种狡黠的、习语般的方式创造城市空间。我们在城市中选择各种各样的道路，它们未必是最理性、最快捷抑或照明最好的。日常运动的战术千变万化，包括在空间中的穿行，以及对空间的巧妙侵占挪用。它们如同弗洛伊德的“妙语”概念——通过机敏的并置、出人意料的冲突以及巧妙的转置（1984：39）。这种空间战术与语言游戏之间的类比是德赛都用以阐明空间日常实践的第二个关键隐喻。人们对空间战术的使用就如同他们对语言的使用。城市战术是在一瞬间“窃取”了空间，就如同言语行为——一个简单的发音——在一瞬间从整个语法系统，一个复杂的语言秩序中提取出此刻的所需。同样，城市战术也可以被视为一种空间俚语，一种本地的表达和说话方式，一种让你通行无阻的巧妙手段。

若说空间的战术性使用是逃离日常生活（语出布朗肖）的一种方式，那这种逃离也不过是短暂的——逃离，意味着在理性秩序的罗网间遁走，而非将其撕裂。对德赛都而言，空间战术就体现在普通日常生活的方方面面，如在空间中行走、移动和栖居。这便是他所说的“蚁丘社会”（1984：1），一个高度有效却难以察觉的社会。这种占据空间的方式便是人们在城市中为自己创造空间的手段，他们窃取时间和空间为己所用，将城市作为主体空间来生活（见 Jarvis et al. 2001）。对此，我们可能会联想到儿童在最寻常不过的空间中玩耍时获得无尽快乐，不断倒退着爬向楼梯，在窄路牙上保持平衡，消失在街角后面……德赛都认为，人们并未完全失去这种于平常处寻觅欢愉的能力，人们依然会将日常环境变换成一种游戏——那个每天早晨都乘同一班公共汽车、坐在同一个位置上的女人；那个只有你才能发现的诗情画意的小径、风光独好的奇景。仔细看看，这些行为确实会显得十分异常，但重点在于，没有人真的在看。在空间中玩耍的方法数不胜数。使用它们，你在日常工作的路途便如同在家中般自得；运用它们，你也能够创造属于自己的独版城市。有些小玩意或许能帮上忙，比如随身听，就能给人们的空间故事添上音轨（见 Bull 2000）。这些技术丰富了德赛都所说的有关占据和穿过空间的战术手段；当然，这些小道具并不总是必须的。

以此看来，空间战术就如同小剂量的麻醉剂或是日常生活中的些许放松，只是使得人们的城市生活显得稍稍能过下去的一些小小手段而已。亨利埃塔·摩尔（Henrietta Moore）的分析则更具批判性，他认为，这些能够转换空间的招式，其作用并非只是日常生活中的小小消遣：

> 如果说意义是经由实践而被赋予空间组织的话，那么实践程序上的小小变化将给空间布局带来新的阐释。这种空间布局会为既定的行事方式和权利分配提供可能的实况报导。改变意义的基础，刻意违背本意的解读，这些往往都是通过实践，通过发生在符号化构建空间中的日常行为来实现的。这可能涉及一些微小的事情，比如将东西故意放错位置，或者将两个通常分开的事物并置在一起。它也会涉及以不同的方式使用空间，征用空间以为新用，又或是入侵他者的空间。(1994：83)

此处，摩尔主要关心的是空间的性别划分问题——那些最“符号化构建的”空间政权。但是她的论点所涉颇广，主要包括传统空间内符号与实践的重要性，尤其是关于临近性、等级制度以及序列的既定关系。她提醒着我们，即使微小的入侵也可以扰乱这种空间秩序。本章最后的部分将重拾这种将空间战术作为颠覆空间常规组织手段的构想。在德赛都对于涂鸦和滑板这两种城市亚文化的思考中，这种颠覆性也有所体现。这些战术说明了城市空间可以用怎样不同的方式被重写，分割，再拼接到一起。同时，这些战术也使城市空间中年轻群体的实践行为成为关注的重点（见 Skelton and Valentine 1998）。迪克·赫柏迪格（1988：17－18）写道：“年轻人通过‘走出边界’宣告着他们的存在，他们着奇装异服，不尊礼法，打破规则……用激烈的言词挑战法律。”这些边缘战术表明，城市空间中的抗争不仅存在于秩序的主导战略和空间的普通战术之间，不同种类的“日常”使用者之间亦有矛盾——它们往往更醒目，也更具侵略性。

完美的暴力姿态：城市涂鸦

德赛都在强调使用者如何“言说”城市时和巴特很接近，但此外，他还提到了一种完全字面意义上的城市怎样被书写：

> 我们将要提到那些转瞬即逝的图像，黄绿的和金属蓝的笔迹在城市的地下通道里低声咆哮标榜着自己，还有字母和数字组成的“刺绣”，都是涂鸦喷枪绘出的完美暴力姿态。字符组成的湿婆，灵动跳脱的图纹，它们的魂灵在地铁列车的隆隆声中飞逝。它们是——纽约涂鸦。（1984：102）

对于是否要将涂鸦视作一种空间战术，德赛都显得有些犹豫。因为，作为一种“使得场景变换，但是……并非以图像的形式被固定于某个特定场所”(1984:102)的不可阅读的实践，涂鸦确有其矛盾之处——它太显眼了。不过，此处的重点在于，纵然涂鸦本身确是以图像的形式被固定在空间中，实践——书写的行为——却不是这样。这些图像或文字不过是一个已经逃离的战术所留下的印痕或标记，其作者则已然退回网格的线条之中了。

若说涂鸦可以被理解为城市的一种“宣言”(1984:39)，那么它们所讲述的故事则各不相同。对墙上文字的阅读就是对社会和政治地理的阅读。本雅明于1928年说过，马赛中心的墙面被卖给了有钱人，然后再被转卖投放了各种消费品广告——最新潮的餐前酒、大型商场，或是电影明星。然而，“在较贫穷的地区”，“它们[墙]被政治所动员，仿佛红卫兵的先锋队一般，将宽大的红色字母张挂于船坞与武库前”(Benjamin 1986c:135)。对于涂鸦的繁多用途，也许并非每一个都有独特的意义，但我们依然可以从中窥见不同种类的书写战术以及对空间的抗争诉求。首先，对涂鸦的政治使用将城市的表面变成了一个空间，用来表达诉求，题写身份，发起挑战。在政治辩论和报道的正式公域之外，涂鸦还在与口号和符号打交道——从呼吁团结，到摆出排斥姿态，再到充当运动和反叛的卒子。政治话语被简化为最直白的术语，鼓动着我们去分裂国家，瓜分富人。即便如此，以这种简练的形式，涂鸦仍提供了“某种主张，某种对公共现实的批判”(Sontag 2001:148)。20世纪20年代马赛船坞的墙面被工人主义政治所动员，而50余年后，女性主义者则将其用以对抗广告商。女性主义涂鸦的游击战术，以广告中轻浮的性别歧视为靶子，既标志着、也延展了政治话语的界线。若说女性主义涉及一种对政治空间的重绘，那么女性主义涂鸦便通过将图像重写为政治场所来使之得以实现，这些图像将女性身体投射为消费的消极表象（见 Posener 1982）。在此意义上，女性主义涂鸦体现了摩尔（1994）所描述的那种倾覆，对空间的强征，还有对展现于某些空间“布局”中的权力进行的批判。

此外，另有一种“政治”涂鸦模式，与前者相比，它不太关心用发声对抗权力，而旨在防御空间，明示排斥。其中的典型是种族主义涂鸦及派系涂鸦，这些涂鸦试图以显形的方式实现他们的特定主张。他们希望将空间转化为私有领土，企图在街道中画上带色的线条。这种涂鸦类型也许会动用空间战术中的各种手段，但其诉说的空间故事只有一个。这些净化式的姿态妄想着能够守住边界，能够实现完全的分割，能够改写真实的存在。种族主义的字迹是针对已知或想象他者的符号暴力行为，以此确保自我的身份认同被牢牢地连结在他们的领地上。他们不能容忍在同一片土地上存在两种不同的归属。巴克（Back）（1999）等提出，尽管他们对归属和所有权的主张十分激进，但这其实正体现着种族主义者对其身份认同的不安全感，以及对场地控制的脆弱性。那些排斥和所有权的声明恰恰透露了他们努力想实现的种种分裂，本质上是不稳定的。尽管这些涂鸦本身所筑起的界限十分脆弱，却能够唤来其他种类的暴力形式，以及更加有效的排外行为。

第三种形式的涂鸦，其典型特点就是对空间的命名和声索，使用标帜、泡泡字或者炸弹等风格的涂鸦来留下个人或团体的记号。此处，任何额外的信息都没有，除了艺术家的名字或标记在宣告着他曾“到此一游”。离场作者的这些“在场宣言”已然将空旷的空间转变为犯罪的现场。越是不可能的或越是危险的场所——铁路桥洞上方或是火车车厢两边——艺术家作为一个空间战术大师，其索求就越大（Ewenstein 2004：5－6）。如德赛都（1984：37）所说，对空间的战术使用必须“利用好那些在产权监控中的连接处所打开的裂缝。它在其中行窃。它在其中制造惊吓。它在最意想不到的地方出现”。对涂鸦的阅读有多种方式，尽管它们对外行来说有些难以辨认。你可以说城市中没有哪个空间是纯功能性的，没有哪个空间被疏远至无法居住的程度，没有哪个空间是被完全禁止的。此外，绘制标帜的行为，通过对姓名和在场的刻意宣示，颠覆了城市匿名性的逻辑。桑塔格(2001:49)写道，在纽约，“反叛青年们潦草狂野的签名一波又一波地冲刷着街头车辆的躯壳，啃噬着纪念建筑的表皮”；这些行为“没错，就是一种无礼之举，但首先，它也就是一个无力的宣言——‘同样，我也在这里’”。这些边缘空间是桀骜不驯者们自我宣示的绝佳场所——但是我们也要注意，不能对这群落魄的涂鸦艺术家想得太多。这种“犯罪般的风格”(Ferrell 1996)所体现的，是书写者的强烈主张与阅读者的被迫接受间的矛盾：后者别无选择，不得不阅读充满划痕的公共空间。涂鸦行为并不能被简单地理解为对公共空间的恶意入侵或蓄意破坏；这种对空间的强征所导致的是对日常空间中其他使用者的疏离。此时，德赛都所说的“普通实践者”变得愈加普通了。通过对公共空间的入侵，涂鸦诉说着一种有关身份认同的政治主张，它命令着城市中所有的无名他者：“你要看见我在场，你要记住我的名字。”(见 Senett 1990:205－7)

我们的最后一种解读涉及的是标帜和泡泡字涂鸦，即作为一种艺术表现形式的涂鸦。这种涂鸦的美学标志着从书写战术(如涂鸦的“政治”模式)向图像化战术的转变。在这一点上，涂鸦作为一种逃避空间的战术可以被重新融入视觉秩序的形式之中。于是，将城市外表当作画布的涂鸦活动上升为艺术行为，从地铁内的墙壁重置到了艺术画廊的墙壁上(见 Cresswell 1992；Poewrs

1999;Steward 1988;Smith 2000)。在这个转变过程中,涂鸦——过去是通过窃取空间实现的不正当价值——在此刻被商品化了,获得了相应的交换价值。在前文中,本雅明描述了墙的两种属性:一种是被有钱人买去再用作商品广告的墙,另一种是被涂鸦战术用作政治动员的墙。然而,当涂鸦被上升为艺术时,这二者的界线便变得模糊了。涂鸦照样可以被收买。也许想在街头喷枪模板那种"纯粹"的艺术形式和画廊中有所妥协的涂鸦艺术之间画出一条清晰明确的界线,本身就是个错误。但是后者之所以为艺术而非为涂鸦,抛开其他不谈,就在于后者是为了特定的消费和交换而制作的独一无二的作品,而非那些随处可见,能被不断复制……随意涂改的各种泡泡字。当涂鸦不再是涂鸦,而变成涂鸦的画像时,我们便能洞悉城市是如何被象征的。虽然涂鸦被收归了,但它仍蕴含着某种暧昧的不合法性,而这种暗含之物无疑也是极具城市性的。

涂鸦战术的思想关乎城市空间的阅读和书写——几乎太过字面意义。将涂鸦行为理解为"书写"城市并非一个隐喻:涂鸦正是一个在城市上书写的过程,它将城市的物质构造重建为一种文本。涂鸦艺术家们将阅读和书写的隐喻具象化为街道与场所中的一种"流动的语言"(de Certeau 1984:5)。书写的实践首先取决于对空间的优秀阅读:你需要找到一个相宜的场所,对其进行详尽的调查,然后建立起进入点与逃离点,并需选择一个合适的时机(Ewenstein 2004:5)。一个优秀的涂鸦艺术家必须也是一个优秀的逃离艺术家。如欲在视觉上改变空间,扰乱空间的意义,破坏对主权的声索,那么对于空间内部知识的掌握也是不可或缺的。德赛都(1984:37)曾如此描述涂鸦艺术家的行动策略:"[战术]操作总是独立进行的,打一枪换一地。它充分利用各种'机会'……它无法守住自己的胜利果实。”这些战术对空间的攻克总是短暂的,因此,时间就是一切:想想那些尚未完成的、以几笔粉饰草草收场的涂鸦吧。涂鸦战术,借用福柯之语(1986:26),总需窃取“时间的碎片”以完成其空间工作。

德赛都曾将自己的战术概念与弗洛伊德的诙谐加以比较,而涂鸦则很好地实现了这一类比。涂鸦如同一则出色的笑话,充斥着“经济凝练的语言、双重意义与误解意义的双关和误读、错位与头韵,以及对同一素材的多种使用”(de Certeau 1984:39)。但是,空间战术与语言表达的这种类比不仅仅体现在涂鸦所表达的字面意思上,广义而言,策略在空间中发挥作用就如同修辞技巧在语言中发挥作用。据此,德赛都将空间实践的隐喻拓展为一种书写或言说,并提出了两种修辞手法对应两种空间战术。第一种是提喻,一种以局部代指整体的修辞手法,譬如用“车轮”代指车辆。在空间战术中,它指用“某商店中的一辆自行车或一件家具表示整个街道或街区”(1984:101)。第二种是连词省略,指的是对句首或句间连接词的省略;它被用来形容空间碎片化的过程:“每个步伐都在不断跳跃,如孩童般单足蹦跶。”

移动的语法:滑板运动作为一种空间战术

德赛都对行走者与口头语言的类比并非总能奏效。毕竟,“行走的修辞法”(1984:100)无法完全把握人们在空间中穿行时具有的具身性;我们也很难说走错方向就比口误更加危险。将行走视为一种言说的写作手法,是以一种循环且非常明显的方式再次向语言作为表达形式和实践模式授以特权。德赛都就此陷入了两难的境地,想要书写在他看来是逃避表征的东西。简言之,如果你在书写你正在做某事，那么你通常并未在做此事。纵使如此，德赛都的许多有关语言与空间实践的类比仍不失启发性，譬如他对于提喻和连词省略这两种艰深修辞法的理解。如前所述，在语言中，放大部分以指代整体，后者则指在句义不变的情况下对复合句进行节略。在空间中，这两个概念代表了人们扭曲视线、压缩空间、缩减距离、跳出界线、包罗异物、戏弄关联与并置等诸多行为。

提喻的思想关系到人们对空间的记忆与想象。对于那些形制剧变，甚或被时间改变的空间而言，它们的某些部分（如商店橱窗中的自行车，又如童年时期的某些记忆碎片）便象征着这个或已不复存在的空间的整体。这让我们想起本雅明对于不同城市的召唤："这里一段围栏，那里一截树梢，光秃秃的枝杈剪裁着煤气灯，或一截山墙，或是一盏路灯与印着小镇名字的救生圈。"（Benjamin 1985b：250）提喻的概念亦联系着林奇对"可想象性"的研究——人们是怎样围绕特定的地标绘制他们对城市的认知地图的，这些地标可以是自然的，官方的，抑或是高度个人的。如德赛都（1984：101）认为，提喻"化整体为碎片"，放大了细节在宏大场所中的意义；它夸大事物的比例，来帮助记忆或者是增加熟悉程度。

连词省略的作用则不同。它所涉及的，不是我们怎样符号化空间，而是怎样在实践中把它即兴地拼凑出来。它分割裁剪并跳过空间，将秩序打散，然后建立起种种奇异的连接。它抛弃了细枝末节。它是一种精明的捷径，一种不正当的出口。当然，这是一种思考空间移动"语法"的高妙思想，但是，我们仍不清楚它究竟是如何以空间实践的形式运作的。或许有人会说，在人行道上行走时避免踩在砖块的缝隙处是一种逃脱；然而，这恐怕更像是一种神经病的行为。德赛都所说的打开"空间连续体中的缝隙"也许不过是对路径的微小颠覆（横穿公园或是翻越栏杆），不过是在等公交车时插队的小小战术。

此时，滑板或轮滑运动，作为一种城市亚文化，带给我们一种更具启发性的思考空间分割战术的方法（见 Borden 2001）。其中每一项都涉及空间的战术利用，占用街道、地铁、大厅或桥梁进行非官方的和创造性的实践。空间的意义随着其用途的改变而改变，特别是当功能空间（停车场、地下通道）成为娱乐场所时，死寂的空间变成了表达场所。即便是最空虚单调的场所，最庸常乏味的地形，滑板者们亦有奇法将其变成一座座舞台。在伦敦南岸现代主义公共建筑造就的阴湿的地下空间里，在巴黎巴士底地铁站中空旷的人行道上，在洛杉矶空荡的泳池中，在墨尔本被晒干了的地下排雨管道内……滑板运动战术性地侵入了这些场所，完全改变了它们原本的用途。于此，一切功能的、交通运输的抑或纯粹出于理性目的的“正当”逻辑都被颠覆了。显然，这种狡黠的空间使用“是‘弱者’在‘强者’所建秩序内玩弄的花招，是一种在对方地盘上蒙骗对方的艺术”（Certeau 1984：40）。

值得注意的是，这些对空间的战术性主张是经由身体体现的。与涂鸦不同，滑板不会在空间中留下任何身体姿态的痕迹，其仅仅关乎身体在空间与时间中的运动。滑板所涉及的是一种干扰视觉秩序的触觉体验——扭曲平面，创造奇异的连接，在速度和方向间游乐。波登（Borden）（2000：227）指出，玩滑板的人们通过“对非连续的空间与建筑元素的个性化编辑”完成了对空间的改造，把上下颠倒，把墙壁变成地面，对于那些原本用来管理、指导或阻碍人们行动之物（如座椅、楼梯、防护柱、路牙），他们一概视为障碍飞身而过。这种空间战术确如德赛都（1984：101）对连词省略的描述一般，它“切割裁剪，破坏空间的连续性，切削空间的合理性”。它谱写空间，如同一行即兴创作的诗文，充斥着碎片、跳跃与刻意为之的误用。

与涂鸦一样，滑板不仅质疑了空间的功能问题，还有所有权问题。喷漆罐与滑板的各种空间战术有着持久的创造性，它们机巧敏锐，不知疲倦，守候着每一个可能的机会，它们散布在主导性秩序领地的每个角落，它们不符合由既定权利和财产所设定并强加的各类规则(de Certeau 1984：38)。它们通过对空间的占夺提出自己的使用主张，创造出一种促进亚文化身份认同的“他者空间”。然而，这种实践亦是对空间中其他日常使用者(老人、行动不便者以及过路上班的人)的一种威胁：那些原本供他们日常使用的空间被强征、转变或重建了，因此他们反而变成了“外人”。滑板运动总有一种逃逸流亡的感觉——鉴于其不正当乃至违法的空间使用，以及运动的速度——但同时，亦有一种占有欲。简言之，就是其他使用者很难穿过那些被滑板者占据的地方，除非他们自己能读懂这个空间里刚刚开通的滑板路线。诚然，对于城市空间中官方划定的排斥性界线，滑板运动的确是一种挑战，一种企图建立替代性秩序的空间实践；可是，这种新秩序同时也意味着另一种排斥。“(玩滑板的人们)不断试探城市环境的边界，操纵的元素他人无法理解也无法使用”(Borden 2000：227－8)，他们表达着一种对立的空间知识，他们的身体实践既是一种叛逆，又有一种英雄主义的色彩。在这种意义上，滑板运动所代表的就是一种边缘的空间战术，这不仅指其所开辟的空间是局域的，而且这个实践本身就是不正当的。那些看上去富有创造性的空间实践——如涂鸦——总会以种种手段(譬如关于非法闯入的、关于空间秩序与非法伤害的)被理性化或管控起来(见 Stratford 2002)。与涂鸦一样，滑板运动中的空间战术亦游离于“犯罪与艺术”之间(Stewart 1999；另见 Ferrell 1996)。此二者为德赛都的空间战术概念提供了多种例证，但同时也展示了该思想的局限性。尽管这些亚文化的实践，以及普通城市使用者们几不可见的日常实践，可能创造了种种相悖于主流的场所，但它们终须受制于国家战略以及支配着城市空间的资本。若以权力运作的方式来看待此问题，那么亚文化战术所表达的不过是一种“虚张声势的权力”（Hebdige 1988：18）。

小结

罗伯特·帕克在1925年的论文中曾论及城市空间中各种“道德环境”是如何形成的。身处同一道德环境中的人有着相同的品位、性情或嗜好——关于罪恶的、政治的、艺术的、体育的，不一而足。不同于空间中的常规秩序，他们有着自己“独特的道德准则”，而不晓内情之人则无法获悉。帕克不无戏剧性地写道，在这些“主流之外的小环境中，流浪而被压抑的冲动、激情和理想将其从道德秩序中解放了”；城市中这些未被驯服之地献身于那些异于常规、不合规则的欲望与实践（Park 1967a：45）。这样，城市中的道德区域地图，就可能从赛车道扩展到健身房或歌剧院，从巡游地扩展到各种聚会场所，从黑帮地盘扩展到吸毒窝点。他者的空间星罗棋布在现代城市的表面。我们完全可以说城市中包含的众多反空间——“他者空间”——能够将自己的事务秩序放置其中。

造就这些他者空间的不仅是城市形态的设计，更重要的在于实践。巴特用书写城市与言说城市的概念向我们表明，人们可以用各种富有创造力的方式与城市进行互动，对城市空间进行塑造与组合。这与乔治·佩雷克的空间构想共鸣：空间是“一种书写，一种地理环境，我们已然忘却我们自己就是作者”（1999：79）。城市的符号学，与空间战术一样，利用了城市形态的双重本质，即既是具体实在的，结构性的，结构中的；亦是易变可塑的，未加定型的，机敏狡黠的。战术的干预可以颠覆、扰乱空间。我们不妨将这些战术想象为一种在日常空间常规秩序之上的蓄意谋划的活动——如文化干扰或快闪活动。譬如，文化干扰运动常常将虚假的广告张贴于墙上或广告牌上，作为一种对城市视觉景观的干预。广告墙面戏弄了本雅明在商业化广告墙面和政治涂鸦之间所做的区分：因为观者无法分清他们所见的究竟是一个真实产品的真实广告，一个真实产品的伪造广告，抑或一个完全虚假的广告。诚然，深陷于眼花缭乱的物质世界之中的城市使用者们可能完全不会注意到这些战术性的赝品，但无论如何，这就是他们的游戏。快闪一族也是用突然而简单的行动破坏了城市空间的正常运作。一群人突然集结于纽约的中央车站，迸发出一阵雷鸣般的掌声；抑或悄然静立于悉尼中央车站——转瞬间又倏然消散。他们的行为五花八门：可能扮作某观光团，进行某种表演、示威，或只是排成长队（你若见到一大群人肃立于火车站的中央，呆呆地盯着列车时刻表，不必感到惊异）——但他们实际上也不过就是他们的行为本身。站立于平台上等候的人们，事实上根本没有等候着什么。这些微小的举动占据并改变着空间；此刻，城市中最平凡的所在也显得陌生而奇异。

沙滩，在这铺路石下。在此标语出现约 35 年后，巴黎——“私有权力”，德赛都（1984：37）或许会如是说——为夏天的巴黎码头铺设了一片沙滩。这种官方的“欢愉场所”——即便未使其完全去情色化——足以表明，种种颠覆空间是多么容易展现出合作的姿态。而且，它无论怎样也算不上什么沙滩。在日常实践的欢庆自娱与空间中温驯主体的麻木漠然间，总有一条细微的界线。很可惜，城市生活不是一出大型的快闪表演——只有当你并非真在等公交车时，等公交车才是一场“游戏”（见 Hutchinson 2000）。即便如此，我们仍然可以将使用者形容为“空间中意志坚定的居民”（Foucault 1986：22），他们的行踪无人能料，他们的欢愉常常隐形。德赛都（1984：v）对“平凡英雄”“无名英雄”的悲悯并不能打动所有人。不过，当阅读德赛都时，你总会有自己对城市英雄的构想，这样，你便将拥有属于自己的逃离。

结　语

城市就是零星碎片。

——J. 雅各布斯《美国大城市的死与生》

前几章探讨了与社会分析中的关键主题——社群、差异、政治与公共空间、阶级和资本、性别、性向和主体性——相关的城市社会形态。这些问题并非城市所独有，但我一直认为，城市为思考社会关系的建构与再生产提供了重要的语境。同样，城市也强调着这些因素相互影响的复杂方式；告诉我们在何种程度上城市社群的空间划分受阶级与种族逻辑的支配，以及性别和性取向问题如何钳制城市中的主体经验。在将城市作为一个社会性场所进行考察的过程中，我无意强调空间形态或社会关系何者更为优先，而是要探索空间与社会是如何相互塑造的——重引齐美尔(2004:73)的观点，即空间关系何以既是社会关系的环境，又是社会关系的符号。

那么，这是否意味着城市并不是一个具有其自身特殊性的联结统一的自在空间，而不过是空间、社会性和建成形态的“零星碎片”？持前论者，如德赛都认为，城市是某种可被支配的连贯的空间；持后论者则认为城市只能提供局部的视野以及在某些情境下有效的知识(另见 Thrift 2000)。关于“城市”是否构成了一个真正的理论或分析对象这一问题引发了 20 世纪 70 年代和 80 年代中城市社会学的辩论(见 Castells 1977; Logan and Molotch 1987; Saunders 1995)。是否有什么社会进程能够被定义为典型的或是全然“城市”的，这确实值得商榷，尤其是考虑到资本累积和理性化的现代逻辑总是倾向于跨过传统的城乡二分而将空间视为同质整体。当然，这些论点十分重要，就其自身而言很难被反驳，但它们也倾向于将构成城市社会分析的范畴(如社群、邻里或多样性)视为一种意识形态的“常识”，同时也低估了不同空间对社会行动者、意识模式和构成城市主义作为一种生活方式的相关实践的意义。

新近研究对城市连续性的质疑并没有从理性逻辑或资本主义发展入手，而是使用了社会-空间网络以及连接性这一更加开放的系统(见 Aminand Thrift 2002; Castells 1989, 1996; Graham and Marvin 2001; Smith, M. P. 2001; Thrift 2000)。在如今这个高速运转的、通过网络连接的世界中，城市空间显得更容易被渗透，城市能动者(不论是人、技术行动者抑或符号形态)也更具移动性。城市，正如穿行于其中的社会行动者一样，并非一个僵滞的研究对象。这类学说倾向于区分以下两个方面：一方面强调宏观层面的分析，其中网络和流动的运作超出了普通社会行动者的掌控(Castells 1989, 1996)；另一方面则强调实践问题，关注行动者在与城市空间交互过程中的“述行”(Amin and Thrift 2002; Thrift 2000)。

这并不是简单地搬演一遍那个困扰了社会学思考整个发展过程的结构-能动性分裂。它更指向一个与城市社会分析相冲突的尺度问题，即作为一种支配社会生活的“机器”般的城市与城市中的主体为自身创造空间的方法间的冲突。米歇尔·德赛都的著述尤其重视此问题，他提到，人们居住的城市是一种由日常实践与私人连接组成的局部空间，其中没有一种规定着城市空间秩序的完整计划。尽管阿明和斯里夫特（2002：4）十分明智地反对“一种关乎日常生活与为自己而行动的浪漫主义”，但我们并不能轻易地认为本雅明所构想的城市感官经验与德赛都所描绘的日常偏离仅仅是一种养尊处优者的特权——似乎只有相对优越者才有资格在城市中获得某种主体性生活。唯有当一人确信自己会被寻获之时，在城市中“迷失”（本雅明之言）才会成为快乐的源头；巴特所说的“扮演他者”的欢愉亦是如此，这种欢愉来源于一种城市的情色游戏，而非那些丑化城市空间的无情划分。城市的自由既不平等，也不安全。贫困群体和社会边缘群体、妇女、性少数群体、种族、民族和文化少数群体并没有多少回旋的余地，他们对城市空间的使用和意义的掌控也极为受限。但同时，城市又为反对社会结构、反对性别和种族不平等提供了至关重要的场所。城市不总是简单地再生产——整齐划一地，永恒不变地，无处不在地——社会权力的关系或社会不公正的渠道。城市生活中典型的异质性同时提供着遇见的场所和本土性的团结空间、私密的庇护以及对公共性的普遍诉求。城市社会分析的一大挑战是维持塑造了城市的宏观社会和经济进程与“人们在日常生活中创造、迁入并依其行事的社会行为微观网络”的平衡（Smith 2001：6）。在主流社会、经济和政治布局所提供的“受钳制的空间”中，于“日常的微小领地”内，这些微末的城市实践“渴望带来一场对其自身行动空间的微小改革”（Rose 1999：280）。

并非所有这一切都是切实可见的。新近的研究继承了德赛都和本雅明对城市中主体遭遇的不可辨认性和非理性的强调，着眼于城市生活“非表征”的一面。参与并操控着城市空间的主体们并不总是愿意献身于某种叙事或表征。城市中的社会行动在很大程度上是由种种“不可认知的具身活动”组成的，这也是我们生活的主体支柱(Thrift 2000:234)。语言——即便是那些在你自己脑中产生的念头或对话——也只能缓慢地把握那些在空间中引领着行动者的那一团混乱的感知、未经思索的反应与日常姿态。我们上述的讨论，就一路记述了怎样利用程式化手段使得现代城市可见，进而将人置于城市之中并追踪他们穿行其中的轨迹，再分析指出总是有一些东西能够逃离城市空间地图的掌控——就像从建构并控制它的项目中逃跑那样。这并非意味着有关主体性的研究将胜过客体形态的分析，而是要说明作为社会-空间事实的城市与作为经验场所的城市之间的差异。

城市形态僵化的物质性与城市空间主体性经验之间的关系明确指出，城市及城市问题既是真实的，又是被建构的。因此，在思考城市空间的生产时，我们必须思考不同的层面，既要思考现代城市中分离与分隔的系统性模式，又要思考城市场所中文化、身份认同与领地等被想象建构起来的方式。显然，这是两个相互渗透的范畴——“想象的”空间也是以物质的形态实现，并且被嵌入社会实践之中的。为了思考城市空间何以在社会层面上被生产和再生产，我们需要思考空间部署与社会行动相互影响的方式。我们还要思考社会行动者会怎样根据自己的需要——如果不是根据自己的设计——通过逃避的、微小的手段来为自身创造空间。毕竟，社会与经济分隔的地图并不能诉说有关日常生活领域的全部故事。

参考文献

Abel-Smith, P. and Townsend, P. (1965) *The Poorest of the Poor*. London: Bell.

Abrahamson, M. (1996) *Urban Enclaves: Identity and Place in America*. New York: St Martin's Press.

Adler, S. and Brenner, J. (1992) 'Gender and space: lesbians and gay men in the city', *International Journal of Urban and Regional Research* 16/1: 24–34.

Adorno, T. (1979) *Aesthetics and Politics*. London: New Left Books.

Ahmed, S. and Fortier, A.-M. (2003) 'Re-imagining communities', *International Journal of Cultural Studies* 6/3: 251–9.

Ainley, R. (1998) 'Watching the detectors: control and the panopticon', in R. Ainley (ed.) *New Frontiers of Space, Bodies and Gender*. London and New York: Routledge, pp. 88–100.

Amin, A. and Thrift, N. (2002) *Cities: Reimagining the Urban*. Cambridge: Polity.

Amin, A., Massey, D. and Thrift, N. (2000) *Cities for the Many Not the Few*. Bristol: Policy Press.

Anderson, E. (1990) *Streetwise: Race, Class and Change in an Urban Community*. Chicago: University of Chicago Press.

Anderson, E. (1999) *Code of the Street: Decency, Violence and the Moral Life of the Inner City*. New York and London: W. W. Norton.

Ankum, K. von. (ed.) (1997) *Women in the Metropolis: Gender and Modernity in Modern Culture*. Berkeley: University of California Press.

Antonopoulos, G. A. (2003) 'Ethnic and racial minorities and the police: a review of the literature', *Police Journal* 76/3: 222–45.

Atkinson, R. (2000) 'Measuring gentrification and displacement in central London', *Urban Studies* 37/1: 149–65.

Atkinson, R. and Moon, G. (1994) *Urban Policy in Britain: The City, the State and the Market*. Basingstoke: Macmillan.

Augé, M. (1995) *Non-Places: Introduction to the Anthropology of Supermodernity*. London: Verso.

Back, L. (2004) 'Inside out: racism, class and masculinity in the "inner city" and the English suburbs', in C. Jenks (ed.) *Urban Culture: Critical Concepts in Literary and Cultural Studies*. London and New York: Routledge, vol. III, pp. 118–37.

Back, L., Keith, M. and Solomos, J. (1999) 'Reading the writing on the walls: graffiti in the racialised city', in D. Slyden and R. Whillock (eds) *Soundbite Culture: The Death of Discourse in a Wired World*. London and Newbury Park: Sage, pp. 69–101.

Bailey, R. W. (1998) *Gay Politics, Urban Politics: Identity and Economics in the Urban Setting*. New York: Columbia University Press.

Bannister, J. and Fyfe, N. (2001) 'Introduction: fear and the city', *Urban Studies* 38/5–6: 807–13.

Barthes, R. (1997) 'Semiology and the urban', in N. Leach (ed.) *Rethinking Architecture: A Reader in Cultural Theory*. London and New York: Routledge, pp. 166–72.

Bartley, P. (2000) *Prostitution: Prevention and Reform in England, 1860–1914*. London and New York: Routledge.

Bassett, C. (2003) 'How many movements?' in M. Bull and L. Back (eds) *The Auditory Culture Reader*. Oxford and New York: Berg, pp. 343–55.
Bauman, Z. (1990) 'Effacing the face: on the social management of moral proximity', *Theory, Culture and Society* 7/1: 5–38.
Bauman, Z. (1999) *In Search of Politics*. Cambridge: Polity.
Bauman, Z. (2000) *Community: Seeking Safety in an Insecure World*. Cambridge: Polity.
Bell, D. (1991) 'Insignificant others: lesbian and gay geographies', *Area* 23/4: 323–9.
Bell, D. (1995a) 'Pleasure and danger: the paradoxical spaces of sexual citizenship', *Political Geography* 14/2: 139–53.
Bell, D. (1995b) 'Perverse dynamics, sexual citizenship and the transformation of intimacy', in D. Bell and G. Valentine (eds) *Mapping Desire: Geographies of Sexualities*. London and New York: Routledge, pp. 304–17.
Bell, D. (2001) 'Fragments for a queer city', in D. Bell, J. Binnie, R. Holliday, R. Longhurst and R. Peace (eds) *Pleasure Zones: Bodies, Cities, Spaces*. Syracuse, NY: Syracuse University Press, pp. 84–102.
Bell, D., Binnie, J., Cream, J. and Valentine, G. (1994) 'All hyped up and no place to go', *Gender, Place and Culture* 1/1: 31–47.
Bell, D. and Valentine, G. (eds) (1995a) *Mapping Desire: Geographies of Sexualities*. London and New York: Routledge.
Bell, D. and Valentine, G. (1995b) 'Introduction: orientations', in D. Bell and G. Valentine (eds) *Mapping Desire: Geographies of Sexualities*. London and New York: Routledge, pp. 1–27.
Benhabib, S. (ed.) (1996) *Democracy and Difference: Contesting the Boundaries of the Political*. Princeton, NJ: Princeton University Press.
Benjamin, W. (1977 [1928]) *The Origin of German Tragic Drama*. London: New Left Books.
Benjamin, W. (1983) *Charles Baudelaire: A Lyric Poet in the Era of High Capitalism*. London: Verso.
Benjamin, W. (1985a [1925–6]) 'One way street', in *One Way Street and Other Writings*. London: Verso, pp. 45–104.
Benjamin, W. (1985b [1931]) 'A small history of photography', in *One Way Street and Other Writings*. London: Verso, pp. 240–57.
Benjamin, W. (1986a [1916]) 'On language as such and the language of man', in P. Demetz (ed.) *Reflections: Essays, Aphorisms, Autobiographical Writings*. New York: Schocken, pp. 314–32.
Benjamin, W. (1986b [1927]) 'Moscow', in P. Demetz (ed.) *Reflections: Essays, Aphorisms, Autobiographical Writings*. New York: Schocken, pp. 97–130.
Benjamin, W. (1986c [1928]) 'Marseilles', in P. Demetz (ed.) *Reflections: Essays, Aphorisms, Autobiographical Writings*. New York: Schocken, pp. 131–6.
Benjamin, W. (1986d [1928]) 'Hashish in Marseilles', in P. Demetz (ed.) *Reflections: Essays, Aphorisms, Autobiographical Writings*. New York: Schocken, pp. 137–45.
Benjamin, W. (1986e [1929]) 'Surrealism: the last snapshot of the European intelligentsia', in P. Demetz (ed.) *Reflections: Essays, Aphorisms, Autobiographical Writings*. New York: Schocken, pp. 177–92.
Benjamin, W. (1986f [1932]) 'A Berlin chronicle', in P. Demetz (ed.) *Reflections: Essays, Aphorisms, Autobiographical Writings*. New York: Schocken, pp. 3–60.
Benjamin, W. (1986g [1935]) 'Paris, capital of the nineteenth century', in P. Demetz (ed.) *Reflections: Essays, Aphorisms, Autobiographical Writings*. New York: Schocken, pp. 146–62.
Benjamin, W. (1999) *The Arcades Project*. Cambridge, MA: Harvard University Press.
Benjamin, W. and Lacis, A. (1986 [1924]) 'Naples', in P. Demetz (ed.) *Reflections: Essays, Aphorisms, Autobiographical Writings*. New York: Schocken, pp. 163–73.

Berry, B. L. and Kasarda, J. D. (1977) *Contemporary Urban Ecology*. New York: Macmillan.
Bhabha, H. (1994) *The Location of Culture*. London and New York: Routledge.
Binnie, J. (1995) 'Trading places: consumption, sexuality and the production of queer space', in D. Bell and G. Valentine (eds) *Mapping Desire: Geographies of Sexualities*. London and New York: Routledge, pp. 182–99.
Binnie, J. and Skeggs, B. (2004) 'Cosmopolitan knowledge and the production and consumption of sexualized space: Manchester's "Gay Village"', *The Sociological Review* 52/1: 39–61.
Blackman, T. (1995) *Urban Policy in Britain*. London and New York: Routledge.
Blakeley, E. J. and Snyder, M. G. (1997) *Fortress America: Gated Communities in the United States*. Washington, DC: Brookings Institute.
Blokland, T. and Savage, M. (2001) 'Networks, class and place', *International Journal of Urban and Regional Studies* 25/2: 222–5.
Body-Gendrot, S. (2000) *The Social Control of Cities? A Comparative Perspective*. Oxford: Blackwell.
Bondi, L. (1991) 'Gender divisions and gentrification: a critique', *Transactions of the Institute of British Geographers* 16/2: 190–8.
Bondi, L. (1999) 'Gender, class and gentrification: enriching the debates', *Environment and Planning D: Society and Space* 17/3: 261–82.
Bondi, L. and Christie, H. (2000) 'Working out the urban: gender relations and the city', in G. Bridge and S. Watson (eds) *A Companion to the City*. Oxford: Blackwell, pp. 292–306.
Borden, I. (2000) 'Skateboarding', in S. Pile and N. Thrift (eds) *City, A–Z*. London and New York: Routledge, pp. 226–8.
Borden, I. (2001) *Skateboarding, Space and the City: Architecture and the Body*. Oxford and New York: Berg.
Bourdieu, P. (1977) *Outline of a Theory of Practice*. Cambridge: Cambridge University Press.
Bourdieu, P. (1990) *The Logic of Practice*. Cambridge: Polity.
Bouthillette, A.-M. (1994) 'Gentrification by gay male communities: a case study of Toronto's Cabbagetown', in S. Whittle (ed.) *The Margins of the City*. Aldershot: Arena, pp. 65–83.
Bowling, B. (1999) *Violent Racism: Victimisation, Policing and Social Context*. Oxford: Oxford University Press.
Boys, J. (1998) 'Beyond maps and metaphors? Re-thinking the relationships between architecture and gender', in R. Ainley (ed.) *New Frontiers of Space, Bodies and Gender*. London and New York: Routledge, pp. 203–17.
Bridge, G. (2005) *Reason in the City of Difference*. London and New York: Routledge.
Brown, M. (1995) 'Sex, scale and the new urban politics: HIV-prevention strategies from Yaletown, Vancouver', in D. Bell and G. Valentine (eds) *Mapping Desire: Geographies of Sexualities*. London and New York: Routledge, pp. 245–63.
Brown, M. P. (2000) *Closet Space: Geographies of Metaphor from the Body to the Globe*. London and New York: Routledge.
Bull, M. (2000) *Sounding Out the City: Personal Stereos and the Management of Everyday Life*. Oxford and New York: Berg.
Burgess. E. W. (1967 [1925]) 'The growth of the city: an introduction to a research project', in R. E. Park et al. (eds) *The City*. Chicago: University of Chicago Press, pp. 47–62.
Burgess, J. (1998) 'But is it worth taking the risk? How women negotiate access to urban woodlands: a case study', in R. Ainley (ed.) *New Frontiers of Space, Bodies and Gender*. London and New York: Routledge, pp. 115–28.
Burskik, R. J. (1988) 'Social disorganization and theories of crime and delinquency: problems and prospects', *Criminology* 26/4: 519–51.
Burskik, R. J. and Grasmick, H. G. (1993) *Neighborhoods and Crime: The Dimensions of Effective Community Control*. New York: Lexington Books.

Butler, T. (1997) *Gentrification and the Middle Classes.* Aldershot: Ashgate.
Butler, T. and Robson, G. (2001) 'Social capital, gentrification and neighbourhood change in London: a comparison of three South London neighbourhoods', *Urban Studies* 38/12: 2145–62.
Caldeira, T. (1996) 'Fortified enclaves: the new urban segregation', *Public Culture* 8/2: 329–54.
Caldeira, T. (2000) *City of Walls: Crime, Segregation and Citizenship in São Paulo.* Berkeley, CA: University of California Press.
Canavan, P. (1988) 'The gay community at Jacob Riis Park', in V. Boggs, G. Handel and S. Fava (eds) *The Apple Sliced: Sociological Studies of New York City.* Prospect Heights, IL: Waveland, pp. 67–82.
Carpenter, J. and Lees, L. (1995) 'Gentrification in New York, London and Paris: an international comparison', *International Journal of Urban and Regional Research* 19/2: 286–303.
Carter, A. (1992) *Expletives Deleted.* London: Chatto and Windus.
Casey, E. S. (1996) 'How to get from space to place in a fairly short stretch of time: phenomenological prolegomena', in S. Feld and K. H. Basso (eds) *Senses of Place.* Santa Fe, NM: School of American Research Press, pp. 13–52.
Castells, M. (1977) *The Urban Question.* London: Arnold.
Castells, M. (1983) *The City and the Grassroots: A Cross-Cultural Theory of Urban Social Movements.* Berkeley, CA: University of California Press.
Castells, M. (1989) *The Informational City.* Oxford: Blackwell.
Castells, M. (1996) *The Rise of the Network Society.* Oxford: Blackwell.
Castells, M. (2004) *The Power of Identity.* Second edition. Oxford: Blackwell.
Castells, M. and Murphy, K. (1982) 'Cultural identity and urban structure: the spatial organization of San Francisco's gay community', in N. Fainstein and S. Fainstein (eds) *Urban Policy under Capitalism.* Los Angeles: Sage, pp. 237–59.
Caulfield, J. (1994) *City Form and Everyday Life: Toronto's Gentrification and Critical Social Practice.* Toronto: University of Toronto Press.
Chambliss, W. J. (1994) 'Policing the ghetto underclass: the politics of law and law enforcement', *Social Problems* 41/2: 177–94.
Chauncey, G. (1995) *Gay New York: Gender, Urban Culture, and the Making of the Gay Male World, 1890–1940.* London: Flamingo.
Chiricos, T., Hogan, M. and Gertz, M. (1997) 'Racial composition of neighbourhood and fear of crime', *Criminology* 35/1: 107–31.
Christopherson, S. (1994) 'The fortress city: privatized spaces, consumer citizenship', in A. Amin (ed.) *Post-Fordism: A Reader.* Oxford: Blackwell, pp. 409–27.
Clark, K. B. (1989) *Dark Ghetto: Dilemmas of Social Power.* Second edition. Hanover, NH: Wesleyan University Press.
Cohen, A. (1985) *The Symbolic Construction of Community.* London and New York: Routledge.
Cohen, A. (1993) *Masquerade Politics: Explorations in the Structure of Urban Cultural Movements.* Oxford: Berg.
Conrad, P. (2000) *The Hitchcock Murders.* London: Faber.
Crang, P. (2000) 'Public space, urban space and electronic space', *Urban Studies* 37/2: 301–17.
Cresswell, T. (1992) 'The crucial "where" of graffiti: a geographical analysis of reactions to graffiti in New York', *Environment and Planning D: Society and Space* 10/3: 329–44.
Cunneen, C. (1999) 'Zero Tolerance policing and the experience of New York City', *Current Issues in Criminal Justice* 10/3: 299–313.
Dahl, R. (1961) *Who Governs?* New Haven, CT: Yale University Press.

Davis, M. (1990) *City of Quartz: Excavating the Future in Los Angeles*. London: Verso.
Davis, M. (1998) *Ecology of Fear: Los Angeles and the Imagination of Disaster*. New York: Metropolitan.
Davis, T. (1995) 'The diversity of queer politics and the redefinition of sexual identity and community in urban spaces', in D. Bell and G. Valentine (eds) *Mapping Desire: Geographies of Sexualities*. London and New York: Routledge, pp. 284–303.
Day, K. (1999) 'Embassies and sanctuaries: women's experience of race and fear in public space', *Environment and Planning D: Society and Space* 17/3: 307–28.
De Certeau, M. (1984) *The Practice of Everyday Life*. Berkeley, CA: University of California Press.
Demetz, P. (1986) 'Introduction', in P. Demetz (ed.) *Reflections: Essays, Aphorisms, Autobiographical Writings*. New York: Schocken, pp. vii–xiii.
D'Emilio, J. (1983) *Sexual Politics, Sexual Communities: The Making of a Homosexual Minority in the United States, 1940–1970*. Chicago: University of Chicago Press.
Devine, J. A. and Wright, J. D. (1993) *The Greatest of Evils: Urban Poverty and the American Underclass*. New York: Aldine de Gruyter.
Domosh, M. (1999) 'Sexing feminist geographies', *Progress in Human Geography* 23/3: 429–36.
Donald, J. (1992) 'Metropolis: the city as text', in R. Bocock and K. Thompson (eds) *Social and Cultural Forms of Modernity*. Cambridge: Polity, pp. 417–61.
Dowling, R. (1998) 'Suburban stories, gendered lives: thinking through difference', in R. Fincher and J. M. Jacobs (eds) *Cities of Difference*. New York: Guilford Press, pp. 69–88.
Duncan, N. (ed.) (1996) *BodySpace: Destabilizing Geographies of Gender and Sexuality*. London and New York: Routledge.
Dunleavy, P. (1980) *Urban Political Analysis*. London: Macmillan.
Durning, L. and Wigley, R. (eds) (2000) *Gender and Architecture*. Chichester: Wiley.
Eagleton, T. (1981) *Walter Benjamin, or Towards a Revolutionary Criticism*. London: Verso.
England, K. (1993) 'Suburban pink-collar ghettos: the spatial entrapment of women', *Annals of the Association of American Geographers* 83/2: 225–42.
Epstein Nord, D. (1995) *Walking the Victorian Streets: Women, Representation and the City*. Ithaca, NY: Cornell University Press.
Evans, D. J. (1995) *Crime and Policing: Spatial Approaches*. Aldershot: Avebury Press.
Ewenstein, B. (2004) *Spatial Stories of Graffiti*. London: Goldsmiths College.
Fainstein, N. and Fainstein, S. (eds) (1982) *Urban Policy under Capitalism*. Los Angeles: Sage.
Fanon, F. (1986) *Black Skin, White Masks*. London: Pluto.
Ferraro, K. F. (1996) 'Women's fear of victimization: shadow of sexual assault?' *Social Forces* 75/2: 667–90.
Ferrell, J. (1996) *Crimes of Style: Urban Graffiti and the Politics of Criminality*. Boston: Northeastern University Press.
Fischer, C. S (1982) *To Dwell Among Friends: Personal Networks in Town and City*. Chicago: University of Chicago Press.
Fiske, J. (1998) 'Surveilling the city: whiteness, the black man and democratic totalitarianism', *Theory, Culture and Society* 15/2: 67–88.
Fleischacker, S. (1998) 'Insignificant communities', in A. Gutmann (ed.) *Freedom of Association*. Princeton, NJ: Princeton University Press, pp. 273–313.
Forest, B. (1995) 'West Hollywood as symbol: the significance of place in the construction of gay identity', *Environment and Planning D: Society and Space* 13/2: 133–57.
Forrest, D. (1994) '"We're here, we're queer, and we're not going shopping": changing gay male identities in contemporary Britain', in A. Cornwall and N. Lindisfarne (eds) *Dislocating Masculinity: Comparative Ethnographies*. London and New York: Routledge, pp. 97–110.

Forrest, R. and Kearns, A. (2001) 'Social cohesion, social capital and the neighbourhood', *Urban Studies* 38/12: 2125–43.

Foster, J. (1997) *Docklands: Cultures in Conflict, Worlds in Collision.* London: UCL Press.

Foucault, M. (1977) 'Panopticism', in *Discipline and Punish.* London: Penguin, pp. 195–228.

Foucault, M. (1986) 'Of other spaces', *Diacritics* 16/1: 22–7.

Fraser, N. (1991) 'Rethinking the public sphere: a contribution to the critique of actually existing democracy', in C. Calhoun (ed.) *Habermas and the Public Sphere.* Cambridge, MA: MIT Press, pp. 109–42.

Friedberg, A. (1993) 'The mobilized and virtual gaze in modernity: *flâneur/flâneuse*', in *Window Shopping: Cinema and the Postmodern.* Berkeley, CA: University of California Press, pp. 15–38.

Fukuyama, F. (1995) *Trust: The Social Virtues and the Creation of Prosperity.* London: Penguin.

Fyfe, N. and Bannister, J. (1996) 'City watching: closed circuit television surveillance in public spaces', *Area* 28/1: 37–46.

Gardner, C. B. (1995) *Passing By: Gender and Public Harassment.* Berkeley, CA: University of California Press.

Gans, H. T. (1982 [1962]) *The Urban Villagers: Group and Class in the Life of Italian-Americans.* Revised edition. New York: Free Press.

Gans, H. T. (1996) *The War Against the Poor: The Underclass and Antipoverty Policy.* New York: Basic Books.

Geltmaker, T. (1992) 'The queer nation acts up: health care, politics, and sexual politics in the city of angels', *Environment and Planning D: Society and Space* 10/6: 609–50.

Giddens, A. (1991) *Modernity and Self-Identity.* Cambridge: Polity.

Giddens, A. (2000) *The Third Way and its Critics.* Cambridge: Polity.

Gilchrist, E., Bannister, J., Ditton, J. and Farrall, S. (1998) 'Women and the "fear of crime": challenging the accepted stereotype', *British Journal of Criminology* 38/2: 283–98.

Gilfoyle, T. J. (1992) *City of Eros: New York City, Prostitution and the Commercialization of Sex, 1790–1920.* New York: W. W. Norton.

Gilroy, P. (2003) 'Between the blues and the blues dance: some soundscapes of the Black Atlantic', in M. Bull and L. Back (eds) *A Reader in Auditory Culture.* Oxford and New York: Berg, pp. 381–95.

Ginzburg, C. (1990) 'Clues: roots of an evidential paradigm', in *Myths, Emblems, Clues.* London: Hutchinson Radius, pp. 96–125.

Goffman, E. (1963) *Behavior in Public Places.* New York: Free Press.

Goffman, E. (1973) *Relations in Public.* New York: Harper and Row.

Goldberg, D. T. (1993) ' "Polluting the body politic": racist discourse and urban location', in M. Cross and M. Keith (eds) *Racism, the City and the State.* London and New York: Routledge, pp. 45–60.

Goodey, J. (1997) 'Boys don't cry: masculinity, fear of crime and fearlessness', *British Journal of Sociology* 37/3: 401–17.

Gornick, V. (1996) *Approaching Eye Level.* Boston: Beacon Press.

Graham, S. and Marvin, S. (2001) *Splintering Urbanism: Networked Infrastructures, Technological Mobilities, and the Urban Condition.* London and New York: Routledge.

Granovetter, M. (1973) 'The strength of weak ties', *American Journal of Sociology* 78/6: 1360–80.

Green, B. (1994) 'From visible *flâneuse* to spectacular suffragette? The prison, the street, and the sites of suffrage', *Discourse* 17/2: 67–97.

Greene, J. A. (1999) 'Zero Tolerance: a case study of police policies and practices in New York City', *Crime and Delinquency* 45/2: 171–87.

Grosz, E. (1992) 'Bodies-cities', in B. Colomina (ed.) *Sexuality and Space*. Princeton, NJ: Princeton Architectural Press, pp. 241–53.
Gufler, J. (ed.) (1997) *Cities in the Developing World: Issues, Theory, Politics*. Oxford: Oxford University Press.
Gutmann, A. (ed.) (1994) *Multiculturalism: Examining the Politics of Recognition*. Princeton, NJ: Princeton University Press.
Habermas, J. (1974) 'The public sphere: an encyclopedia article', *New German Critique* 1/3: 49–55.
Habermas, J. (1989) *The Structural Transformation of the Public Sphere*. Cambridge, MA: MIT Press.
Halpern, R. (1995) *Rebuilding the Inner City: A History of Initiatives to Address Poverty in the United States*. New York: Columbia University Press.
Harvey, D. (1973) *Social Justice and the City*. London: Edward Arnold.
Harvey, D. (1989) *The Condition of Postmodernity*. Oxford: Basil Blackwell.
Harvey, D. (2003) *The New Imperialism*. Oxford: Oxford University Press.
Hawley, A. (1950) *Human Ecology: A Theory of Urban Structure*. New York: Ronald Press.
Hayden, D. (2000) 'What would a non-sexist city be like?' in R. T. Le Gates and F. Stout (eds) *The City Reader*. London and New York: Routledge, pp. 503–18.
Hayden, D. (2003) *Building Suburbia: Green Fields and Urban Growth*. New York: Pantheon.
Hebdige, D. (1988) 'Hiding in the light: youth surveillance and display', in *Hiding in the Light: On Images and the Things*. London and New York: Routledge, pp. 17–36.
Hemmings, C. (2002) *Bisexual Spaces*. London and New York: Routledge.
Herbert, S. (1997) *Policing Space: Territoriality and the Los Angeles Police Department*. Minneapolis: University of Minnesota Press.
Herek, G. M. and Berrill, K. T. (eds) (1992) *Hate Crimes: Confronting Violence against Lesbians and Gay Men*. London and Newbury Park, CA: Sage.
Herek, G. M., Corgan, J. C. and Gillis, J. R. (2002) 'Victim experiences in hate crimes based on sexual orientation', *Journal of Social Issues* 58/2: 319–39.
hooks, b. (1991) *Yearning: Race, Gender and Cultural Politics*. London: Turnaround.
Humphries, L. (1970) *Tearoom Trade: Impersonal Sex in Public Places*. Chicago: Aldine.
Hutchinson, S. (2000) 'Waiting for the bus', *Social Text* 18/2: 107–20.
Ingram, G., Bouthillette, A.-M. and Retter, Y. (1997) *Queers in Space*. Seattle: Bay Press.
Jackson, P. (1987) *Race and Racism: Essays in Social Geography*. London: Allen and Unwin.
Jacobs, J. (1964 [1961]) *The Death and Life of Great American Cities: The Failure of Town Planning*. Harmondsworth: Penguin.
Jacobs, J. M. (1998) 'Staging difference: aestheticization and the politics of difference in contemporary cities', in R. Fincher and J. M. Jacobs (eds) *Cities of Difference*. New York: Guilford Press, pp. 257–78.
Jargowsky, P. A. (1997) *Poverty and Place: Ghettos, Barrios and the American City*. New York: Russell Sage Foundation.
Jarman, N. and Tennant, A. (2003) *An Acceptable Prejudice? Homophobic Violence and Harassment in Northern Ireland*. Belfast: Institute for Conflict Research.
Jarvis, H., Pratt, A. C. and Wu, P. C.-C. (2001) *The Secret Life of Cities: The Social Reproduction of Everyday Life*. London: Prentice Hall.
Jencks, C. (1993) *Rethinking Social Policy: Race, Poverty and the Underclass*. New York: HarperCollins.
Jordan, T. and Lent, A. (1998) *Storming the Millennium: The New Politics of Change*. London: Lawrence and Wishart.
Judge, D., Stoker, G. and Wolman, H. (1995) *Theories of Urban Politics*. London and Newbury Park, CA: Sage.

Katz, M. (1989) *The Undeserving Poor.* New York: Pantheon Books.

Katz, M. (1993) *The Underclass Debate: The View from History.* Princeton, NJ: Princeton University Press.

Katznelson, I. (1981) *City Trenches.* New York: Pantheon.

Kearns, G. and Philo, C. (eds) (1993) *Selling Places: The City as Cultural Capital, Past and Present.* Oxford: Pergamon Press.

Keating, M. (1993) *Comparative Urban Politics: Power and the City in the United States, Canada, Britain and France.* Aldershot: Edward Elgar.

Keith, M. (1993) *Race, Riots and Policing.* London: UCL Press.

Keith, M. (2000) 'Identity and the spaces of authenticity', in L. Back and J. Solomos (eds) *Theories of Race and Racism: A Reader.* London and New York: Routledge, pp. 521–38.

Keith, M. (2005) *After the Cosmopolitan? Multicultural Cities and the Future of Racism.* London and New York: Routledge.

Keith, M. and Pile, S. (eds) (1993) *Place and the Politics of Identity.* London and New York: Routledge.

Keith, M. and Rogers, A. (eds) (1991) *Hollow Promises: Rhetoric and Reality in the Inner City.* London: Mansell.

Kitchin, R. (2002) 'Sexing the city: the sexual production of space in Belfast, Manchester and San Francisco', *City* 6/2: 205–18.

Kleinberg, B. (1995) *Urban America in Transformation: Perspectives on Urban Policy and Development.* London and Newbury Park, CA: Sage.

Knopp, L. (1987) 'Social theory, social movements and public policy: recent accomplishments of the gay and lesbian movements in Minneapolis, Minnesota', *International Journal of Urban and Regional Research* 11/2: 243–61.

Knopp, L. (1992) 'Sexuality and the spatial dynamics of capitalism', *Environment and Planning D: Society and Space* 10/6: 651–69.

Knopp, L. (1998) 'Sexuality and urban space: gay male identities, communities and cultures in the US, UK and Australia', in R. Fincher and J. M. Jacobs (eds) *Cities of Difference.* New York: Guilford, pp. 149–76.

Knox, P. L. and Taylor, P. (eds) (1995) *World Cities in a World System.* Cambridge: Cambridge University Press.

Koskela, H. (1997) 'Bold walks and breakings: women's spatial confidence versus fear of violence', *Gender, Place and Culture* 4/3: 301–14.

Koskela, H. and Pain, R. (2000) 'Revisiting fear and place: women's fear of attack and the built environment', *Geoforum* 31/2: 269–80.

Ladd, B. (1997) *The Ghosts of Berlin: Confronting German History in the Urban Landscape.* Chicago: University of Chicago Press.

Lane, J. and Meeker, J. W. (2000) 'Subcultural diversity and the fear of crime and gangs', *Crime and Delinquency* 46/4: 497–521.

Lapovsky Kennedy, E. and Davis, M. D. (1993) *Boots of Leather, Slippers of Gold: The History of a Lesbian Community.* London and New York: Routledge.

Larana, E., Johnston, H. and Gusfield, J. R. (eds) (1994) *New Social Movements: From Ideology to Identity,* Philadelphia, PA: Temple University Press.

Lash, S. and Urry, J. (1994) *Economies of Signs and Space.* London and Newbury Park, CA: Sage.

Lauria, M. and Knopp, L. (1985) 'Towards an analysis of the role of gay communities in the urban renaissance', *Urban Geography* 6/2: 152–69.

Lee, J. (2002) *Civility in the City: Blacks, Jews, and Koreans in Urban Areas.* Cambridge, MA: Harvard University Press.

Lefebvre, H. (1991 [1974]) *The Production of Space.* Oxford: Basil Blackwell.

Lewis, O. (1959) *Five Families: Mexican Case Studies in the Culture of Poverty.* New York: Basic Books.

Lewis, O. (1966) *La Vida: A Puerto Rican Family in the Culture of Poverty – San Juan and New York.* New York: Random House.

Lewis, O. (1996 [1966]) 'The culture of poverty', in R. T. Le Gates and F. Stout (eds) *The City Reader.* London and New York: Routledge, pp. 218–224.

Levinas, E. (1987) *Time and the Other and Additional Essays.* Pittsburgh, PA: Duquesne University Press.

Levine, M. (1979) 'Gay ghetto', *Journal of Homosexuality* 4/4: 363–77.

Ley, D. (1994) 'Gentrification and the politics of the new middle class', *Environment and Planning D: Society and Space* 12/1: 53–74.

Ley, D. (1996) *The New Middle Class and the Remaking of the Central City.* Oxford: Oxford University Press.

Lippard, L. (2000) 'Home in the weeds', in M. Miles and T. Hall (eds) *The City Cultures Reader.* London and New York: Routledge, pp. 269–76.

Little, J., Peake, L. and Richardson, P. (eds) (1988) *Women in Cities: Gender and the Urban Environment.* London: Macmillan.

Lofland, L. H. (1973) *A World of Strangers: Order and Action in Urban Public Space.* New York: Basic Books.

Lofland, L. H. (1998) *The Public Realm: Exploring the City's Quintessential Social Territory.* Hawthorne, NY: Aldine de Gruyter.

Logan, M. and Molotch, H. (1987) *Urban Fortunes: The Political Economy of Place.* Berkeley, CA: University of California Press.

Low, S. (2001) 'The edge and the center: gated communities and the discourse of urban fear', *American Anthropologist* 103/1: 45–59.

Low, S. (2003) *Behind the Gates: Life, Security and the Pursuit of Happiness in Fortress America.* London and New York: Routledge.

Lowe, S. (1986) *Urban Social Movements: The City after Castells.* London: Palgrave Macmillan.

Lynch, F. (1987) 'Non-ghetto gays: a sociological study of suburban homosexuals', *Journal of Homosexuality* 13/4: 13–42.

Lynch, K. (1960) *The Image of the City.* Cambridge, MA: MIT Press.

Lynch, K. (1972) *What Time is This Place?* Cambridge, MA: MIT Press.

Lyod, B. and Rowntree, L. (1978) 'Radical feminists and gay men in San Francisco: social space in dispersed communities', in D. Lanegran and R. Palm (eds) *An Invitation to Geography.* New York: McGraw-Hill, pp. 78–88.

MacGregor, S. and Pimlott, B. (1990) *Tackling the Inner Cities.* Oxford: Clarendon Press.

Marcuse, P. and van Kempen, R. (eds) (2002) *Of States and Cities: The Partitioning of Urban Space.* Oxford: Oxford University Press.

Mason, A. and Palmer, A. (1996) *Queer Bashing: A National Survey of Hate Crimes Against Lesbians and Gay Men.* London: Stonewall.

Mason, G. and Tomsen, S. (eds) (1997) *Homophobic Violence.* Annandale: Federation Press.

Massey, D. (1994) *Space, Place and Gender.* Cambridge: Polity.

Massey, D. S. and Denton, N. (1993) *American Apartheid: Segregation and the Making of an Underclass.* Cambridge, MA: Harvard University Press.

MATRIX (1984) *Making Space: Women and the Man-Made Environment.* London: Pluto.

Mayer, M. (1999) 'Urban movements and urban theory in the late twentieth century city', in R. A. Beauregard and S. Body-Gendrot (eds) *The Urban Moment: Cosmopolitan Essays on the Late Twentieth Century City.* London and Newbury Park, CA: Sage, pp. 209–38.

Mayer, M. (ed.) (2000) *Urban Movements in a Globalised World.* London and New York: Routledge.

McArdle, M. and Erzen, T. (eds) (2001) *Zero Tolerance: Quality of Life and the New Police Brutality in New York City.* New York: New York University Press.
McDowell, L. (1999a) 'In and out of place: bodies and embodiment', in *Gender, Identity and Place: Understanding Feminist Geographies.* Minneapolis: University of Minnesota Press, pp. 34–70.
McDowell, L. (1999b) 'In public: the street and spaces of pleasure', in *Gender, Identity and Place: Understanding Feminist Geographies.* Minneapolis: University of Minnesota Press, pp. 148–69.
McGarrell, E. F., Giacomazzi, A. L. and Thurman, Q. C. (1997) 'Neighbourhood disorder, integration and the fear of crime', *Justice Quarterly* 14/3: 479–500.
McKay, G. (ed.) (1998) *DiY Culture: Party and Protest in Nineties Britain.* London: Verso.
McKenzie, R. D. (1967 [1925]) 'The ecological approach to the study of the human community', in R. E. Park et al. (eds) *The City.* Chicago: University of Chicago Press, pp. 63–79.
McLaughlin, E. and Muncie, J. (1999) 'Walled cities: surveillance, regulation and segregation', in S. Pile, C. Brook and G. Mooney (eds) *Unruly Cities? Order/Disorder.* London and New York: Routledge, pp. 104–38.
Melucci, A. (1989) *Nomads of the Present: Social Movements and Individual Needs in Contemporary Society.* London: Hutchinson Radius.
Melucci, A. (1996) *Challenging Codes: Collective Action in the Information Age.* Cambridge: Cambridge University Press.
Mingeone, E. (ed.) (1996) *Urban Poverty and the 'Underclass'.* Oxford: Blackwell.
Mitchell, D. (1997) 'The annihilation of space by law: the roots and implications of anti-homeless laws in the United States', *Antipode* 29/3: 303–35.
Mitchell, D. (2003) *The Right to the City: Social Justice and the Right for Public Space.* New York: Guilford Press.
Mollenkopf, J. H. (1983) *The Contested City.* Princeton, NJ: Princeton University Press.
Mooney, G. (1999) 'Urban "disorders"', in S. Pile, C. Brook and G. Mooney (eds) *Unruly Cities? Order/Disorder.* London and New York: Routledge, pp. 53–92.
Moore, H. (1994) 'Bodies on the move: gender, power and material culture', in *A Passion for Difference.* Bloomington, IN: Indiana University Press, pp. 71–85.
Moran, L. (2000) 'Homophobic violence', in S. Munt (ed.) *Cultural Studies and the Working Class.* London: Cassell, pp. 206–18.
Morris, M. (1988) 'Things to do with shopping centres', in S. Sheridan (ed.) *Grafts: Feminist Cultural Criticism.* London: Verso, pp. 193–225.
Morrison, C. and McKay, A. (2000) *The Experience of Violence and Harassment of Gay Men in Edinburgh.* Edinburgh: Scottish Executive Central Research Unit.
Mort, F. (1998) 'Cityscapes, consumption, masculinities and the mapping of London since 1950', *Urban Studies* 35/5: 889–907.
Mort, F. (1999) 'Mapping sexual London: The Wolfenden Committee on Homosexual Offences and Prostitution 1954–57', in F. Mort and L. Nead (eds) *Sexual Geographies.* London: Lawrence and Wishart, pp. 92–113.
Mort, F. (2000a) *Dangerous Sexualities: Medico-Moral Politics in England since 1830.* London and New York: Routledge.
Mort, F. (2000b) 'The sexual geography of the city', in G. Bridge and S. Watson (eds) *A Companion to the City.* Oxford: Blackwell, pp. 307–15.
Mort, F. and Nead, L. (eds) (1999) *Sexual Geographies.* London: Lawrence and Wishart.
Moynihan, D. P. (ed.) (1969) *On Understanding Poverty: Perspectives from the Social Sciences.* New York: Basic Books.
Moynihan, D. P. (ed.) (1970) *Toward a National Urban Policy.* New York: Basic Books.

Munt, S. (1995) 'The lesbian *flâneur*', in D. Bell and G. Valentine (eds) *Mapping Desire: Geographies of Sexualities.* London and New York: Routledge, pp. 114–25.
Murray, C. (1994) *Losing Ground: American Social Policy, 1950–1980.* Second edition. New York: Basic Books.
Myslik, W. (1996) 'Renegotiating the social/sexual identities of places: gay communities as sites of resistance', in N. Duncan (ed.) *BodySpace: Destabilizing Geographies of Gender and Sexuality.* London and New York: Routledge, pp. 156–69.
Nash, K. (2000) *Contemporary Political Sociology: Globalization, Politics and Power.* Oxford: Blackwell.
Nast, H. and Pile, S. (eds) (1998) *Places Through the Body.* London and New York: Routledge.
Nead, L. (1988) *Myths of Sexuality: Representations of Women in Victorian Britain.* Oxford: Basil Blackwell.
Nead, L. (1997) 'Mapping the self: gender, space and modernity in mid-Victorian London', in R. Porter (ed.) *Rewriting the Self: Histories from the Renaissance to the Present.* London and New York: Routledge, pp. 167–85.
Nead, L. (1999) 'From alleys to courts: obscenity and the mapping of mid-Victorian London', in F. Mort and L. Nead (eds) *Sexual Geographies.* London: Lawrence and Wishart.
Nead, L. (2000) *Victorian Babylon: People, Streets and Images in Nineteenth-Century London.* New Haven, CT: Yale University Press.
Neal, P. (ed.) (2003) *Urban Villages and the Making of Communities.* London: Spon Press.
Negt, O. and Kluge, A. (1993) *Public Sphere and Experience: Analysis of the Bourgeois and Proletarian Public Sphere.* Minneapolis, MN: University of Minnesota Press.
Newman, O. (1972) *Defensible Space: Crime Prevention through Urban Design.* New York: Macmillan.
Nisbet, R. (1953) *The Quest for Community.* Oxford: Oxford University Press.
NLB (1979) 'Publisher's note', in W. Benjamin (1985) *One Way Street and Other Writings.* London: Verso.
Nochlin, L. (1992) 'Lost and found: once more the fallen woman', in N. Broude and M. D. Garrard (eds) *The Expanding Discourse: Feminism and Art History.* New York: HarperCollins, pp. 221–46.
Nochlin, L. (1999) *Representing Women.* London: Thames and Hudson.
Nochlin, L. and Bolloch, J. (1998) *Women in the Nineteenth Century.* New York: The New Press.
O'Connor, A. (2001) *Poverty Knowledge: Social Science, Social Policy and the Poor in Twentieth-Century US History.* Princeton, NJ: Princeton University Press.
Ogborn, M. (1992) 'Love-state-ego: "centres" and "margins" in nineteenth-century Britain', *Environment and Planning D: Society and Space* 10/3: 287–305.
Osofsky, F. (1971) *Harlem: The Making of a Ghetto.* New York: Harper and Row.
Pain, R. (1991) 'Space, sexual violence and social control: integrating geographical and feminist analyses of women's fear', *Progress in Human Geography* 15/4: 415–31.
Pain, R. (1997) 'Social geographies of women's fear of crime', *Transactions of the Institute of British Geographers* 22/2: 231–44.
Pain, R. (2000) 'Place, social relations and the fear of crime: a review', *Progress in Human Geography* 24/3: 365–87.
Pain, R. (2001) 'Gender, race, age and fear in the city', *Urban Studies* 38/5–6: 899–913.
Parenti, C. (2003) *The Soft Cage: Surveillance in America from Slavery to the War on Terror.* New York: Basic Books.
Park, R. E. (1928) 'Foreword', in L. Wirth, *The Ghetto.* Chicago: University of Chicago Press,pp. vii–ix.
Park, R. E. (1967a [1925]) 'The city: suggestions for the investigation of human behavior in

the urban environment', in R. E. Park et al. (eds) *The City*. Chicago: University of Chicago Press, pp. 1–46.
Park, R. E. (1967b [1925]) 'Community organization and juvenile delinquency', in R. E. Park et al. (eds) *The City*. Chicago: University of Chicago Press, pp. 99–112.
Park, R. E. (1967c [1925]) 'Community organization and the romantic temper', in R. E. Park et al. (eds) *The City*. Chicago: University of Chicago Press, pp. 113–122.
Park, R. E. (1967d [1925]) 'Magic, mentality, and mental life', in R. E. Park et al. (eds) *The City*. Chicago: University of Chicago Press, pp. 123–41.
Park. R. E., Burgess, E. W. and McKenzie, R. D. (eds) (1967 [1925]) *The City*. Chicago: University of Chicago Press.
Parker, K. D. (2001) 'Black–white differences in perceptions of fear of crime', *Journal of Social Psychology* 128/4: 487–94.
Parsons, D. (2000) *Streetwalking the Metropolis*. Oxford: Oxford University Press.
Patterson, J. (2000) *America's Struggle against Poverty in the Twentieth Century*. Cambridge, MA: Harvard University Press.
Peake, L. (1993) ' "Race" and sexuality: challenging the patriarchal structuring of urban social space', *Environment and Planning D: Society and Space* 11/6: 415–32.
Perec, G. (1999 [1974]) *Species of Spaces and Other Pieces*. Harmondsworth: Penguin.
Phillips, R., Watt, D. and Shuttledon, D. (eds) (2000) *De-centring Sexualities: Politics and Representation Beyond the Metropolis*. London and New York: Routledge.
Pickvance, C. (1995) 'Where have urban movements gone?' in D. Sadler and C. Hadjimichaels (eds) *Europe at the Margins: New Mosaic of Inequality*. Chichester: Wiley, pp. 197–217.
Pile, S. (1996) *The Body and the City: Psychoanalysis, Space and Subjectivity*. London and New York: Routledge.
Pile, S. (1999) 'The heterogeneity of cities', in S. Pile, C. Brook and G. Mooney (eds) *Unruly Cities? Order/Disorder*. London and New York: Routledge, pp. 7–41.
Pile, S., Brook, C. and Mooney, G. (eds) (1999) *Unruly Cities: Order/Disorder*. London and New York: Routledge.
Pile, S. and Keith, M. (eds) (1997) *Geographies of Resistance*. London and New York: Routledge.
Pile, S. and Thrift, N. (eds) (1995) *Mapping the Subject: Geographies of Cultural Transformation*. London and New York: Routledge.
Pollock, G. (1988) 'Modernity and the spaces of femininity', in *Vision and Difference*. London and New York: Routledge, pp. 50–90.
Portes, A. and Landolt, P. (1996) 'The downside of social capital', *The American Prospect* 26 (May–June): 18–21.
Posener, J. (1982) *Spray It Loud*. London: Routledge and Kegan Paul.
Potter, S. and Lloyd-Evans, S. (1998) *The City in the Developing World*. Harlow: Longman.
Powers, S. (1999) *The Art of Getting Over: Graffiti at the Millennium*. New York: St Martin's Press.
Putnam, R. (2000) *Bowling Alone*. New York: Simon and Schuster.
Quilley, S. (1997) 'Constructing Manchester's "New Urban Village": gay space in the entrepreneurial city', in G. Ingram et al. (eds) *Queers in Space*. Seattle: Bay Press, pp. 275–95.
Radner, H. (1999) 'Roaming the city: proper women in improper places', in M. Featherstone and S. Lash (eds) *Spaces of Culture: City–Nation–World*. London and Newbury Park, CA: Sage, pp. 86–100.
Reda, J. (1996) *The Ruins of Paris*. London: Reaktion.
Riley, D. (2002) 'The right to be lonely', *differences* 13/1: 1–13.

Robbins, B. (ed.) (1993) *The Phantom Public Sphere*. Minneapolis, MN: University of Minnesota Press.
Robinson, J. (1999) 'Divisive cities: power and segregation in cities', in S. Pile, C. Brook and G. Mooney (eds) *Unruly Cities? Order/Disorder*. London and New York: Routledge, pp. 149–91.
Robinson, J. (2005) *Ordinary Cities: Between Modernity and Development*. London and New York: Routledge.
Rodaway, P. (1994) *Sensuous Geographies: Body, Sense and Place*. London and New York: Routledge.
Rose, N. (1999) *Powers of Freedom: Reframing Political Thought*. Cambridge: Cambridge University Press.
Rothblum, E. D. and Bond, L. A. (eds) (1996) *Preventing Heterosexism and Homophobia*. London and Newbury Park, CA: Sage.
Rothenberg, T. (1995) ' "And she told two friends": lesbians creating urban social space', in D. Bell and G. Valentine (eds) *Mapping Desire: Geographies of Sexualities*. London and New York: Routledge, pp. 165–81.
Ryan, M. P. (1990) *Women in Public: Between Banners and Ballots 1825–1880*. Baltimore, MD: Johns Hopkins University Press.
Ryan, W. (1971) *Blaming the Victim*. New York: Pantheon Books.
Rybczynski, W. (1995) *City Life: Urban Expectations in a New World*. New York: Scribner.
Sadler, S. (1999) *The Situationist City*. Cambridge, MA: MIT Press.
Sassen, S. (2001) *The Global City*. Second edition. Princeton, NJ: Princeton University Press.
Sassen, S. (ed.) (2002) *Global Networks, Linked Cities*. London and New York: Routledge.
Saunders, P. (1995) *Social Theory and the Urban Question*. Second edition. London and New York: Routledge.
Saunders, P. (2001) 'Urban ecology', in R. Paddison (ed.) *Handbook of Urban Studies*. London and Newbury Park, CA: Sage, pp. 36–51.
Savage, M., Warde, A. and Ward, K. (2003) *Urban Sociology, Capitalism and Modernity*. Basingstoke: Palgrave Macmillan.
Self, W. (1999) 'Big Dome', in *London: The Lives of the City. Granta* 65 (Spring): 116–25.
Seligman, A. (2000) 'Trust and civil society', in F. Tonkiss and A. Passey (eds) *Trust and Civil Society*. Basingstoke: Macmillan, pp. 12–30.
Sennett, R. (1974) *The Fall of Public Man*. New York: W. W. Norton.
Sennett, R. (1990) *The Conscience of the Eye: The Design and Social Life of Cities*. New York: Alfred A. Knopf.
Sennett, R. (1994) *Flesh and Stone: The Body and the City in Western Civilization*. New York: W. W. Norton.
Shaw, C. R. and McKay, H. D. (1942) *Juvenile Delinquency and Urban Areas*. Chicago: University of Chicago Press.
Shevky, E. and Bell, W. (1955) *Social Area Analysis*. Stanford, CA: Stanford University Press.
Showalter, E. (1990) *Sexual Anarchy: Gender and Culture at the Fin de Siècle*. New York: Viking.
Sibley, D. (1995) *Geographies of Exclusion*. London and New York: Routledge.
Simmel, G. (1997a [1903]) 'The sociology of space', in D. Frisby and M. Featherstone (eds) *Simmel on Culture*. London and Newbury Park, CA: Sage, pp. 137–70.
Simmel, G. (1997b [1903]) 'The metropolis and mental life', in D. Frisby and M. Featherstone (eds) *Simmel on Culture*. London and Newbury Park, CA: Sage, pp. 174–85.
Simmel, G. (1997c [1909]) 'Bridge and door', in D. Frisby and M. Featherstone (eds) *Simmel on Culture*. London and Newbury Park, CA: Sage, pp. 170–4.
Simmel, G. (2004 [1908]) 'The stranger', in C. Jenks (ed.) *Urban Culture: Critical Concepts in Literary and Cultural Studies*. London and New York: Routledge, vol. III, pp. 73–7.

Skelton, T. and Valentine, G. (eds) (1998) *Cool Places: Geographies of Youth Cultures.* London and New York: Routledge.
Skogan, W.G. (1990) *Disorder and Decline: Crime and the Spiral of Decay in American Neighborhoods.* New York: Free Press.
Smith, M. P. (1980) *The City and Social Theory.* Oxford: Basil Blackwell.
Smith, M. P. (2001) *Transnational Urbanism: Locating Globalization.* Oxford: Blackwell.
Smith, M. P. and Feagin, J. R. (eds) (1987) *The Capitalist City.* Oxford: Basil Blackwell.
Smith, N. (1986) 'Gentrification, the frontier, and the restructuring of urban space', in N. Smith and P. Williams (eds) *Gentrification of the City.* London: Allen and Unwin, pp. 15–34.
Smith, N. (1987) 'Of yuppies and housing: gentrification, social restructuring and the urban dream', *Environment and Planning D: Society and Space* 5/2: 151–72.
Smith, N. (1991) 'Mapping the gentrification frontier', in M. Keith and A. Rogers (eds) *Hollow Promises: Rhetoric and Reality in the Inner City.* London: Mansell, pp. 85–109.
Smith, N. (1992) 'New city, new frontier', in M. Sorkin (ed.) *Variations on a Theme Park: The New American City and the End of Public Space.* New York: Hill and Wang, pp. 61–93.
Smith, N. (1996a) 'After Tompkins Square Park: degentrification and the revanchist city', in A. D. King (ed.) *Re-Presenting the City: Ethnicity, Capital and Culture in the 21st Century Metropolis.* London: Macmillan, pp. 93–107.
Smith, N. (1996b) *The New Urban Frontier: Gentrification and the Revanchist City.* London and New York: Routledge.
Smith, N. (2001) 'Global social cleansing, postliberalism, revanchism and the export of Zero Tolerance', *Social Justice* 28/3: 68–74.
Smith, N. (2002) 'New globalism, new urbanism: gentrification as global urban strategy', *Antipode* 34/3: 427–50.
Smith, N. and Williams, P. (eds) (1986) *Gentrification of the City.* London: Allen and Unwin.
Smith, S. (1987) 'Residential segregation: a geography of English racism?' in P. Jackson (ed.) *Race and Racism: Essays in Social Geography.* London: Allen and Unwin.
Smith, S. J. (2000) 'Graffiti', in S. Pile and N. Thrift (eds) *City, A–Z.* London and New York: Routledge, pp. 86–9.
Soja, E. (1995) *Thirdspace.* Oxford: Blackwell.
Soja, E. (2000) *Postmetropolis: Critical Studies of Cities and Regions.* Oxford: Blackwell.
Solomos, J. (1988) *Black Youth, Racism and the State.* Cambridge: Cambridge University Press.
Sontag, S. (1982) 'Unguided tour', in *A Susan Sontag Reader.* Harmondsworth: Penguin.
Sontag, S. (2001 [1987]) 'The pleasure of the image', in *Where the Stress Falls.* New York: Farrar, Straus and Giroux, pp. 142–50.
Sorkin, M. (1991) *Exquisite Corpse: Writing on Buildings.* London: Verso.
Sorkin, M. (ed.) (1992) *Variations on a Theme Park: The American City and the End of Public Space.* New York: Hill and Wang.
Spear, A. H. (1967) *Black Chicago: The Making of a Negro Ghetto, 1890–1920.* Chicago: University of Chicago Press.
Staeheli, L. (1996) 'Publicity, privacy and women's political action', *Environment and Planning D: Society and Space* 14/5: 601–19.
Stallybrass, P. and White, A. (1986) *The Politics and Poetics of Transgression.* London: Methuen.
Stanko, E. A. (1995) 'Women, crime and fear', *Annals of the American Association of Social and Political Science* 539: 46–58.
Stanko, E. A. (1996) 'Warnings to women: police advice and women's safety in Britain', *Violence against Women* 2/1: 5–24.

Stein, A. (2001) *The Stranger Next Door: The Story of a Small Community's Battle over Sex, Faith and Civil Rights.* Boston: Beacon Press.

Stewart, S. (1988) 'Ceci tuera cela: graffiti as crime and art', in J. Fekete (ed.) *Life after Postmodernism.* London: Macmillan.

St. John, C. and Heald-Moore, T. (1995) 'Fear of black strangers', *Social Science Research* 24/3: 262–80.

St. John, C. and Heald-Moore, T. (1996) 'Racial prejudice and fear of criminal victimization by strangers in public settings', *Sociological Inquiry* 66/2: 267–84.

Stratford, E. (2002) 'On the edge: a tale of skaters and urban governance', *Social and Cultural Geography* 3/2: 193–206.

Sugrue, T. (1996) *The Origins of the Urban Crisis: Race and Inequality in Post-War Detroit.* Princeton, NJ: Princeton University Press.

Suttles, G. (1968) *The Social Order of the Slum.* Chicago: University of Chicago Press.

Suttles, G. (1972) *The Social Construction of Communities.* Chicago: University of Chicago Press.

Taylor, C. (1992) *Multiculturalism and 'The Politics of Recognition'.* Princeton, NJ: Princeton University Press.

Tester, K. (ed.) (1994) *The Flâneur.* London and New York: Routledge.

Thibaud, J.-P. (2003) 'The sonic composition of the city', in M. Bull and L. Back (eds) *The Auditory Culture Reader.* Oxford and New York: Berg, pp. 329–41.

Thrasher, F. (1963) *The Gang.* Abridged edition. Chicago: University of Chicago Press.

Thrift, N. (2000) 'Not a straight line but a curve, or, cities are not mirrors of modernity', in D. Bell and A. Haddour (eds) *City Visions.* London: Longman, pp. 233–63.

Tönnies, F. (1955) *Community and Society.* London: Routledge and Kegan Paul.

Touraine, A. (1981) *The Voice and the Eye: An Analysis of Social Movements.* Cambridge: Cambridge University Press.

Urry, J. (1995) *Consuming Places.* London and New York: Routledge.

Valentine, G. (1989) 'The geography of women's fear', *Area* 21/4: 385–90.

Valentine, G. (1991) 'Women's fear and the design of public space', *Built Environment* 18/4: 288–303.

Valentine, G. (1992) 'Images of danger: women's sources of information about the spatial distribution of male violence', *Area* 24/1: 22–9.

Valentine, G. (1993) '(Hetero)sexing space: lesbian perceptions and experiences of everyday spaces', *Environment and Planning D: Society and Space* 11/4: 395–413.

Valentine, G. (1995) 'Out and about: geographies of lesbian landscapes', *International Journal of Urban and Regional Research* 19/1: 96–111.

Valentine, G. (1996) '(Re)negotiating the heterosexual street: lesbian productions of space', in N. Duncan (ed.) *BodySpace: Destabilizing Geographies of Gender and Sexuality.* London and New York: Routledge, pp. 146–55.

Valentine, G. (2000) *From Nowhere to Everywhere: Lesbian Geographies.* Binghamton, NY: Harrington Park Press.

Valentine, G. and Skelton, T. (2003) 'Finding oneself, losing oneself: the lesbian and gay "scene" as a paradoxical space', *International Journal of Urban and Regional Research* 27/4: 849–67.

Wacquant, L. (1993) 'Urban outcasts: stigma and division in the Black American ghetto and the French urban periphery', *International Journal of Urban and Regional Research* 17/3: 366–83.

Wacquant, L. (1994) 'The new urban color line: the state and fate of the ghetto in Postfordist America', in C. J. Calhoun (ed.) *Social Theory and the Politics of Identity.* Oxford: Basil Blackwell, pp. 231–76.

Wacquant, L. (1996) 'Red Belt, Black Belt: racial division, class inequality, and the state in the French urban periphery and the American ghetto', in E. Mingeone (ed.) *Urban Poverty and the 'Underclass': A Reader*. Oxford: Basil Blackwell.

Wacquant, L. (2002) 'The rise of advanced marginality: notes on its nature and implications', in P. Marcuse and R. van Kempen (eds) *Of States and Cities: The Partitioning of Urban Space*. Oxford: Oxford University Press, pp. 221–39.

Walker, L. (1998) 'Home and away: the feminist remapping of private and public space in Victorian London', in R. Ainley (ed.) *New Frontiers of Space, Bodies and Gender*. London and New York: Routledge, pp. 65–75.

Walklate, S. and Evans, K. (1999) *Zero Tolerance or Community Tolerance? Managing Crime in High Crime Areas*. Aldershot: Ashgate.

Walkowitz, J. R. (1980) *Prostitution and Victorian Society: Women, Class and the State*. Cambridge: Cambridge University Press.

Walkowitz, J. R. (1992) *City of Dreadful Delight: Narratives of Sexual Danger in Late Victorian London*. London: Virago.

Walkowitz, J. R. (1998) 'Going public: shopping, street harassment, and streetwalking in late Victorian London', *Representations* 62 (Spring): 1–30.

Walton, J. (1987) 'Urban protest and the global political economy: the IMF riots', in M. P. Smith and J. R. Feagin (eds) *The Capitalist City*. Oxford: Blackwell, pp. 354–86.

Walzer, M. (1997) *On Toleration*. New Haven, CT: Yale University Press.

Warde, A. (1991) 'Gentrification as consumption: issues of class and gender', *Environment and Planning D: Society and Space* 9/2: 223–32.

Warner, M. (2002) 'Publics and counter-publics', *Public Culture* 14/10: 49–90.

Warr, M. (1984) 'Fear of victimization: why are women and the elderly more afraid?' *Social Science Quarterly* 65: 681–702.

Warr, M. (1985) 'Fear of rape among urban women', *Social Problems* 32/3: 238–50.

Watson, S. (1999) 'City politics', in S. Pile, C. Brook and G. Mooney (eds) *Unruly Cities? Order/Disorder*. London and New York: Routledge, pp. 201–39.

Weisman, L. K. (1992) *Discrimination by Design: A Feminist Critique of the Man-Made Environment*. Urbana, IL: University of Illinois Press.

White, E. B. (1999 [1949]) *Here is New York*. New York: The Little Bookroom.

Whyte, W. (1943) *Street Corner Society: The Social Structure of an Italian Slum*. Chicago: University of Chicago Press.

Whyte, W. (1988) *City: Rediscovering the Center*. New York: Doubleday.

Willmott, P. (1966) *Adolescent Boys in East London*. London: Routledge and Kegan Paul.

Willmott, P. and Young, M. (1960) *Family and Class in a London Suburb*. London: Routledge and Kegan Paul.

Wilson, E. (1991) *The Sphinx in the City: Urban Life, Control and the Disorder of Women*. London: Virago.

Wilson, E. (1992) 'The invisible *flâneur*', *New Left Review* 195: 90–110.

Wilson, J. Q. and Kelling, G. L. (1982) 'Broken windows: the police and neighborhood safety', *The Atlantic Monthly* 249/3: 29–38.

Wilson, W. J. (1978) *The Declining Significance of Race: Blacks and Changing American Institutions*. Chicago: University of Chicago Press.

Wilson, W. J. (1987) *The Truly Disadvantaged: The Inner City, the Underclass, and Public Policy*. Chicago: University of Chicago Press.

Wilson, W. J. (1996) *When Work Disappears: The World of the New Urban Poor*. New York: Vintage.

Winchester, H. and White, P. (1988) 'The location of marginalised groups in the inner city', *Environment and Planning D: Society and Space* 6/1: 37–54.

Wirth, L. (1928) *The Ghetto*. Chicago: University of Chicago Press.
Wirth, L. (1967 [1925]) 'A bibliography of the urban community', in R. E. Park et al. (eds) *The City*. Chicago: University of Chicago Press, pp. 161–228.
Wirth, L. (1995 [1938]) 'Urbanism as a way of life', in P. Kasinitz (ed.) *Metropolis: Centre and Symbol of Our Time*. Basingstoke: Macmillan, pp. 58–82.
Wolf, D. G. (1979) *The Lesbian Community*. Berkeley, CA: University of California Press.
Wolff, J. (1985) 'The invisible *flâneuse*: women and the literature of modernity', *Theory, Culture and Society* 2/3: 37–46.
Wolff, J. (1990) 'The culture of separate spheres: the role of culture in nineteenth-century public and private life', in *Feminine Sentences*. Berkeley, CA: University of California Press, pp. 12–33.
Wolman, H. and Agius, E. (eds) (1996) *National Urban Policy*. Detroit, IL: Wayne State University Press.
Worpole, K. (1992) 'Safety in numbers: towards women-friendly cities', in *Towns for People*. Buckingham: Open University Press, pp. 50–65.
Young, I. M. (1990a) *Justice and the Politics of Difference*. Princeton, NJ: Princeton University Press.
Young, I. M. (1990b) 'The ideal of community and the politics of difference', in L. Nicholson (ed.) *Feminism/Postmodernism*. London and New York: Routledge, pp. 300–23.
Young, M. and Willmott, P. (1957) *Family and Kinship in East London*. London: Routledge and Kegan Paul.
Zukin, S. (1982) *Loft Living: Culture and Capital in Urban Change*. Baltimore, MD: Johns Hopkins University Press.
Zukin, S. (1993) *Landscapes of Power: From Detroit to Disneyworld*. Berkeley, CA: University of California Press.
Zukin, S. (1996) 'Space and symbols in an age of decline', in A. D. King (ed.) *Re-presenting the City: Ethnicity, Capital and Culture in the 21st-Century Metropolis*. Basingstoke: Macmillan, pp. 43–59.
Zukin, S. (1998) 'Urban lifestyles: diversity and standardization in spaces of consumption', *Urban Studies* 35/5–6: 825–39.

《城市研究系列》总目

☑ 已出版，□ 待出版

☑ 马克思主义与城市
☑ 保卫空间
☑ 城市空间的社会生产
☑ 城市：非正当性支配
☑ 现代性和大都市
☑ 驱逐：全球经济中的野蛮性与复杂性
☑ 浮现的世界：21世纪的城市与区域
☑ 空间问题：文化拓扑学和社会空间化
☑ 文化崩溃：创意阶层的衰落
☑ 城市的视角
☑ 世界城市网络：一项全球层面的城市分析
☑ 社会理论与城市问题
☑ 全球城市政治：国家的非正规化
☑ 城市理论与城市经验：遇见城市
☑ 未来是什么？
☑ 贫困资本：小额金融与促进发展
☑ 在线游戏的社会与文化意义
☑ 新国家空间：城市治理与国家形态的尺度重构
☑ 阁楼生活方式：城市变化中的文化与资本
☑ 边缘处的地方：现代性的另类地理
☑ 城市与全球资本主义
☑ 郊区化的世界：自外向内打造世界城市
☑ 伍尔夫与伦敦：城市的性别政治
☑ 支离的城市主义：网络化基础设施、技术变迁与城市状况
☑ 风侵雨蚀：气候的文化意蕴
☑ 新城市空间：城市理论与尺度问题
☑ 空间、城市与社会理论：社会关系和城市形态
□ 城市发展史
□ 拱廊街计划